Thorsten Brenscheidt

SPÜRST DU GOTT SCHON

ODER

LIEST DU NOCH DIE BIBEL?

Neue Trends unter Evangelikalen

Thorsten Brenscheidt, Jahrgang 1969, studierte an evangelikalen Ausbildungsstätten Theologie und arbeitet derzeit als
Finanzbuchhalter in einem christlichen Werk und als theologischer Mitarbeiter einer freien Gemeinde. Er ist Autor der Bücher
Gott auf charismatisch, Max Lucado verstehen und *Freiheit für
Blasphemie?*. Seit 1991 schreibt er zu zeitkritischen, apologe-
tischen und glaubensstärkenden Themen in christlichen Zeitschriften. Außerdem hält er Vorträge in Gemeinden, auf christlichen Tagungen, Freizeiten und Konferenzen.

Bibelzitate sind in der Regel der revidierten Schlachter-Über-
setzung, Version 2000, entnommen und werden nach den „Loc-
cumer Richtlinien" abgekürzt. Andere verwendete Übersetzungen sind:

LUT   revidierte Lutherbibel, 1984
ELB   revidierte Elberfelder Bibel, 2006

Rechtschreib- oder Ausdrucksfehler in angeführten Zitaten
werden an der jeweiligen Stelle mit [sic!] gekennzeichnet.
Zitate, die den Regeln der alten Rechtschreibung folgen, werden aus Gründen der Einheitlichkeit in neue Rechtschreibung
übertragen.

Thorsten Brenscheidt
Spürst du Gott schon oder liest du noch die Bibel?

1. Auflage 2014

© Lichtzeichen Verlag GmbH, Lage
Umschlag/Satz: Gerhard Friesen
ISBN: 978-3-86954-153-2
Bestell-Nr. 548153

Inhalt

Vorwort

In einer auf Erlebnisse und das Sichtbare fixierten Kultur entsteht der Wunsch, auch den Glauben an diese Bedürfnisse anzupassen. Wache Beobachter bezeichnen den momentanen Zustand der europäisch- nordamerikanischen Gesellschaften als *Postmoderne*. Nach den Aussagen ihrer Hauptvertreter soll damit die Moderne als kulturgeschichtliche Epoche abgelöst werden.

Vertraute man im Mittelalter bedenkenlos biblischer Offenbarung und geistlichen Autoritäten, trat an diese Stelle in der beginnenden Moderne der freie, aufgeklärte und selbstbestimmte Mensch. Immer noch ging man von gültigen Wahrheiten aus und von einem letztlichen Ziel der Geschichte. Nun sollten nicht mehr Gott und Kirche, sondern der Verstand und die Wissenschaft allgemeingültige Wahrheit offenlegen. Als Ideal galten „beweisbare" Naturgesetze. Der Glaube wurde aus dem Bereich objektiver Realität in die subjektive Gefühlswelt des Einzelnen abgeschoben. Die historische Bibelkritik trug das Ihrige dazu bei, rationalen Zweifel am Wort Gottes zu schüren, weil es nicht den Erkenntnissen der jeweils herrschenden Sicht der Naturwissenschaften entsprach. In der Spät- oder Postmoderne kam man dann zur Einsicht, dass auch Wissenschaft und Rationalität keine unbezweifelbaren Wahrheiten bieten können, die von allen Menschen akzeptiert werden. Folglich beerdigte man jeden Anspruch auf Wahrheit, auf eine gültige Erklärung der Welt und des Seins.

Nach aktueller Lesart ist Wahrheit lediglich eine subjektive Konstruktion. Jeder hat seine eigene Wahrheit, die jeweils gleich-gültig ist. Keiner solle demnach dem Anderen mit eigenen Wahrheitsansprüchen zu nahe treten. Jeder müsse die Weltsicht des Anderen ohne Wenn und Aber stehenlassen. Objektives sei schlichtweg nicht mehr auszumachen. Vor allem gilt das in der Postmoderne natürlich für Ethik, Werte, Lebensentwürfe und Religion. Glaubensaussagen sind generell obsolet geworden, vor allem wenn sie sich auf Offenbarungen wie die Bibel beziehen und für sich das Wahrsein behaupten. Religion wird nur noch als spirituelle, subjektive Erfahrung geduldet. Letztendlich spricht Gott subjektiv und für andere unhörbar zu jedem Menschen anders – vielleicht vernimmt er aber auch nur die Stimme seines eigenen Unterbewusstseins. Letztlich ist das für den postmodernen Menschen auch vollkommen egal. Wichtig ist vor allem die momentane Erfahrung, das spontane Gefühl. Etwas wird als wahr und real angesehen weil es gefühlt wird, weil man eine Erfahrung damit verbindet. – Natürlich ist das Gefühl auch aus biblischer Sicht integraler Bestandteil jeder Person. Aber es ist eben kein Instrument, um Wahrheit wahrzunehmen und kein befriedigender Ersatz für den Blick auf Gott, die Welt und den Sinn des Lebens.

Angesichts dieser allgemein akzeptierten Gefühlsorientierung wundert es kaum, dass sich immer stärker die Esoterik als Trend-Religion der Postmoderne in Europa etabliert. Hier geht es in erster Linie um persönliche, zum Teil wirklich beeindruckende Erfahrungen. Dabei werden unterschiedslos Methoden und Gedankenmodelle aller bekannten Religionen herangezogen, wenn sie praktikabel erscheinen. Wichtig ist für den esoterisch ausgerichteten Menschen, dass er etwas Spirituelles fühlt, empfindet, wahrnimmt. Die Echtheit der Erfahrung steht eindeutig über der Wahrheit ihres Inhalts. Religionen verkommen zu einem globalen religiösen Eintopf, der das irdische Leben schmackhafter gestalten soll.

Für Christen sollte dabei klar sein, dass Gott sich zu allen Zeiten Menschen mitgeteilt hat, wenn er das für nötig hielt. Immer wieder griff er durch Wunder und Erscheinungen in die irdische Welt ein, auch ohne sich an die Gesetzte der Naturwissenschaft gebunden zu fühlen. Nie aber ließ sich Gott durch religiöse Methoden zum Handeln zwingen. Nie sah er im religiösen Erlebnis selbst das eigentliche Ziel seines Handelns. Postmoderne Menschen wollen, wie Augustinus es ausdrückt, „Gott gebrauchen, um die Welt zu genießen". In der Bibel aber geht es weit mehr darum, das Gott groß herauskommt, dass durch die Weltgeschichte und das Leben des einzelnen Menschen vor dem ganzen Universum Gott präsentiert und verherrlicht wird.

Immer häufiger suchen Christen heute nach Mitteilungen Gottes jenseits der ausgetretenen Pfade. Angeregt durch esoterische und fremdreligiöse Praktiken wollen sie Gottes Stimme im Rauschen des Windes, im Flackern der Kerze, in nächtlichen Träumen oder den freien Assoziationen während meditativer Übungen vernehmen. In einer kalten und weitgehend orientierungslosen Zeit ist diese Sehnsucht durchaus verständlich, aber eben auch gefährlich. Nicht nur, dass sich falsche Stimmen unter das vorgebliche „Reden Gottes" mischen können, auch führt diese Praxis Christen in eine religiöse Abhängigkeit von kurzlebigen Gefühlen und Erlebnissen. Fast nie findet eine ernsthafte Kontrolle „prophetischer Äußerungen", „hörenden Gebets" oder „geisterfüllter Zungenrede" statt. Niemand kann sicher sagen, wer da wirklich redet und aus welchem Interesse.

Doch Gott hat sich in der Bibel ein für alle Mal klar und deutlich ausgedrückt. Wenn Christen der Ansicht sind, dass sie ganz exklusiv die Stimme Gottes hören, stehen dahinter häufig nichts anderes als Machtinteresse und Geltungssucht. In einer maßlosen Selbstüberschätzung meinen heute viele Christen, jede innere oder äußere Stimme stamme von Gott. Vielfach hat man verlernt, seine eigenen Hoffnungen, Wünsche, Ängste, Sympathien und Assoziationen von Gottes Reden zu unterscheiden. Damit werden die eindeutigen Aussagen Gottes in der Bibel entwertet, weil ihre Glaubwürdigkeit auf dieselbe Stufe gestellt wird wie die Spekulation offenbarungshungriger Christen.

Der Wunsch, einen heißen Draht direkt zu Gott zu haben, ist mehr als verständlich. Doch sollte es zu denken geben, wenn eine solche Informationsdichte von vorgeblichen Mitteilungen Gottes nicht einmal zu biblischen Zeiten Realität war. Es verwundert Christen heute viel zu selten, wenn es beim vermeintlich „sicheren Reden Gottes" regelmäßig zu skurrilen und auch widersprüchlichen Äußerungen kommt. Noch seltsamer ist, dass kaum jemand über die Menge an nachweislich falschem, häufig lediglich wunschgeleitetem „Reden Gottes" irritiert wird. Stattdessen werden frühere „Offenbarungen" oftmals lediglich vergessen oder verdrängt, um sich für weitere übernatürliche Nachrichten aus der jenseitigen Welt zu öffnen.

In der Bibel haben selbst die großen Propheten und Apostel relativ selten direkte Mitteilungen Gottes erhalten. Und wenn, handelte es sich gewöhnlich nicht um private Entscheidungshilfen, sondern um Wegweisungen für das ganze Volk Israel oder die gesamte Gemeinde. Richtete sich Gott an Einzelpersonen waren das entweder Repräsentanten der angesprochenen Gruppe oder Gott wollte sie als Zeichen für das Volk / die Gemeinde benutzen. Zu allen Zeiten aber sprach und spricht Gott durch die Bibel, sein Wort, an die Menschen, absolut wahrhaftig, wenn auch nicht immer leicht verständlich.

„Alle Schrift, von Gott eingegeben, ist nütze zur Lehre, zur Zurechtweisung, zur Besserung, zur Erziehung in der Gerechtigkeit, dass der Mensch Gottes vollkommen sei, zu allem guten Werk geschickt." (2Tim 3,16-17 LUT)

Michael Kotsch

Wort oder Bild, Glauben oder Schauen?

In diesem Buch werden Phänomene aus der evangelikalen Welt behandelt, die vor vielleicht zwanzig bis dreißig Jahren noch als undenkbar galten. Die Auszüge aus Predigten, Vorträgen und Büchern bekannter und heute etablierter Persönlichkeiten üben bei vielen Christen eine Faszination aus, die vielerorts auch zu Verwirrungen und Spaltungen führt. Es geht dabei nicht um Randerscheinungen oder unbedeutende Themen, sondern um einflussreiche Prägungen auf Christen, die sich dem evangelikalen und reformatorischen Glauben verbunden fühlen. Die Persönlichkeiten, die hier zu Wort kommen, verbuchen einen immer größer werdenden Erfolg, eine stetig wachsende Popularität sowie einen enormen und vieles verändernden Einfluss.

Nichts bleibt mehr wie es war – das gilt nicht nur für die Veränderungen im Zeitalter der Globalisierung, sondern auch für Lehre und Leben in der christlichen Gemeinde. Diejenigen, die sich allen neuen Trends und Wellen zum Trotz weiterhin an der Bibel orientieren wollen, sind sehr herausgefordert. Im Zeitalter der sogenannten Postmoderne gilt: Wahr ist, was ich erleben kann. Die Erkenntnisseite des Glaubens weicht der Erfahrungsseite. Spüren ist „in". Gefragt ist Schauen statt Glauben. Schauen geht einfacher und direkter, Glauben erfordert etwas:

> *„Es ist aber der Glaube eine feste Zuversicht auf das, was man hofft, eine Überzeugung von Tatsachen, die man nicht sieht." (Hebr 11,1)*

Christen wissen also, was Glauben ist. Sie wissen auch, was Wahrheit ist:

> *„Jesus spricht zu ihm: Ich bin der Weg und die Wahrheit und das Leben; niemand kommt zum Vater als nur durch mich!" (Joh 14,6)*

> *„Dein Wort ist Wahrheit." (Joh 17,17b)*

In Jesus Christus ist die Wahrheit eine Person. Er selbst ist das lebendige Wort Gottes, das den Menschen offenbart wurde. Gottes Wort ist ebenso Wahrheit. Da jedoch in der Postmoderne die Wahrheit nicht rational bzw. verstandesmäßig erfasst wird, gilt eine neue Reihenfolge: Zuerst erleben, dann erklären.

Die Bibel offenbart mehrfach einen Widerspruch zwischen Glauben und Schauen. Das äußert sich zum Beispiel, als der auferstandene Herr Jesus seinen Jüngern erscheint.

Thomas macht ein vorbildliches Bekenntnis:

> *„Und Thomas antwortete und sprach zu ihm: Mein Herr und mein Gott!" (Joh 20,28)*

Der zunächst zweifelnde Thomas hatte begriffen, dass der Auferstandene wirklich der Sohn Gottes ist. Er musste es aber erst selber „ertasten", also „sinnlich spüren". Von daher schränkt der auferstandene Herr den Wert dieses wahren Bekenntnisses gewissermaßen ein:

> *„Jesus spricht zu ihm: Thomas, du glaubst, weil du mich gesehen hast; glückselig sind, die nicht sehen und doch glauben!" (Joh 20,29)*

Der Glaube hat echten und länger anhaltenden Bestand, wenn er unabhängig ist von den menschlich-irdischen Sinnen.

Schließlich stellt der Apostel Johannes das Ziel mit seinem Evangelium heraus:

„Noch viele andere Zeichen tat Jesus nun vor seinen Jüngern, die in diesem Buch nicht geschrieben sind. Diese aber sind geschrieben, damit ihr glaubt, dass Jesus der Christus, der Sohn Gottes ist, und damit ihr durch den Glauben Leben habt in seinem Namen."
(Joh 20,30-31)

Hier wird deutlich, dass die Leser des Evangeliums zum Glauben kommen sollen. Dieser Glaube gründet sich jedoch nicht auf ein Nachspüren dessen, was zum Beispiel Thomas erleben konnte, sondern auf das, was geschrieben ist. Biblischer Glaube entsteht nicht aufgrund eines sinnlichen Erlebnisses, sondern aufgrund des Verstehens des Wortes. Demnach kann der Glaubende sich nicht auf ein Gefühl berufen, sondern auf das, was er verstehen konnte. Das durch die Heilige Schrift Offenbarte soll verstanden und nicht gefühlt werden. Das Geschriebene wird gelesen und spricht zuerst den Verstand an. Dort bleibt es natürlich nicht allein, sondern soll auch von ganzem Herzen geglaubt und gelebt werden. Andernfalls bliebe es bei einem bloßen Fürwahrhalten von dem, was geschrieben ist. Es ist also eine geschriebene Botschaft, durch die Glauben entsteht. Der Apostel Petrus verdeutlicht, dass echter Glaube unabhängig ist vom Sehen, also vom sinnlichen Betrachten:

„Ihn liebt ihr, obgleich ihr ihn nicht gesehen habt; an ihn glaubt ihr, obgleich ihr ihn jetzt nicht seht."
(1Petr 1,8a)

Die Leser des Petrusbriefes sind bei Jesu irdischem Wirken nicht dabei gewesen und haben seine Taten auch nicht erlebt. Von seinen Wunderwirkungen und persönlichen Begegnungen konnten sie ausschließlich hören bzw. lesen. Auch der Apostel Paulus erklärt, was biblischer Glaube ist und stellt dem das Sinnliche entgegen:

„Denn wir wandeln im Glauben und nicht im Schauen."
(2Kor 5,7)

Der Glaubende lebt also nicht unmittelbar mit seinem Gott, sondern mittelbar. Das Wort Gottes ist das Mittel, um glauben zu können. Gottes Heilshandeln ist niedergeschrieben, „damit ihr glaubt", wie der Apostel Johannes seinen Lesern schreibt. Christen sind in ihrem irdischen Leben noch nicht am Ziel, dass sie Gottes Gegenwart und Herrlichkeit bereits sehen, schauen und unmittelbar erleben. Sie leben im Glauben an Wirklichkeiten, „die man nicht sieht" gemäß Hebr 11,1. Und sie leben in der Hoffnung auf das Ziel, das sie ebenfalls noch nicht sehen.

Was man als Christ an Geistlichem jetzt schon sieht oder zu sehen meint, kann zum geistlichen Problem werden, wenn es an die Stelle von Gott gesetzt wird oder wenn es Gottes Wort widerspricht.

Der Apostel Johannes stellt einen Gegensatz heraus zwischen dem Willen Gottes oder auch Reich Gottes und der gefallenen Welt, zwischen Geistlichem und Sichtbarem. Es hat schließlich Konsequenzen, wenn man sich von dem einen oder anderen leiten und bestimmen lässt:

„Denn alles, was in der Welt ist, die Fleischeslust, die Augenlust und der Hochmut des Lebens, ist nicht von dem Vater, sondern von der Welt." (1Joh 2,16)

Bei der Betonung bzw. Überbetonung des Sinnlichen ist Vorsicht geboten. Es hat keinen Bestand und ist vergänglich. Gottes Wort ist dagegen unvergänglich. Sich an dem Geistlichen, dem Unsichtbaren zu halten, was von Gott kommt, hat Ewigkeitswert:

„Und die Welt vergeht und ihre Lust; wer aber den Willen Gottes tut, der bleibt in Ewigkeit." (1Joh 2,17)

Die Lust am Irdischen, Weltlichen und Materiellen „ist nicht von dem Vater", schreibt der Apostel Johannes. Er stellt dem Weltlichen den Willen Gottes gegenüber. Wer sich um eigenes Wohlergehen bemüht und danach strebt das eigene Leben zu genießen, ist demnach weltlich und nicht geistlich gesinnt. Johannes warnt im Umkehrschluss sogar davor, dass derjenige nicht in Ewigkeit bei Gott bleibt. Seine Aufmerksamkeit auf das Irdische zu lenken, was schließlich vom Himmlischen ablenkt und wegbringt, ist ein Mittel der Verführung. Die Konsequenzen sind deutlich in einigen biblischen Berichten zu sehen. Wo begann die Augenlust und die Sehnsucht nach Sinnlichem und Sichtbarem? Beim Sündenfall zählte das Sichtbare mehr als das Wort Gottes:

„Und die Frau sah, dass von dem Baum gut zu essen wäre, und dass er eine Lust für die Augen und ein begehrenswerter Baum wäre, weil er weise macht."
(Gen 3,6a)

Die Übertretung eines Gebotes wegen etwas Sichtbarem hatte den geistlichen Tod zur Folge und negative Auswirkungen auf die ganze Welt.
Ein weiteres Beispiel, wie das Schauen dem Glauben und das Sichtbare dem Göttlichen vorgezogen wurde, ist der Tanz um das goldene Kalb. Dieser Bericht offenbart insgesamt zwölf negative Kennzeichen des Volkes Gottes, die auch für die heutige Zeit lehrreich sind und sehr zu denken geben. Mose, der Anführer des Volkes Gottes, war insgesamt 40 Tage auf dem Berg Sinai. Das Volk Israel hatte Gott mehrfach übernatürlich erlebt, sie waren von Mose klar belehrt worden:

„Mose aber sprach zum Volk: Fürchtet euch nicht, denn Gott ist gekommen, euch zu versuchen, damit ihr's vor

Augen habt, wie er zu fürchten sei, und ihr nicht sün-
digt." (Ex 20,20 LUT)

Sie wussten, was Gottes Wille ist und auch, wie Sünde zu vermeiden ist. Aber das Volk Gottes war

1. ungeduldig:

„Als aber das Volk sah, dass Mose lange nicht von dem
Berg herabkam, da sammelte sich das Volk um Aaron
und sprach zu ihm: Auf, mache uns Götter, die uns vor-
angehen sollen!" (Ex 32,1a)

„Auf, mache uns was!" – Das Volk Gottes überlegte nicht in Ruhe, was von Gottes Weisungen her zu tun ist, sondern trat ungeduldig selbst in Aktion. Eine Belehrung im Neuen Testament lautet:

„Geduld aber habt ihr nötig, damit ihr den Willen Got-
tes tut und das Verheißene empfangt."
(Hebr 10,36 LUT)

Das Volk Gottes war

2. unwissend:
Sie wollten „Götter, die uns vorangehen". Sie hatten scheinbar Gottes Weisungen, die sie gelernt hatten, völlig vergessen. Und auch Mose selbst, der ihnen voranging, sollte jetzt einfach ersetzt werden.
Bei diesen eigenen Überlegungen waren sie auch

3. unabhängig:
Sie machten ihr Eigenes und nicht das, was Gott anordnete oder ihnen von Gott bekannt war.
Das Volk Gottes war

4. ungläubig:

Sie zweifelten, anstatt Vertrauen zu haben:

„Denn wir wissen nicht, was mit diesem Mann Mose geschehen ist, der uns aus dem Land Ägypten heraufgeführt hat." (Ex 32,1b)

Ihr Unwissen nahmen sie als Begründung für ihren Götzendienst.

Im Neuen Testament werden die Christen in Beröa als Vorbild erwähnt, da sie täglich in Gottes Wort gelesen haben, um zu wissen was richtig ist:

„Diese aber waren edler gesinnt als die in Thessalonich und nahmen das Wort mit aller Bereitwilligkeit auf; und sie forschten täglich in der Schrift, ob es sich so verhalte." (Apg 17,11)

In diesem Teilvers fällt auf, dass das Volk auch abfällig oder zumindest distanziert von ihrem Anführer spricht, den es bisher noch geehrt und respektiert hat. Sie sprachen von „diesem Mann Mose" und sind daher

5. respektlos.

Dann tritt Aaron, der Stellvertreter Moses, in Aktion:

„Da sprach Aaron zu ihnen: Reißt die goldenen Ohrringe ab, die an den Ohren eurer Frauen, eurer Söhne und eurer Töchter sind, und bringt sie zu mir!" (Ex 32,2)

Das Volk Gottes bzw. Aaron ist hier

6. unweise:

Aaron handelt verantwortungslos. Da ist kein Überdenken des Drängelns, das vom Volk ausgeht oder Nachsinnen über die Situation. Aaron war nicht so standhaft und kompromisslos wie Mose. Er *re*gierte nicht mit göttlichen Regeln, sondern *rea*gierte nur noch auf menschliche Wünsche. Er reagierte unweise. Ein Rat im Neuen Testament lautet:

> *„Wenn es aber jemand unter euch an Weisheit mangelt, so erbitte er sie von Gott, der allen gern und ohne Vorwurf gibt, so wird sie ihm gegeben werden."*
> *(Jak 1,5)*

Was tut nun das Volk?

> *„Da riss sich das ganze Volk die goldenen Ohrringe ab, die an ihren Ohren waren, und sie brachten sie zu Aaron." (Ex 32,3)*

Es waren nicht nur die Frauen und Kinder, die Aarons Aufruf folgten, auch die Männer machten mit, da es heißt: „das ganze Volk". Der Ohrschmuck war scheinbar in der ägyptischen Sklaverei auch bei den Männern üblich.

Das Volk Gottes war

7. unzufrieden:
Sie waren unzufrieden mit dem Unsichtbaren. Sie wollten nicht nur glauben, sondern schauen. Das gegossene Kalb wurde für sie ein sichtbarer Gott.

> *„Und er nahm es aus ihrer Hand entgegen und bildete es mit dem Meißel und machte ein gegossenes Kalb."*
> *(Ex 32,4a)*

Aaron wollte wohl kein Götzenbild schaffen, das man anbetet. Sonst, so könnte man annehmen, wäre er hinterher auch getötet worden.

Weiter heißt es:

> *„Da sprachen sie: Das sind eure Götter, Israel, die dich aus dem Land Ägypten heraufgeführt haben!"*
> *(Ex 32,4b)*

Das Volk wollte ein sichtbares Zeichen der Gegenwart Gottes. Und das war schlicht und einfach falsch. Wahrscheinlich kannten sie so ein geschnitztes und mit Gold überzogenes Stierbild noch aus Ägypten.

Im Neuen Testament erklärt der Apostel Paulus, welcher Segen von Gott kommt. Es ist – vor allem im Neuen Bund – in erster Linie ein geistlicher, also ein unsichtbarer Segen und kein materieller, sichtbarer Segen:

> *„Gepriesen sei der Gott und Vater unseres Herrn Jesus Christus, der uns gesegnet hat mit jedem geistlichen Segen in den himmlischen [Regionen] in Christus."*
> *(Eph 1,3)*

Diesem Segen glaubt man und vertraut ihm, auch wenn man ihn nicht sieht. Hier sei noch einmal an die Aussage Jesu bei der Begegnung mit dem zweifelnden Thomas erinnert:

> *„Glückselig sind, die nicht sehen und doch glauben!"*
> *(Joh 20,29b)*

Das Volk Gottes war

8. ungeistlich:

Mit seinem ganzen Handeln zeigt das Volk Gottes, dass es eigenen Wünschen und Ideen nachgeht. Dadurch, dass Gottes Wort keine Bedeutung für das Volk hat, verhält es sich ungeistlich und gesetzlos. Mit dem Ruf nach dem goldenen Kalb verstößt es gleich gegen das erste, das zweite und das dritte Gebot zusammen:

> *„Du sollst keine anderen Götter neben mir haben!"*
> *(Ex 20,3)*

> *„Du sollst dir kein Bildnis noch irgendein Gleichnis machen."* *(Ex 20,4a)*

> *„Du sollst den Namen des Herrn, deines Gottes, nicht missbrauchen!"* *(Ex 20,7a)*

Das Volk hat sich einen anderen Gott geschaffen, sich davon ein Bild gemacht und dieses Götzenbild mit dem Namen Gottes verbunden, was im nächsten Vers deutlich wird:

> *„Als Aaron das sah, baute er einen Altar vor ihm und ließ ausrufen und sprach: Morgen ist ein Fest für den Herrn!"* *(Ex 32,5)*

Dies offenbart das nächste Kennzeichen. Das Volk Gottes war

9. ungehorsam:

Es missachtete die Zehn Gebote, die ihnen zwölf Kapitel zuvor schon bekannt waren. Den ersten drei Geboten gegenüber war das Volk Gottes ungehorsam und verhielt sich mit seinem Fest pragmatisch und zweckmäßig. Aaron hatte es wohl gut gemeint mit dem Altarbau und der Ankündigung des „Festes für den Herrn", aber es war ein falscher Kompromiss, Götzendienst mit Gottesdienst zu verbinden.

Mit dem Fest selbst offenbart sich das nächste Kennzeichen. Das Volk Gottes war

10. unbesonnen:

„Da standen sie am Morgen früh auf und opferten Brandopfer und brachten dazu Friedensopfer; und das Volk setzte sich nieder, um zu essen und zu trinken, und sie standen auf, um sich zu belustigen.“ (Ex 32,6)

Zu diesem Belustigen gehörten Geschrei, Jauchzen und Reigentänze:

„Als nun Josua das Geschrei des Volkes hörte, das jauchzte, sprach er zu Mose: Es ist ein Kriegsgeschrei im Lager! Er aber antwortete: Das klingt nicht wie Siegesgeschrei oder wie Geschrei der Niederlage, sondern ich höre einen Wechselgesang! Es geschah aber, als er nahe zum Lager kam und das Kalb und die Reigentänze sah, da entbrannte Moses Zorn, und er warf die Tafeln weg und zerschmetterte sie unten am Berg.“ (Ex 32,17-19)

Der Apostel Paulus ermahnt zur Nüchternheit:

„Lasst euch nicht irreführen: Schlechter Umgang verdirbt gute Sitten! Werdet doch wirklich nüchtern und sündigt nicht! Denn etliche haben keine Erkenntnis Gottes; das sage ich euch zur Beschämung.“ (1Kor 15,33-34)

Wie ist nun Gottes Reaktion?

„Da sprach der Herr zu Mose: Geh, steige hinab; denn dein Volk, das du aus dem Land Ägypten heraufgeführt hast, hat Verderben angerichtet!“ (Ex 32,7)

Gott spricht zu Mose distanziert über Israel als *„dein* Volk". Er sah es nicht mehr als *sein* Volk. Das ist eine erschreckende Feststellung, dass Gott sich von seinem Volk abwenden muss. Gott erkennt auch im Handeln des Volkes nichts anderes als Sünde:

> *„Sie sind schnell abgewichen von dem Weg, den ich ih-*
> *nen geboten habe; sie haben sich ein gegossenes Kalb*
> *gemacht und haben es angebetet und ihm geopfert*
> *und gesagt: Das sind eure Götter, Israel, die dich aus*
> *dem Land Ägypten heraufgeführt haben!" (Ex 32,8)*

Doch die negativen Kennzeichen gehen noch weiter. Das Volk Gottes bzw. Aaron ist

11. unwahrhaftig:
Aaron wird von Mose zur Rede gestellt:

> *„Zu Aaron aber sprach Mose: Was hat dir dieses Volk*
> *angetan, dass du eine so große Sünde über sie gebracht*
> *hast?" (Ex 32,21)*

Aaron beschreibt die Situation und versucht dann, sich als Unbeteiligter reinzuwaschen:

> *„Da sprach ich zu ihnen: Wer Gold hat, der reiße es ab!*
> *Da gaben sie mir's, und ich warf es ins Feuer; daraus ist*
> *dieses Kalb geworden!" (Ex 32,24)*

Aaron will Mose weismachen, das Kalb sei ganz von selbst entstanden. Er handelt damit unwahrhaftig.
Die ganze Aktion brachte dem Volk Israel sogar Spott bei ihren benachbarten Feinden ein. Die Abkehr vom Glauben zum Schauen, vom Wort zum Bild durch Sinnfreuden und Götzendienst hatte auch negative Auswirkungen auf die Umgebung:

„Als nun Mose sah, dass das Volk zügellos geworden war — denn Aaron hatte ihm die Zügel schießen lassen, seinen Widersachern zum Spott." (Ex 32,25)

Mose agiert schließlich mit entschiedener Konsequenz:

„Da stellte sich Mose im Tor des Lagers auf und sprach: Her zu mir, wer dem Herrn angehört! Da sammelten sich zu ihm alle Söhne Levis." (Ex 32,26)

Diesen Aufruf „Her zu mir!" konnten alle Beteiligten, die schuldig geworden waren, hören. Alle könnten nun umkehren. Aber es handelt nur der Stamm Levi. Wahrscheinlich waren die Leviten beim Tanz um das goldene Kalb und der Belustigung auch dabei, sie haben dies aber bereut. Von den anderen Stämmen kam jedoch keiner. Dies offenbart das letzte Kennzeichen. Das Volk Gottes war

12. uneinsichtig:

Bis auf einen Stamm hat das Volk Israel seine Schuld nicht erkannt, eingesehen und bereut. Die Chance war da, aber der Großteil blieb unbußfertig. Dieser Abfall vom Glauben, ohne die Möglichkeit der Umkehr zu ergreifen, endete schließlich im Tod. Dieser Abfall begann durch den Ersatz vom Wort zum Bild, vom vertrauensvollen Glauben zum sinnlichen Erleben.

Was bedeutet das für uns heute? Damals gab es Ungeduld beim Warten auf Mose, heute beim Warten auf Christus. Das Volk Gottes zeigte Kennzeichen des Abfalls, je länger sie auf Moses Wiederkunft warteten. Heute fallen im Volk Gottes ebenfalls Kennzeichen des Abfalls auf, je länger es auf Jesu Wiederkunft wartet.

Wenn man die Entwicklung bei christlichen Büchern und Zeitschriften sieht und auch die Texte neuer christlicher Lieder mit älteren vergleicht, fällt zumindest eine Tendenz auf: Wir erleben heute eine Veränderung vom Wort-Christentum zum sinnlichen Christentum, vom Denken und Bekennen zum Fühlen und Spüren, vom Wort zum Bild.

Auch das Gottesbild scheint sich zu ändern. Während früher meistens noch ehrfurchts- und respektvoll „Herr Jesus" gesagt wurde, rutscht der Herr vermehrt auf eine menschliche Ebene als Kumpel, Partner, Liebhaber und Kuschelgott. Das erinnert an das zweite Kennzeichen „respektlos", bei dem Israel eher distanziert und abfällig von „diesem Mann Mose" sprach.

Zwei kurze Beispiele zur Wirkung von modernen Lobpreisliedern verdeutlichen die Sehnsucht nach Fühlen und Spüren:

Ein junger Mann berichtet nach einem schwierigen Tag: „Ich bin so down; ich brauche jetzt erst mal Anbetung!" Er erwartet einen neuen „Kick", eine Euphorie, um sich selber aufzupeppen. Ein weiblicher Teenager aus einer freien Brüdergemeinde wurde zu den Dillenburger Jugendtagen eingeladen. Sie bejahte ihre Teilnahme mit den Worten: „Ich will Worship!" Der Schwerpunkt dieser Aussage liegt auf dem „Ich". Warum? Weil mir das gut tut. Durch die tiefe, aufwühlende, als schön und befreiend erlebte Gefühlsreaktion glaubt man, endlich ein gewisses Etwas gefunden zu haben, eine Erfrischung, Erneuerung, neue Kraft. Das normale Christsein erscheint schal, bieder und langweilig – ein „Knäckebrot-Christsein", trocken und farblos. Durch Lobpreislieder will man sich aufladen. Wenn jedoch die Stimmung und der Rhythmus mehr im Vordergrund stehen als der Text, besteht die Gefahr, dass Seelisches mit Geistlichem verwechselt wird. Im Neuen Testament gibt es kein Beispiel für seelische Stimulation. „Richtige" Anbetung geschieht im Geist und in der Wahrheit. Falsche Anbetung geschieht in Schwärmerei und Heuchelei. Im Gespräch mit der Frau am Jakobsbrunnen (Joh 4,21-24) unterscheidet der Herr Jesus zwischen Anbetung im Alten und im Neuen Bund und hebt die alte Anbetungsform sozusagen auf. Diese war bekannt mit Rhythmusinstrumenten und Reigentänzen, also auch körperlich, während die neue „wahre Anbetung" in Geist und Wahrheit geschieht.

Eine interessante Stelle verdeutlicht, wann das Singen geboten ist:

> „Leidet jemand von euch Unrecht? Er soll beten! Ist jemand guten Mutes? Er soll Psalmen singen!"
> (Jak 5,13)

Die Anweisung lautet also nicht: „Ist jemand schlecht drauf, dann soll er Musik hören, um in gute Stimmung zu kommen." Abhilfe gegen schlechte Stimmung soll im Gebet beim Herrn gesucht werden; froher Gesang ist hingegen ein Ausdruck innerlich bereits vorhandener Freude.

Man muss es wohl so deutlich sagen: Es ist Heuchelei, wenn man in erster Linie Lobpreis singt, weil es einem selbst gut tut. Echter Lobpreis führt immer zu Ehrfurcht und Respekt vor Gott. Er enthält Würde und Niveau, seine Texte sind inhaltsreich und haben geistlichen Tiefgang und Qualität.

Daher sollte man im eigenen Glaubensleben und auch in der Gemeinde auf geistliche Qualität achten, auf das, was seriöse, solide und tragfähige biblische Lehre ist. An mehreren Stellen sagt der Herr Jesus: „Wer an mich glaubt, der wird [...]" Dabei ist eines entscheidend:

> „Wer an mich glaubt, wie die Schrift sagt, von dessen Leib werden Ströme lebendigen Wassers fließen."
> (Joh 7,38 LUT)

Der echte Glaube orientiert sich an dem, was die Schrift sagt. Man kann auch an einen Jesus glauben, „wie der Zeitgeist sagt". Das ist dann ein eigener, persönlicher Jesus, der aber in Wirklichkeit wohl eher ein vergoldetes Kalb ist. Es ist daher fatal, den Boden der Schrift zu vernachlässigen oder gar zu verlassen und der Versuchung zu erliegen, seine eigenen „Anbetungskälber" aufzustellen, weil sie vielleicht so schön sind. Gehaltvolle biblische Lehre mit Tiefgang sollte in der Gemeinde beachtet und gefördert werden. Es kommt nämlich nicht nur auf das „Was", sondern auch auf das „Wie" an. Jeder Gläubige trägt Verantwortung, *wie* er an „Gottes Bau" mitbaut:

„Denn wir sind Gottes Mitarbeiter; ihr aber seid Gottes Ackerfeld und Gottes Bau. Gemäß der Gnade Gottes, die mir gegeben ist, habe ich als ein weiser Baumeister den Grund gelegt; ein anderer aber baut darauf. Jeder aber gebe acht, wie er darauf aufbaut." (1Kor 3,9-10)

Hintergrundwissen aus Philosophie, Soziologie und Trendforschung

Wir leben in Zeiten epochaler Veränderungen, die sich immer schneller vollziehen, auch im christlichen Kontext. Auf der Titelseite der katholischen Zeitschrift „Christ in der Gegenwart" wird dieser Wandel mit einem ernüchternden Ergebnis festgestellt:

„Spaß haben, genießen, glücklich sein – das ist für die weitaus meisten Menschen der Sinn des Lebens. Das bestätigen immer wieder Umfragen. Sie belegen außerdem einen Gesinnungswandel: Vor vier Jahrzehnten wurden Religion und Gewissen noch weitaus häufiger genannt. Dass man ein gottgefälliges Leben führen, dass man tun wolle, was Gott von einem erwartet – solchen Aussagen stimmen allenfalls noch verschwindende Minderheiten zu. Heilig sein wollen ist ‚megaout'."[1]

Johannes Röser (geb. 1956), der Chefredakteur der oben genannten Zeitschrift, stellte heraus, dass bei Jugendlichen der Glaube vom Lebensgefühl und der Jugendkultur abhängt:

„Das ‚Religiöse' oder Quasi-Religiöse bildet sich in den Jugendszenen freilich nicht mehr ab in fixen Systemen oder Institutionen von Religion. Es äußert sich – wenn überhaupt – indirekt, versteckt, unscheinbar. Es ist als solches nicht leicht zu identifizieren. [...]"[2]

Der Soziologe Thomas Luckmann (geb. 1927) spricht hierbei von „einer unsichtbaren Religion"[3], „die sich nicht mehr nur in der institutionalisierten Form von Kirchlichkeit manifestiert"[4].

Religiöse Bedürfnisse bzw. die Sehnsucht nach Spiritualität verschwinden demnach nicht, sondern verlagern sich weg von Vorgaben in Bibel, Kirche oder Unterricht hin zu individualistischen Entdeckungen.

Röser zitiert den Religionspsychologen Heinz Streib:

„,Zum Kern der Religiosität gehört die Transzendierung des Alltags', Anschauung und Gefühl, Sinn und Geschmack fürs Unendliche."[5]

Der Mensch kann auf Religion nicht verzichten, macht sich aber mehr und mehr unabhängig von den erwähnten Vorgaben. Röser erklärt:

„Diese Schlüsselempfindungen sind nicht einfachhin auszulöschen. Gerade die Begrenztheit des Daseins stößt manche Ahnung an: ,Das kann doch nicht alles sein.' In der Religion wie in der individuellen Religiosität geht es ,ums Ganze'. Viele Menschen verstehen sich allerdings nicht mehr als ,religiös'. Trotzdem sagen sie: ,Ich bin spirituell.' Sogar ,spirituelle Atheisten' weist der soziologische Befund aus. Die traditionellen Einordnungen von Religiosität und Religion lösen sich auf. Religiosität zeigt sich immer weniger eingebettet in ,etablierte' Religion, so Streib: ,Sie findet sich oft außerhalb.'"[6]

Der Religionspädagoge Manfred Pirner spricht daher von einer „Transzendenzoffenheit des Individuums"[7].
Vor allem Jugendliche aber lassen sich nicht mehr „klassische Lehrauffassungen oder Sichtweisen überstülpen"[8].

Röser beschreibt dieses Phänomen, das in diesem Kapitel noch als Kennzeichen der Postmoderne untersucht wird:

„Die offenen Suchbewegungen und fragmentarischen Antworten würden von den jungen Leuten nicht mehr als etwas Minderwertiges betrachtet, sondern als wahr, echt, authentisch."[9]

Gemäß der postmodernen Maxime wird erst das für wahr gehalten, was sie selber durchdenken und erleben können und nicht, was von außen vorgegeben wird. Das Problem liegt auf der Hand, auch wenn Röser es nicht als Problem sieht:

„Fertige, selbstsichere Konzepte von Glauben wecken Misstrauen."[10]

Auch in christlichen Gemeinden sind gewisse soziologische Beobachtungen auszumachen: Jugendliche sind nicht mehr so belastbar. Sie sind individualistisch und auf ihr eigenes Wohl bedacht. In den Gemeinden übernehmen immer weniger Männer echte Verantwortung. Die Vorbilder und „Leitwölfe" scheinen auszusterben. Und so wächst eine Generation von Unverbindlichen heran, deren Verbindlichkeit darin besteht, unverbindlich zu sein: „Komm' ich heut' nicht, komm' ich morgen!" Neben der Gleichgültigkeit und dem Desinteresse wächst das Komsumdenken: „Was bringt mir das? Was habe ich davon?" Markus Spieker, ARD-Hauptstadtkorrespondent, greift eine Analyse der Zeitschrift „New Yorker" auf, die von der „verwöhnteste(n) Generation der Menschheit"[11] spricht. Besorgt berichtet Spieker:

„Fatalerweise orientieren sich auch immer mehr kirchliche Angebote – vor allem in den Vereinigten Staaten – an den Bedürfnissen von Teenagern und solchen, die sich auch als Erwachsene noch so aufführen. Der Lobpreis muss vor allem ‚geil' sein, die Predigten ‚cool' oder ‚krass', die Atmosphäre ‚chillig'. Der amerikanische Religionssoziologe

Thomas Berger (Huntington-Universität) hat eine Studie über die ,Juvenalisierung der amerikanischen Christenheit' geschrieben. Er kommt zu dem Schluss, dass ein jugendlich-naives Christentum auf dem Vormarsch ist und dass viele heutige Christen davon ausgehen, dass Glauben ,Spaß machen und Unterhaltung bieten muss'. [...]"[12]

In der evangelikalen Teenager-Zeitschrift „teensmag" berichtet eine Jugendliche unter der Überschrift „Sau rauslassen und worshippen", wie sie mit ihren Freundinnen ihren Glauben lebt:

„Bei meinen Freunden kann ich so sein, wie ich bin. Sie sind ehrlich und total aufgedreht. Ab und zu veranstalten wir eine Spiel- und Fressparty nur für uns. Dort kann man so richtig die Sau rauslassen. Natürlich worshippen wir auch viel zusammen und erleben krasse Sachen mit Jesus. [...]"[13]

Im Artikel „Himmel trifft Erde" will „teensmag" den Teenagern helfen, Gottes Stimme zu hören, indem diese ihren „persönlichen Style"[14] finden. Der eine erlebt Gott in der Natur, der andere „schnappt sich eben seine Bibel"[15] und ein weiterer feiert gerne Parties. Und dann gibt es den „Fünf-Sinne-Genießer"[16]:

„Kim begegnet Gott am liebsten mit allen fünf Sinnen. Das kann ein leckeres Essen mit Freunden sein, denn bei dem wird sie voll dankbar, dass es ihr so gut geht. Oder beim Hören toller Musik, wenn sie durch ihr Zimmer tanzt. Oder wenn sie einen wunderschönen Sonnenuntergang sieht und die herrliche Sommerabendluft dabei einatmet. Einfach dann, wenn sie sich quietschlebendig fühlt. Dann hört sie Gottes Reden am meisten und hält alle Sinne auf Empfangsbereitschaft. [...]"[17]

Diese Beispiele verdeutlichen die Sehnsucht vieler Jugendlicher nach Echtheit, nach Praktischem, Erlebbbarem und Sinnlichem. Dabei sind Jugendliche in der postmodernen westlichen Welt zumeist eher enttäuscht statt glücklich. Der rationale Vernunftglaube habe sich als Illusion erwiesen. Das Eindimensionale sei gescheitert. Auf nichts ist mehr Verlass. Trotz wachsenden Fortschritts nehmen die Probleme nicht ab, sondern zu: Wirtschafts- und Finanzkrisen, Marktradikalismus mit Sozialabbau, Rationalisierungen mit Arbeitsplatzverlusten, erhöhter Arbeitsdruck durch Mobbing und Bossing, Lebensmittelvergiftungen, Ehescheidungen, Kirchenskandale usw. Die wachsende Enttäuschung führt zu einem Ruf nach mehr Recht auf Selbstbestimmung statt moralischer Fremdbestimmung, nach Selbstentfaltung statt Pflichtbewusstsein, nach Erlebnis- und Genusssucht statt Selbstbeherrschung. Mit dem postmodernen Motto „Suchen Sie keinen Sinn, sondern Geschmack" warb eine Zigarettenfirma und eine Gaststube.[18]

Hintergründe der Postmoderne

Auch im privaten Bereich nimmt die Unzufriedenheit nicht ab. Trotz der Vereinfachungen im Medien- und Informationszeitalter mit E-Mail, Chat, Smartphone, Internet und Einkaufsmöglichkeiten mit Erlebnischarakter nehmen Stress und Hektik zu. Der Wissenszugang ist explodiert, das Allgemeinwissen implodiert. Die Komplexität dieser Zugänge und Angebote verursacht eine Reizüberflutung. Das Überangebot erleichtert nicht und ist keine Hilfe. Man hat nicht das Vorrecht der Wahl, sondern die Qual der Wahl. Dies führt von einer Überfluss- zur Überdrussgesellschaft. Die schier unbegrenzten Erlebnismöglichkeiten auch in den Weltanschauungen und Glaubensgrundsätzen verstärken die Innenorientiertheit:

„Was passt denn eigentlich noch zu mir?" Eine regelrechte Schwemme an unterschiedlichen Glaubensrichtungen erweckt den Eindruck von Beliebigkeit. Die Auswirkungen sind entsprechend: Man fühlt sich labil und abgestumpft. Man ist passiv und innerlich leer. Daher entsteht vermehrt die Suche nach einem transzendenten Ausgleich.
Der evangelische Theologe Peter Bubmann (geb. 1962) erklärt die Hintergründe und Ursachen der aufkommenden Erlebnisfrömmigkeit:

„Bekanntlich haben die Durchsetzung der Dialektischen Theologie sowie die Erfahrungen mit dem nationalsozialistischen Missbrauch quasireligiöser Erlebnisrituale dazu geführt, dass die Theologie des religiösen Erlebens (jedenfalls in der deutschsprachigen systematischen evangelischen Theologie) weithin in die Defensive geriet. Erst die neu gewachsene ökologische Sensibilität für die Gemeinschaft allen Lebens auf der Erde ab den 70er Jahren, die Aufbrüche zu ganzheitlicheren spirituellen Formen im Kontext von New Age-Bewegung und charismatischer Bewegung ab den 80er Jahren, schließlich die postmodernen Tendenzen zur vollständigen Ästhetisierung der (stark medial bestimmten) Lebenswelten in den 90er Jahren, haben die Theologie dazu genötigt, sich dem religiösen Erleben wieder stärker zuzuwenden. [...]"[19]

Es gibt also seit circa 1990 eine Renaissance der Transzendenz und Spiritualität. Die Enttäuschung der Fortschrittsversprechen in der Moderne brachte ein Versagen einzelner Glaubensvorstellungen und Weltanschauungen. In Deutschland scheint es seit 1945 eine Identitätskrise zu geben. Mit der Überwindung des Nationalsozialismus ging eine Enttraditionalisierung einher. Die daraus folgende Orientierungslosigkeit führte zur Individualisierung.
Auch in der Philosophie gibt es individualistische Trends. Im Eudämonismus heißt es: Das gelingende oder schö-

ne Leben als Ziel allen Strebens führt zum Glück.[20] Und im Hedonismus gilt: Wertvoll ist Lust bzw. Freude und Vermeidung von Schmerz bzw. Leid.[21] Allen Angeboten und Möglichkeiten zum Trotz macht sich Verunsicherung breit. „Dubito ergo sum.", zu Deutsch: „Ich zweifle, also bin ich." Diese Aussage ist nach dem Soziologen Ulrich Beck (geb. 1944) das Grundgefühl der Postmoderne.[22]

Was ist nun eigentlich die Postmoderne? Das lateinische Wort „post" bedeutet hinter bzw. nach. Es geht also um eine Zeitepoche nach der Moderne. Die Postmoderne gilt als „eine politisch-wissenschaftlich-künstlerische Richtung, die sich gegen bestimmte Institutionen, Methoden, Begriffe und Grundannahmen der Moderne wendet und diese aufzulösen und zu überwinden versucht"[23].

Aufgelöst werden soll das Rationale, das Verstandesmäßige. In den Fokus rücken dagegen Erfahrungen, ein persönliches Fühlen und Spüren. Bewährte Grundsätze will man nicht mehr einfach nur übernehmen, sondern erleben und selber nachspüren. Die Folge wäre das Ende der Ideologien und Lehrsätze. Auch in der Theologie sind entsprechende Auswirkungen erkennbar: Dogmatik, Apologetik und Ethik, also das Lehrhafte, sind eher „out" und neue Formen ganzheitlicher, erlebnisreicher und sinnlicher Frömmigkeit und Events sind „in". Dachte man in der Moderne noch eher dualistisch und diskutierte über objektive Wahrheiten, ist das Denken heute sehr vernetzt, integral und multiperspektivisch. In der Postmoderne wird über subjektive Erfahrungen nicht mehr gestritten. Da gibt es nichts mehr zu diskutieren oder mit theoretischen Vorgaben zu vergleichen. Es herrscht die Selbstlegitimation.

Der Philosoph Wolfgang Welsch (geb. 1946) bezeichnet „radikale Pluralität"[24] als Hauptkennzeichen der Postmoderne. Er erklärt:

„Postmoderne Phänomene liegen dort vor, wo ein grundsätzlicher Pluralismus von Sprachen, Modellen und Verfahrensweisen praktiziert wird, und zwar nicht bloß in verschiedenen Werken nebeneinander, sondern in ein und demselben Werk."[25]

Damit hat der postmoderne Mensch anzuerkennen, „dass es auch andere Wege, Modelle und Orientierungen von gleicher Legitimität gibt"[26].

„Patchwork" nannte dies der Architekturtheoretiker Charles Jencks (geb. 1939), der beim Entwurf eines Hauses verschiedene Stilrichtungen miteinander verband.[27]
Zwischen Moderne und Postmoderne zeigen sich auch Gegensätze im Verständnis von Pluralismus. In der Moderne gab es noch einen praktischen Pluralismus, nämlich die Freiheit, eine andere Meinung zu haben.
In der Postmoderne dagegen zählt ein weltanschaulicher Pluralismus, nämlich die Freiheit, ein gleiches Maß an Wahrheit zuzugestehen. Demzufolge ist Wahrheit nicht mehr objektiv, da Entgegenstehendes dann ja unwahr wäre. Die Konsequenz: Wenn alle Wahrheiten gleich gültig sind, ist alles gleichgültig. Das ist ein absoluter Relativismus. Wahr ist dann eigentlich nur, dass es gar keine objektive Wahrheit gibt. Wenn Wahrheit von Wahrnehmung abhängt, hat jeder Mensch seine eigene Wahrheit. Und Wahrheiten gibt es dann so viel, wie es Menschen gibt. In der Moderne dagegen gab es noch eine Unterscheidung von Wahrheit und Irrtum durch die Vernunft.
Der Philosoph Jean-Francois Lyotard (1924-1998) definierte:

„'Postmoderne' bedeutet, dass man den Meta-Erzählungen keinen Glauben mehr schenkt."[28]

Gemeint sind damit Aufklärung, Kritikfähigkeit, Fortschritt, Leistung und die Suche nach dem Wahren, Richtigen, Guten und Vernünftigen. Und wenn das alles nicht mehr zählt und aufhört, gilt das, was der Philosoph Paul Feyerabend (1924-1994) schlussfolgert: „Anything goes" – alles ist möglich.[29] Dieses Buch galt bei seinem ersten Erscheinen 1970 als Angriff auf die etablierten Wissenschaften, auf das Zeitalter der Moderne und den Rationalismus mit seinem Sinn nach Objektivität, Klarheit und Nachprüfbarkeit.)

In der Postmoderne vollzieht sich die Abkehr vom Objektiven, dem wissenschaftlich Fundierten und Nachgewiesenen, hin zum Subjektiven. Statt allgemeiner Fakten sind nunmehr eigene Erfahrungen, die selbst gemacht und beurteilt werden, der letztgültige Maßstab, weil er der eigene, innere Maßstab ist. Das Lebensgefühl, das sich dadurch entwickelt, hat eine Neigung zur Emotionalität, zum Fühlen und Spüren. In Glaubensfragen sind die neuen Werte persönliche Spiritualität mit Betonung von Ganzheitlichkeit, Harmonie, Romantik, Sanftheit und Zartheit.

„Gott 9.0" – Es gibt keinen feststehenden Glauben

Der evangelische Pfarrer und Bestsellerautor Werner Tiki Küstenmacher (geb. 1953) sieht in der postmodernen Entwicklung hin zum Unglauben und zur Beliebigkeit kein Problem. Im Gegenteil, er gratuliert allen Zweiflern mit folgenden Worten:

„[...] Glückwunsch! Wenn Sie nicht mehr an Gott glauben können, ist Ihnen nicht Ihr Glaube abhanden gekommen, sondern Ihr Bewusstsein hat sich weiterentwickelt!"[30]

In seinem Buch „Gott 9.0" teilt er verschiedene Arten zu glauben in farbliche Stufen ein, die sich an der Entwicklung der Menschheit vor 100.000 Jahren bis heute orientieren.[31] Mittels eines Tests kann der Leser herausfinden, auf welcher Bewusstseinsstufe er selbst steht. Denkt er biblisch, befindet er sich in der einen Phase, nämlich blau, denkt er nicht biblisch, ist er eben in einer anderen Phase, zum Beispiel orange.

Küstenmacher spricht von „den drei Gesichtern Gottes"[32]. Gott sei erfahrbar als „Naturhaftigkeit", „Personhaftigkeit" und als „Geisthaftigkeit".[33]

Die verschiedenen Religionen werden als gleichberechtigter Ausdruck der Erkenntnis von Gott bzw. Erfahrung mit Gott angesehen:

„,Das 3-2-1-Gottes'-Modell hat großes Potenzial, die vielfältigen Gotteserfahrungen der großen Weltreligionen auf eine nonduale Weise zusammenzuhalten. Gleichzeitig kann dieses Modell Menschen in allen Religionen helfen, ihre eigenen Gotteserfahrungen besser einzuordnen. Alle drei Gesichter Gottes können auf allen Stufen erfahren werden, und für alle liegen mystische Zeugnisse in beeindruckender Zahl vor."[34]

Die Autoren greifen die unterschiedlichen spirituellen Entwicklungen und Möglichkeiten auf und wollen helfen, den eigenen Weg zu finden. Dabei bleiben sie völlig undogmatisch und werten die unterschiedlichen Wege nicht. Jede spirituelle und sinnliche Erfahrung Gottes habe ihre Berechtigung. Der Leser erfährt, wo er spirituell steht. Welchen Weg er geht, bleibt jedem selbst überlassen. Im Leben sei der Glaube ohnehin ständigen Veränderungen unterworfen:

„Mit dem Modell von Gott 9.0 wollen wir zeigen, dass Glaube kein ein für allemal feststehendes Set von Überzeugungen ist. Glaube ist nicht statisch, sondern lebendiges Wachstum. Er lebt von immer neuen Wandlungen. [...]"[35]

Spiritualität statt Frömmigkeit

Der Begriff „Spiritualität" ersetzt vermehrt den Begriff „Frömmigkeit". Er umfasst mittlerweile ein breites Spektrum von Christlichem über New Age und Aberglauben bis zu einer politischen Partei: „Die Violetten – für spirituelle Politik".
Der katholische Theologe Josef Sudbrack (1925-2010) sieht in Spiritualität „das Herzwort der schwer fassbaren ‚Neuen Religiosität': ‚Spirituelle Wege' zielen auf innere Transformation mit Hilfe ‚spiritueller Techniken' aus den Bereichen östlicher Meditation und westlicher Psychologie, häufig verbunden mit entsprechenden Vorstellungen (Reinkarnation und Karma) und Lebensweisen. Dogmatische Eindeutigkeit und institutionelle Bindung werden abgelehnt zugunsten einer ‚Bezogenheit auf das umgreifende eine Sein, das den Menschen als unfassbares Geistiges, Transmaterielles, Metaphysisches erscheint' [...]"[36]

Bei einer interkulturellen Studie zweier Universitäten wurden 773 Deutsche und 1.113 US-Amerikaner befragt, was sie unter Spiritualität und Religiosität verstehen. Dabei wurde festgehalten:

„‚Ich bin eher spirituell als religiös' – diesen Satz bejaht die Hälfte der Befragten. Dabei spielt es keine Rolle, ob sie einer Kirche angehören oder nicht."[37]

Weiter heißt es im Bericht:

„Auffällig ist den Forschern zufolge, dass der Begriff ‚Spiritualität' auch von Personen für sich in Anspruch genommen wird, die noch nie einer Religionsgemeinschaft angehört haben oder aus Kirchen und Religionsgemeinschaften ausgetreten sind, darunter eine erstaunliche Minderheit, die sich ausdrücklich als Atheisten, Nontheisten, Agnostiker bezeichnen. [...]"[38]

Da Spiritualität umfangreicher, mehrdeutiger und damit verschwommener gefasst wird, fällt ein Bekenntnis leichter, spirituelle statt geistliche oder religiöse Bezüge zu haben. Weil der Begriff und die Identifikation geläufiger werden, bekannte sich auf dem 30. Deutschen Evangelischen Kirchentag 2005 in Hannover der damalige Bundespräsident Horst Köhler (geb. 1943) zur Evangelischen Kirche als „seine spirituelle Heimat"[39].

Immer mehr spirituell Suchende kehren aber den beiden Großkirchen den Rücken, weil „ihr großer Hunger nach spiritueller Erfahrung dort keine Nahrung mehr fand [...]"[40], wie Hartmut Meesmann, Leiter des Ressorts „Kirchen und Theologie" bei der Zeitschrift „Publik-Forum", erklärt. Seine Begründung:

„Diese Menschen wollen nicht einfach nur vorformulierten Glaubenssätzen folgen, die für sie ohne wirkliches Leben geblieben sind. Sie finden, dass Dogmen eigene Erfahrungen eher verhindern als ermöglichen. Diese Suchenden wollen eigene religiöse Erfahrungen machen und mit dem Heiligen, dem großen Geheimnis, mit Gott in Berührung kommen. [...]"[41]

Der katholische Theologe und Zen-Lehrer Alexander Poraj (geb. 1964) versteht den Unmut derer, die aus den Kirchen ausgetreten sind:

„Entweder glauben sie an andere, in ihren Augen vielversprechendere Götter; oder sie müssen nicht mehr glauben, weil sie den zuvor geglaubten Inhalt endlich ‚geschmeckt‘ haben oder schmecken möchten, und zwar hier und heute und nicht als jenseitige Belohnung eines moralisch einwandfrei geführten Lebens. Mit anderen Worten: Die Menschen konnten eine Gotteserfahrung machen oder wollen sie machen. Sie möchten ihren Glauben nicht mehr einfach nur glauben. [...]"[42]

Poraj bietet die Meditation als Lösung an, um Gott nicht mehr nur zu glauben, sondern unmittelbar zu erleben:

„Anstatt zu denken, gehen sie ins Spüren und Wahrnehmen dessen, was Ihnen Augenblick für Augenblick begegnet. [...]"[43]

Stille und Meditation sind für ihn „die wirkliche Nachfolge Jesu":

„[...] Oder Sie befinden sich in einer Kirche: Lauschen Sie ganz bewusst der Stille, die Ihnen dort begegnet. Lassen Sie alle Gedanken, Vorstellungen, auch Gebete fallen, seien sie [sic!] ganz da! Es braucht Mut, den Glauben auf das Geglaubte hin zu durchschreiten und die wirkliche Nachfolge Jesu anzutreten, die eben nicht in seiner äußeren Nachahmung, sondern in der Erfahrung innerer Gleichheit mit ihm besteht."[44]

Poraj wünscht sich, wir „ernähren uns von dem, was wirklich nährt"[45].
Dort sei die Quelle wirklicher Spiritualität. Und „so werden wir zu Mystikerinnen und Mystikern"[46].
Sinnlich erfahrbare Spiritualität ist für ihn lebendig und sättigend, alte Glaubensgrundsätze sind nur theoretisch und führten zum Verhungern und zum Tod.

Aus biblischer Sicht dagegen wird zwischen menschlicher und göttlicher Weisheit unterschieden:

„Und meine Rede und meine Verkündigung bestand nicht in überredenden Worten menschlicher Weisheit, sondern in Erweisung des Geistes und der Kraft." (1Kor 2,4)

„Die Worte, die ich zu euch rede, sind Geist und sind Leben." (Joh 6,63b)

Jede außerbiblische und auf menschliche Weisheit beruhende Spiritualität hat keine wahre göttliche Kraft und ist geistlich nicht gesund, auch wenn sie äußerlich die Sinne mehr anzusprechen vermag. Die Sehnsucht nach Sinnlichkeit ist eigentlich eine Sehnsucht nach Gott. Während die Säkularisierung in der westlichen Welt fortschreitet, steigt parallel die Suche nach spirituellen Erlebnissen ohne dass man sich dabei an die etablierten Kirchen wendet. Den spirituellen Hunger kann aber auch keine Kirche als Institution stillen. Dies kann keine Einrichtung, kein Programm und keine noch so spirituelle oder geistliche Übung. „Geist und Leben" sind im Wort Gottes. Das ist der Maßstab für echtes und wahres Leben mit Ewigkeitswert. An dieser Wahrheit sind alle Glaubensübungen zu prüfen.

Auswirkungen der Postmoderne

Theologische Dogmatik, das Lehrhafte, das Konfessionelle, hat in der Postmoderne scheinbar ausgedient und ist kein verbindlicher Maßstab mehr. Die christliche Kirche als Lehrgebäude wird zum Leergebäude. Das hat natürlich auch Auswirkungen auf das Gottesbild. Es kommt zu einer Verschiebung und Neufüllung von religiösen Begriffen, von christlich-biblisch zu transzendent-mystisch.

Der katholische Theologe Karl Rahner (1904-1984) sah schon 1966 folgende Tendenz:

„Der Fromme von morgen wird ein ‚Mystiker' sein, einer der etwas ‚erfahren' hat, oder er wird nicht mehr sein."[47]

Diese Tendenz führt heute zu einer theologischen Beliebigkeit und zu fehlender Eindeutigkeit bis hin zu religiösem Pluralismus. Der Soziologe Heiner Barz (geb. 1957) meint:

„Dass Christen, Moslems, Juden und Buddhisten unter verschiedenen Namen eigentlich denselben Gott meinen, charakterisiert den heute noch denkbaren Gott, [...] die einen sagen Buddha, die anderen sagen Manitu, die dritten sagen Gott und die vierten sagen Tralala."[48]

Der religiöse Pluralismus verdrängt ein klares theologisches Profil – anything goes, alles ist möglich.

Barz sieht „die Tendenz zu einer neuen nachchristlichen Glücks-Religion. Während das Christentum verdunste, etabliere sich eine Angebots-Religiosität zum Zwecke der Optimierung des privaten Glücks. Wenn Kirche überhaupt noch positiv wahrgenommen werde, dann – so Barz – meist im Sinne eines ‚spirituellen Partyservices'"[49].

Daniel Hell (geb. 1944), ein Schweizer Psychiater, verdeutlicht die Auswirkungen des neuen Lebensgefühls:

„Der Erlebnishunger des modernen Menschen ist [...] auch als Gegenreaktion auf die Technisierung und Rationalisierung des modernen Lebens zu verstehen. Auf die Abschaffung der Seele und auf die Abstrahierung bzw. Digitalisierung des Körpers folgt der verzweifelte Versuch vieler Menschen, sich vermehrt leib-seelisch zu spüren. Statt wie eine Maschine zu funktionieren, möchten sie in Thrill oder Meditation sich selber erfahren. [...] Dem modernen Trend des religiösen oder spirituellen Haltsuchens liegt ein spürbares Verlangen nach tieferem Selbsterleben und nach Sinnfindung zu Grunde. Dieser Seelenhunger wird aber zunächst auf eine Weise zu befriedigen gesucht, die der flexiblen und mobilen Lebensführung entspricht. Dadurch droht eine gewisse Oberflächlichkeit. Wer gewohnt ist, seine Bedürfnisse rasch zu sättigen und schnelle Anpassungsleistungen zu erbringen, wird auch im religiösen Erlebnisbereich eher auf stimulierende Events setzen."[50]

Dem ist hinzuzufügen, dass eine Stillung des Erlebnishungers nicht den geistlichen Hunger löst. Das Konsumieren von Fast-Food-Religion, von spirituellen Techniken und Events ohne Tiefgang, von Zuckerbrot statt Schwarzbrot, führt aus dem Frust des Hungers wieder in den Frust der Nichtsättigung. Hier entsteht ein Kreislauf, weil der geistliche Hunger durch oberflächliche, sinnliche Angebote des Fühlens und Spürens nicht wirklich gestillt wird.

Welche Auswirkungen hat dies nun auf christliche Glaubensinhalte?

Der postmoderne Mensch ist nicht mehr jenseits-, sondern diesseitsorientiert. „Das Schönste kommt noch" – Dieser Buchtitel des evangelischen Theologen Fritz Rienecker (1897-1965) drückte bei seinem Erscheinen 1964 noch die geistliche Haltung und Sehnsucht der Evangelikalen aus. Glück, Zufriedenheit und Erfüllung werden heutzutage mehr in das irdische Leben projiziert und dort gesucht. Ein jenseitiges Ziel erscheint dem postmodernen Menschen zu abstrakt, zu theoretisch und nicht greifbar genug. Stattdessen liegt das Ziel im Hier und Jetzt, im Genuss sofort.

Der Soziologe Peter Gross (geb. 1941) erkennt daraus:

„Weltzeit schrumpft auf Lebenszeit zusammen. Zeit wird Frist."[51]

In der katholisch-kritischen Zeitschrift „Publik-Forum" werden die Hintergründe des sinnlichen Christentums aufgezeigt. So heißt es im Rückblick auf den 2. Ökumenischen Kirchentag 2010 in München:

„Wenn Menschen von heute das Transzendente suchen, dann wollen sie etwas Konkretes erfahren, wollen fühlen, riechen, schmecken, murmeln, schweigen, wandern und tanzen. Sie wollen Gott in ihrem Atem spüren, auf der Haut, in der Nase, auf der Zunge, in den Flächen ihrer Hände und unter den Füßen. Der Trend ist nicht ganz neu, wird aber hier auf dem Ökumenischen Kirchentag besonders deutlich. Die verkopfte christliche Spiritualität wurde in den letzten Jahrzehnten vor allem durch buddhistische und hinduistische Meditationsmethoden verwandelt. Sie haben Eingang ins Christentum gefunden und zu einer neuen Innerlichkeit geführt."[52]

Liest man die weiteren Artikel mit bezeichnenden Untertiteln wie „Christus sinnlich erleben", geht es anhand der Überschriften wie bei einer Steigerung vom „Christus in mir"[53] zum „Christus sind wir"[54].

Zusammenfassend ist festzuhalten, dass die Postmoderne eine Vielfalt gleichberechtigt nebeneinander bestehender Perspektiven kennzeichnet. Alte, bewährte und als unabdingbar geltende Wahrheiten verlieren ihren Stellenwert und sind nur noch relativ wahr. Der suchende Mensch kreiert sich seine eigene individuelle „Patchwork"-Religion oder zumindest eine „Patchwork"-Spiritualität. Es vollzieht sich ein klarer Trend:

„Sechzig Prozent der Deutschen sind offen für die spirituelle Suche nach dem Sinn des Lebens. Nur jeder zehnte Deutsche zeigt sich dabei innerlich fest verankert im Glaubensgehäuse einer Kirche. Fünfzig Prozent der Deutschen, darunter viele Kirchenmitglieder, sind ,religiös kreativ' und ,spirituell suchend'. Die Religionssoziologen nennen sie die ,spirituellen Wanderer' oder, etwas abschätziger, die ,Religionsbastler'. Paul Michael Zulehner nennt sie die ,Religionskomponisten'. [...]"[55]

Liegt für den christlichen Glauben darin eigentlich auch eine Chance? Transzendentes gilt in der Postmoderne ja nicht als wissenschaftlich überholt, sondern als Bereicherung, weil man den sogenannten ganzheitlichen Aspekt sieht. Os Guinness gibt auf diese Frage folgende treffende Antwort:

„Es ist richtig, dass der Modernismus sich in offener Gegnerschaft zur Religion präsentiert hat und dass der Postmodernismus ihr bei oberflächlicher Betrachtung freundlicher gegenübersteht. Aber es ist naiv, den Preis zu übersehen, den man dafür bezahlt. [...] Der Postmodernismus fordert den Verzicht auf jeglichen Anspruch auf einzigartige, absolute und transzendente Wahrheit. Für den Christen ist dieser Preis zu hoch. [...]"[56]

Der postmoderne Mensch möchte sein Leben genießen. Frei von Pflichten und Geboten, von Gehorsam und Disziplin, will er sein Leben nicht nur leben, sondern erleben – und das möglichst angenehm, leicht und genussvoll. Der christliche Glaube dient ihm als Hilfe und Erleichterung des irdischen Lebens, als Mittel zum Zweck. In dem vorliegenden Buch werden dazu einige Beispiele vorgestellt, die aktuell einen nachhaltigen Einfluss auf evangelikale Christen ausüben. Eine biblisch orientierte Begründung einer Auseinandersetzung damit sei zuvor noch vorangestellt.

Apologetik – umstritten, aber notwendig

In Anbetracht der Herausforderungen der Postmoderne, der Mystik und verschiedener Trends, die auf die evangelikale Bewegung einwirken, stellt sich die Frage, wie diesen Herausforderungen zu begegnen ist. Zunächst ist aber auch zu klären, ob man sich überhaupt damit auseinandersetzen soll. Sollen Bibelgläubige die Bibel verteidigen, also Apologetik betreiben? Apologetik wird als die „theologische Verteidigung der christlichen Wahrheit"[57] definiert.

Apologeten sind „Verfasser von Schriften, in denen das Christentum gegenüber Verleumdungen verteidigt und durch Aufnahme philosophischer Denkformen der heidnischen Umwelt nahegebracht werden sollte"[58].

Es überwiegt heutzutage eher die Haltung, Apologetik nicht zu betreiben. Dies wird vereinzelt auch biblisch begründet. Rolf Müller, der in einem Zeitschriftenartikel für Apologetik plädiert, sind solche Begründungen bekannt:

„Unsere Aufgabe ist nicht, Zeitströmungen zu beurteilen. Wir sind dazu nicht befugt. Jesus sagt: ‚Richtet nicht, auf dass ihr nicht gerichtet werdet!' Reden ist Silber, Schweigen ist Gold! Statt zu kritisieren, sollten wir lieber Gemeindearbeit treiben! Jede kritische Äußerung zeugt von Richtgeist. Das Unkraut muss man wuchern lassen bis zur Ernte, sonst besteht die Gefahr, dass der Weizen mit ausgerissen wird! [...] Lieber gar nichts sagen als etwas Kritisches, Gott selber wird für uns streiten, wir sollen uns einfach nur rushalten!"[59]

Müller erklärt, wie es zu solchen Einstellungen kommt:

„Nichts ist dem heutigen Menschen mehr zuwider als die theologische Auseinandersetzung um die biblische Wahrheit."[60]

Ob und wie die Bibel zur Begründung von Apologetik heranzuziehen ist, macht den Schwerpunkt dieses Kapitels aus.

Zunächst seien noch einige ablehnende Aussagen erwähnt:

„Apologetik ist engstirnig, gesetzlich, streitsüchtig, spalterisch und pharisäisch!"

„Überall wird die Bibel doch so oder so missbraucht. Wo will man da anfangen und wo aufhören? Apologetik ist daher Zeitverschwendung und damit überflüssig!"

„Andere Christen zu kritisieren gehört sich nicht!"

„Wer Christen kritisiert, macht den himmlischen Vater traurig!"

„Andere zu richten und zu verurteilen steht uns nicht zu!"

„Das ist dem Herrn ein Gräuel!"

„Die Liebe glaubt alles und duldet alles!"

Ferner ergeht der Vorwurf, die beurteilten Zitate seien doch bestimmt aus dem Zusammenhang gerissen, ohne zu belegen, dass der Zusammenhang tatsächlich eine andere Bedeutung sichtbar machen würde.

Und persönliche Infragestellungen lauten: „Wer hat dich zum Endzeitmahner, Verführungsspezialisten, Wächter oder Beurteiler berufen?"

Soll man sich nun dennoch mit gewissen Trends auseinandersetzen? Gibt es eine biblische Begründung für Apologetik?

„Der Geist aber sagt ausdrücklich, dass in späteren Zeiten etliche vom Glauben abfallen und sich irreführenden Geistern und Lehren der Dämonen zuwenden werden." (1Tim 4,1)

Verführung in der Endzeit wird als Tatsache beschrieben. Wie soll der Christ damit umgehen?

„Geliebte, glaubt nicht jedem Geist, sondern prüft die Geister, ob sie aus Gott sind!" (1Joh 4,1a)

Diese Aufforderung gilt nicht nur den Leitern und Ältesten, sondern allen Gläubigen.

„Denn es sind viele falsche Propheten in die Welt ausgegangen." (1Joh 4,1b)

Diese Begründung deutet zum einen darauf hin, dass sich überall falsche Lehren ausbreiten und zum anderen, dass diese ihren Ursprung in „falschen Propheten" oder „falschen Geistern" haben.
Haben Christen damit etwas zu tun?

„Zieht die ganze Waffenrüstung Gottes an, damit ihr standhalten könnt gegenüber den listigen Kunstgriffen des Teufels; denn unser Kampf richtet sich nicht gegen Fleisch und Blut, sondern gegen die Herrschaften, gegen die Gewalten, gegen die Weltbeherrscher der Finsternis dieser Weltzeit, gegen die geistlichen [Mächte] der Bosheit in den himmlischen [Regionen]."
(Eph 6,11-12)

Falsche Lehren sind „listige Kunstgriffe des Teufels". Warum sind sie listig?

„Denn solche sind falsche Apostel, betrügerische Arbeiter, die sich als Apostel des Christus verkleiden. Und das ist nicht verwunderlich, denn der Satan selbst verkleidet sich als ein Engel des Lichts. Es ist also nichts Besonderes, wenn auch seine Diener sich verkleiden als

Diener der Gerechtigkeit; aber ihr Ende wird ihren Werken entsprechend sein." (2Kor 11,13-15)

„Ich fürchte aber, es könnte womöglich, so wie die Schlange Eva verführte mit ihrer List, auch eure Gesinnung verdorben [und abgewandt] werden von der Einfalt gegenüber Christus. Denn wenn der, welcher [zu euch] kommt, einen anderen Jesus verkündigt, den wir nicht verkündigt haben, oder wenn ihr einen anderen Geist empfangt, den ihr nicht empfangen habt, oder ein anderes Evangelium, das ihr nicht angenommen habt, so habt ihr das gut ertragen." (2Kor 11,3-4)

„Denn das weiß ich, dass nach meinem Abschied räuberische Wölfe zu euch hineinkommen werden, die die Herde nicht schonen; und aus eurer eigenen Mitte werden Männer aufstehen, die verkehrte Dinge reden, um die Jünger abzuziehen in ihre Gefolgschaft."
(Apg 20,29-30)

Der Apostel Paulus tadelt auch das passive „sich verführen lassen":

„Böse Menschen aber und Betrüger werden es immer schlimmer treiben, indem sie verführen und sich verführen lassen." (2Tim 3,13)

„Verkündige das Wort, tritt dafür ein, es sei gelegen oder ungelegen; überführe, tadle, ermahne mit aller Langmut und Belehrung! Denn es wird eine Zeit kommen, da werden sie die gesunde Lehre nicht ertragen, sondern sich selbst nach ihren eigenen Lüsten Lehrer beschaffen, weil sie empfindliche Ohren haben; und sie werden ihre Ohren von der Wahrheit abwenden und sich den Legenden zuwenden." (2Tim 4,2-4)

Ist das Tadeln, Ermahnen und Warnen wegen falscher Lehrer eine Eigenart des Paulus?

„Kinder, es ist die letzte Stunde! Und wie ihr gehört habt, dass der Antichrist kommt, so sind jetzt viele Antichristen aufgetreten; daran erkennen wir, dass es die letzte Stunde ist." (1Joh 2,18)

„Denn viele Verführer sind in die Welt hineingekommen, [...]" (2Joh 7)

Auch der Apostel Johannes ist sich aufkommender Verführung bewusst.
Ebenso der Apostel Petrus:

„Es gab aber auch falsche Propheten unter dem Volk, wie auch unter euch falsche Lehrer sein werden, die heimlich verderbliche Sekten einführen, [...] Und viele werden ihren verderblichen Wegen nachfolgen, und um ihretwillen wird der Weg der Wahrheit verlästert werden. Und aus Habsucht werden sie euch mit betrügerischen Worten ausbeuten; [...]" (2Petr 2,1-3)

„[...] so hütet euch, dass ihr nicht durch die Verführung der Frevler mit fortgerissen werdet und euren eigenen festen Stand verliert!" (2Petr 3,17b)

Ebenso Judas, der Halbbruder des Herrn Jesus:

„Geliebte, da es mir ein großes Anliegen ist, euch von dem gemeinsamen Heil zu schreiben, hielt ich es für notwendig, euch mit der Ermahnung zu schreiben, dass ihr für den Glauben kämpft, der den Heiligen ein für allemal überliefert worden ist. Es haben sich nämlich etliche Menschen unbemerkt eingeschlichen, [...]" (Jud 3-4a)

Außerdem der Herr Jesus selbst:

„Hütet euch aber vor den falschen Propheten, die in Schafskleidern zu euch kommen, inwendig aber reißende Wölfe sind!" *(Mt 7,15)*

„Und es werden viele falsche Propheten auftreten und werden viele verführen." *(Mt 24,11)*

„Denn es werden falsche Christusse und falsche Propheten auftreten und werden große Zeichen und Wunder tun, um, wenn möglich, auch die Auserwählten zu verführen." *(Mt 24,24)*

„Da sprach er: Habt acht, dass ihr nicht verführt werdet! Denn viele werden unter meinem Namen kommen und sagen: Ich bin es! und: Die Zeit ist nahe! Lauft ihnen nun nicht nach!" *(Lk 21,8)*

Wie beurteilt der Herr Jesus diejenigen, die am Wort *nicht* geprüft haben?

„Aber ich habe ein weniges gegen dich, dass du dort solche hast, die an der Lehre Bileams festhalten, [...] So hast auch du solche, die an der Lehre der Nikolaiten festhalten, was ich hasse." *(Offb 2,14-15)*

Wie beurteilt der Herr Jesus diejenigen, die am Wort geprüft haben?

„Ich kenne deine Werke und deine Bemühung und dein standhaftes Ausharren, und dass du die Bösen nicht ertragen kannst; und du hast die geprüft, die behaupten, sie seien Apostel und sind es nicht, und hast sie als Lügner erkannt; und du hast [Schweres] ertragen und hast standhaftes Ausharren, und um meines Namens willen

hast du gearbeitet und bist nicht müde geworden."
(Offb 2,2-3)

Wie äußert sich das „Schwere ertragen" und „standhafte Ausharren"? Es äußert sich unter anderem auch darin, den bereits erwähnten Infragestellungen nicht nachzugeben. Das bedeutet auf der anderen Seite jedoch nicht, dass Apologetik um der Verteidigung Willen betrieben werden darf. Es kann bei jeder Auseinandersetzung nur um Gottes Wahrheit und Gottes Ehre gehen, nie um die eigene Ehre. Der Apologet verkündet gemäß 1Kor 13 die Wahrheit in Liebe. Er ballt nicht die Faust und agiert nicht als lauernder Heckenschütze auf der Suche nach Feindbildern. Er übertreibt nicht und arbeitet nicht mit Vermutungen oder Behauptungen. Er arbeitet schon gar nicht mit spekulativen Schlussfolgerungen, um seine Leser oder Zuhörer ein einseitiges, überzogenes und damit falsches Bild zu vermitteln.

Der Apologet steht nicht über dem Wort, sondern unter dem Wort Gottes. Seine Theologie steht nicht auf der gleichen Ebene oder gar über der Heiligen Schrift, sondern unter ihr. Er hat keinen eigenen Absolutheitsanspruch, sondern kann sich auch selbst mit seiner Sichtweise und Prägung infrage stellen lassen und bleibt kritikfähig und damit dialogfähig. Er ist nicht selbstgerecht, überheblich, oberlehrerhaft, arrogant, besserwisserisch, respektlos oder aggressiv, sondern ihn zeichnen – bei allem berechtigten Einsatz an theologischer Klarheit – Liebe, Demut, Milde, Weisheit und Einsicht aus.

Es kommt eben nicht nur darauf an, ob Apologetik betrieben wird, sondern auch wie, auf welche Weise vorgegangen wird.

Das beste und wichtigste Anliegen kann nämlich durch eine falsche Vorgehensweise zerstört werden. Leser, die gewonnen werden sollen, werden dadurch eher abgeschreckt.

Von daher sei an dieser Stelle ausdrücklich betont, dass das Anliegen des vorliegenden Buches keine militante Kampfschrift oder verleumderische Hetzschrift sein will. Der Autor will keinen der zitierten Prediger und Autoren als Person infrage stellen, ihnen ihren Glauben absprechen und öffentlich verächtlich machen, sondern klar zwischen Sachebene und Personenebene unterscheiden. Es geht nicht um den Wert des christlichen Bekenntnisses der zitierten Autoren, sondern lediglich um Trends, die durch verschiedene Veröffentlichungen zur Stellungnahme herausfordern. Auch geht es nicht um das Finden eines Haars in der Suppe, also unbedeutenden Randerscheinungen, sondern um die grundsätzliche Richtung von bestimmten Lehren. Alle zitierten Predigten, Vorträge und Bücher sind öffentlich. Diese ebenso öffentlich anhand des Wortes Gottes zu überprüfen, ist legitim, wenn die Auseinandersetzung auf der Sachebene verbleibt. Man kann und darf als Autor anderer Meinung sein, wenn der oder die Zitierte nicht als Person verunglimpft oder verurteilt wird. Jede noch so kritische Stellungnahme soll auch nur als ein Angebot für den Leser verstanden werden, nicht als der Weisheit letzter Schluss oder unbedingte Meinung. Der Leser ist daher zu selbständigem Überlegen und Prüfen herausgefordert.[61] Sämtliche Zitate sind durch authentische Quellen belegt. Es geht also um Fakten, die nachprüfbar sind. Das erfordert nicht nur die Fairness, sondern auch die Seriosität in theologischen und wissenschaftlichen Arbeiten.[62]

Die Frage nach der Bibeltreue oder nach der Farbe meiner Spiritualität

Das postmoderne Denken der Beliebigkeit zeigt sich bei einigen evangelikalen Theologen in der Beurteilung verschiedener Prägungen und Stile. Einen Maßstab setzte der einflussreiche evangelische Theologe Christian A. Schwarz (geb. 1960). Sein „Institut für natürliche Gemeindeentwicklung" hat bereits mit mehr als 60.000 Gemeinden in 70 Ländern zusammengearbeitet.[63]

In seinem Buch „Die 3 Farben deiner Spiritualität" stellt er verschiedene Wege der Gottesbegegnung heraus. Das Buch erhebt den Anspruch einer „fundamentalen Entdeckung"[64]. Auf dieser Grundlage „entwirft das Buch einen Wachstumsplan, der zu Leidenschaft, Balance und Reife führt."[65]

Aus der Vielfalt von geistlichen Stilen entwickelt Schwarz neun Haupttypen in einen „Trinitarischen Kompass"[66]. Schwarz behauptet, dass „in Jesus alle neun Stile ihre Einheit finden"[67]. Er „repräsentiert das Ganze"[68].

Dass es von nüchtern bis schwärmerisch und von bibeltreu bis liberal unterschiedliche Ausprägungen christlichen Glaubens gibt, ist offensichtlich. Diese einander gegensätzlichen Stile als Vielfalt und Bereicherung anzusehen, deutet bereits an, dass ein anderer Maßstab angelegt wird. Bei Schwarz sind nämlich sämtliche Ausprägungen gleichberechtigt. So sind nicht die einen bibeltreu und die anderen eben nicht, sondern die einen sind mehr bibelzentriert und die anderen eben mystisch oder enthusiastisch. Auf diese diplomatische Weise lässt sich zum Beispiel der Gegensatz „nüchtern-schwärmerisch" darstellen.

„Da geht es nicht um ‚schlechten Glauben' versus ‚guten Glauben'"[69], schreibt Schwarz. Es geht „um verschiedene – jeweils positive, aber ergänzungsbedürftige – Weisen der Begegnung mit Gott."[70]

Damit werden neben biblisch legitimen Stilen wie „bibel-zentriert", „rechtgläubig" und „missionarisch" auch so ge-nannte Stile wie „sinnlich", „sakramental", „mystisch" und „enthusiastisch" als mindestens ebenso positiv angese-hen. Kein Stil ist an sich besser. Der eine ist eben „stärker extravertiert (‚Arme hoch'), der andere stärker introver-tiert (‚Kopf runter')"[71].

Bibelzentriertheit bedürfe der Ergänzung durch die Mys-tik, Rechtgläubigkeit der Ergänzung durch Enthusiasmus und umgekehrt. Dass im Neuen Testament nie dazu auf-gefordert wird, enthusiastisch zu sein, mehrfach aber, nüchtern zu sein (1Kor 15,34; 1Thess 5,6-8; 1Tim 3,2.11; 2Tim 2,26.4,5; Tit 2,2; 1Petr 1,13.4,7.5,8), tut hier nichts zur Sache. Das Kriterium „biblisch" gilt nach Schwarz aus-nahmslos für alle neun Typen. Daher ist es nicht als Einzel-typ markiert. Wer „bibelzentriert" ist, hat einfach nur eine andere „Antenne" für Gott. Jeder Stil soll als „Antenne für das Göttliche"[72] gesehen werden, denn „Gott sendet auf allen neun Kanälen"[73].

Will jemand nur bibelzentriert und rechtgläubig sein, habe er eben nur zwei Kanäle auf Empfang eingestellt. Um dieses Defizit zu beheben, „bedarf es im Blick auf die neun Kanäle, über die Gott mit uns kommuniziert, biswei-len einiger Übung, bevor wir etwas empfangen können."[74]

Mystik einzuüben sei damit also nicht nur legitim, son-dern gar eine Bereicherung in der Gottesbegegnung. Kriterium für den richtigen Schlüssel zu Gott ist das persönliche Erleben in Form von „Spüren" und „Fühlen". Die Erklärung von Schwarz sei hier im Zusammenhang zitiert:

„Bei jedem Stil ist es hilfreich zu fragen, wann bzw. an welchen Orten die Menschen, die diesen Stil haben, sich Gott ganz besonders nahe fühlen. Dabei ist es freilich so, dass uns Gott in diesen Situationen objektiv näher wäre als in anderen. Aber wir *spüren* seine Nähe stärker, wir *fühlen* uns ihm näher. Bei manchen Menschen stellt sich dieses Gefühl ein, wenn sie in großen charismatischen Konferenzen etwas erleben, was über ihren Verstand hinausgeht. Bei anderen ist eine feierliche, von Liturgie und Wiederholung geprägte Atmosphäre wichtig, um das Gefühl der Nähe zu Gott zu erzeugen."[75]

In diesem Zitat wird neben der Gleichberechtigung unterschiedlicher Stile außerdem deutlich, dass man ein Gefühl der Gottesnähe „erzeugen" bzw. selber machen könne. Der Gläubige könne hierbei auswählen, welcher Stil am besten seinem Gefühl bzw. Wohlgefühl entspricht. Durch diese Bedürfnisorientiertheit verkommt der Glaube von der Christusnachfolge zur Gefühlsnachfolge. Wege und Mittel des Glaubenslebens werden nicht durch das Wort Gottes selbst und durch geistliche Leiter vorgegeben, sondern durch das eigene Wohlgefühl des „Spürens" und „Fühlens". Diese sinnliche Vorgehensweise, keine Vorgaben von außen zu nehmen, sondern nach innen zu schauen, ist bereits mystisch. Damit ist das Konzept von Schwarz bereits vorweg insgesamt eher sinnlich und mystisch ausgerichtet. Und es vermittelt, wie relativ jeder Stil ist. Bibelzentriertheit sei eben nur *ein* Stil und damit nur relativ wichtig. Auch diesem Stil läge „ein einseitiges Jesusbild zugrunde"[76], denn man sähe nur durch „eine gefärbte Brille"[77]. Wäre Bibelzentriertheit *der* Stil, wäre die Gefahr der „Gesetzlichkeit"[78] zu sehr gegeben. Außerdem sei „Gottes Wort auf Bibel reduziert"[79]. Daher bedürfe es des Ausgleichs durch den gegenüberliegenden Stil, der Mystik. Und daher ist auch alles relativ und gleichberechtigt.

Eine „reine Apostellehre" (Apg 2,42) gibt es nicht, jeder kann nach seiner Fasson zwar nicht selig werden, aber zumindest seinen Glauben entsprechend seiner individuellen Gefühlsbedürftigkeit leben. Es gibt keine geistlichen und fleischlichen, keine heißen, kalten oder lauen Christen, sondern entsprechend des Trinitarischen Kompasses „grüne", „rote" und „blaue" Christen. Und für jeden, egal wie er glaubt, sei etwas Passendes dabei. Schwarz betont immer wieder die Notwendigkeit der anderen Seite, des gegenüberliegenden Pols.[80] Diese entgegengesetzten, aber aufeinander bezogenen Prinzipien entstammen der chinesischen Lehre des „Yin und Yang"[81]. Der „Trinitarische Kompass" ist für bibeltreue Christen keine Hilfe. Wenn jeder seinen eigenen Weg gehen kann, ist die Orientierung im Glauben beliebig und relativ.

> *„Im Übrigen, ihr Brüder, freut euch, lasst euch zurechtbringen, lasst euch ermahnen, seid eines Sinnes."*
> *(2Kor 13,11a)*

Sich ermahnen zu lassen und eines Sinnes zu sein, passt nicht in das Konzept von Schwarz. Hier soll natürlich auch jeder etwas lernen, aber nicht unbedingt nur „bibelzentriert" und „rechtgläubig", sondern vom anderen, was dieser mehr hat an „Mystik", „Sinnlichkeit", „Enthusiasmus", „Sakramentalem" und so weiter.

Lernen soll der bibeltreue Christ jedoch nur aus einer Quelle:

> *„So steht denn nun fest, ihr Brüder, und haltet fest an den Überlieferungen, die ihr gelehrt worden seid."*
> *(2Thess 2,15a)*

Allein daran sollte sich der Christ messen, orientieren und ausrichten, denn:

„[...] das Wort des Herrn bleibt in Ewigkeit." (1Petr 1,24b),

„Das Wort des Herrn ist geläutert." (Ps 18,31b),

„Die Worte, die ich zu euch rede, sind Geist und sind Leben." (Joh 6,63b),

„Wenn ihr in meinem Wort bleibt, so seid ihr wahrhaftig meine Jünger." (Joh 8,31b)

Hören, spüren, fühlen, erleben - sonst ist Gott tot?!

oder:

„Spürst du Gott schon oder liest du noch die Bibel?"

Gott erleben ist heute „in". Im Jahr 2010 wollte das von mehreren evangelikalen Werken ausgerufene „Jahr der Stille" dazu anleiten, „Gottes Lebensrhythmus neu einzuüben"[82].

Ein Thema, dem man sich dabei widmen wollte und auch weiterhin widmen will, ist die Stille beim täglichen Bibellesen. Die Stille soll helfen, neu auf Gott zu hören – eben ganz neu und nicht wie gewohnt durch die sogenannte „Stille Zeit" mit dem herkömmlichen Bibellesen.

Das Neue zeigt sich vor allem im „auf Gott hören". Wie dies funktioniert, erklärt Holger Mix, damals noch Jugendpastor, in der Jugendzeitschrift „dran Nr. 3/2010". Mix betont die Wichtigkeit, Gott „wirklich zuzuhören"[83].

Dies könne man lernen und einüben. Das Wort Gottes allein scheint uns nicht weiterzubringen, denn: „Bibellesen ist das Ableisten einer Pflichtlektüre zu Informationszwecken."[84]

Scheinbar gibt es hier ein Problem: Die Bibel informiere nur, sei bloße Erkenntnis, trockene Theorie, und die regelmäßige Lektüre entspräche keinem echten, eigenen Verlangen, sondern sei eine lästige, aber wohl notwendige Pflicht, weil man das als Christ halt so machen würde.

„Dabei hat Gott eine unendliche Sehnsucht, mit uns in einen lebendigen Kontakt zu treten."[85], erklärt Mix. – Stichwort: „Lebendiger Kontakt".

„Er, der seinem Wesen nach selbst ‚das Wort' ist (Johannes 1,1), will mit mir in einer Weise kommunizieren, die meinem Wesen entspricht."[86] – Stichwort: „Meinem Wesen entspricht".

Mix will Lebendigkeit, und die sei mit einer Pflichtlektüre nicht zu haben. Das Wort möge ja Gottes Wesen sein, aber was macht mein Wesen aus?
Mix erklärt schließlich die Alternative zum bloßen Bibellesen; das unmittelbare Erleben des Heiligen Geistes:

„Genauso erfuhren es Paulus und die ersten Christen und lebten aus dem Reden des Heiligen Geistes. (Apostelgeschichte 13,2)."[87]

Welche Hilfsmittel wären dazu erforderlich? Stille, das Verborgene, Träume in der Nacht, ein Nichtunterdrücken von Gedanken und Stimmungen sowie ein bewusstes Ausrichten auf die Gegenwart Gottes.[88]
Es ist bemerkenswert, dass bereits der Reformator Martin Luther solche Hilfsmittel kannte, jedoch in der für ihn gewohnt drastischen Weise verurteilte:

„Diejenigen, welche Offenbarungen und Träume im Munde führen und suchen, sind Gottes Verächter, da sie mit seinem Wort nicht zufrieden sind. Ich erwarte in geistlichen Dingen weder eine Offenbarung noch Träume; ich habe das klare Wort; deshalb mahnt Paulus (Gal 1,8), man solle sich daranhängen [sic!], auch wenn ein Engel vom Himmel anders lehrte."[89]

Ein weiteres Hilfsmittel oder eher Kennzeichen sei, dass ich etwas fühle:

„Dann - ganz allmählich - tauche ich ein in seine Gegenwart. Manchmal fühlt sich das heilig an, manchmal auch ganz schlicht."[90]

Wie sich dieses „heilig anfühlen" konkret äußert, verrät Mix nicht. Aber schließlich hat er es geschafft - er verfügt über Gottes unmittelbare Gegenwart mit echten Ergebnissen:

„Ich unterhalte mich dann einfach mit ihm. Ich frage etwas, er antwortet. Diese Antwort ist oft ein Gedanke, mein eigenes lautes Reden oder ein innerer Eindruck."[91]

Damit wird deutlich, dass sich alles im Inneren abspielt: Eigener Gedanke, eigenes Reden, eigener Eindruck. Dies seien die Antworten Gottes, der aber nicht von außen, akustisch hörbar, antwortet.
Hier nennt Mix „das sogenannte ,Hörende Gebet'"[92], das er als „das Ergebnis einer lebendigen Beziehung zu unserem himmlischen Vater"[93] bezeichnet. Im Umkehrschluss hat damit jeder, der nichts hört, spürt, fühlt oder sonst wie erlebt, keine lebendige Beziehung zu Gott. Man könnte fast fragen: „Spürst du Gott schon oder liest du noch die Bibel?!" Das Gehörte müsse zwar dem gesamten biblischen Wort untergeordnet werden, aber Fakt ist:

„Gott redet damals wie auch heute aus der Ewigkeit in die Zeit hinein."[94]

Wie ist dieses Hören und Fühlen im Licht der Heiligen Schrift zu bewerten?
Wir stoßen hier auf das Problem der Gottesunmittelbarkeit bzw. der Schwärmerei. Der Mensch meint, über Gott verfügen zu können, indem er ihn selbst herbeiholt oder durch bestimmte Mittel manipuliert. Das äußere Mittel, das Gott gewählt hat, um sich dem Menschen von heute

zu offenbaren, ist allein sein Wort, die nach Hebr 1,1-2 abgeschlossene Offenbarungserkenntnis. Und das Verstehen dieser Offenbarung schafft nicht der Mensch selbst, sondern wird ihm durch das souveräne Wirken des Heiligen Geistes geschenkt (1Kor 2,14). Der Heilige Geist bleibt also unverfügbar. Der Mensch kann auch nicht durch eine bestimmte Gebetshaltung oder andere Übungen äußerlich zu diesem Wirken beitragen und es dadurch erst erreichen. Dieses Beeinflussen einer Geisteswirkung durch bestimmte Übungen, Rituale oder auch Gebetshaltungen stammt aus dem esoterischen und mystischen Umfeld, wo es eher um das Erleben anstatt um das Verstehen des Übernatürlichen geht.

Die Erkenntnisseite des Glaubens wird als „lästige Pflichtübung" gesehen, wie hier noch mehrfach bezeugt wird. Die Erfahrungsseite dagegen ist „in". Sie bietet Neues, Frisches, Spannendes und ist einfacher und schneller zu haben. Doch kommt es darauf an?

Mehrfach wird im Neuen Testament dazu aufgefordert, nicht subjektive Erfahrungen, sondern die objektive Wahrheit des Wortes Gottes festzuhalten: 2Thess 2,15; 2Tim 1,13.3,14; 2Petr 1,19; Offb 2,25.3,11.

Abschied von der Bibel?

Im „Aufatmen"-Sonderheft Stille 2010 wird unterschieden zwischen einer Stille in Freiheit und der herkömmlichen Morgenandacht:

„Nicht ‚Stille Zeit' als gequältes Pflichtprogramm, sondern Stille in großer Freiheit und mit einer Entdeckerfreude, die ahnt, dass es für ganz unterschiedliche Leute auch ganz unterschiedliche Wege gibt, Stille zu suchen - und in ihr zu sich selbst und zu Gott zu finden."[95]

Es ist erstaunlich, wie viele Autoren ihre Abkehr von der „Stillen Zeit" bezeugen. Sie wollen mehr als nur ein „gequältes Pflichtprogramm". Stille heißt nicht nur Bibellesen und Beten, sondern Neues entdecken. Die Bibel kennen alle schon; von daher heißt es, sich aufmachen nach dem Abenteuer der Mystik, des Entdeckens der Sinnlichkeit und des Experimentierens mit Meditations- und Suggestionstechniken.

Und weil es „ganz unterschiedliche Leute"[96] gibt, gibt es eben nicht nur einen Weg, Gott zu hören oder zu verstehen. Er hat sich damit den unterschiedlichen Neigungen, Interessen oder Gefühlen der Menschen anzupassen.

Eine „entschiedene Christin" sagte einmal: „Jeder sieht den Himmel anders, der eine so, der andere so!" Damit wird die eine Wahrheit aufgelöst. Sie kann nicht mehr beansprucht werden. Weil jeder eine andere Sichtweise und Position hat, von der er etwas sieht oder versteht, ist jede Aussage und Erkenntnis auch über Gott nur noch relativ. Damit wird der Wert der Offenbarungserkenntnis nicht nur geschmälert, sondern schlichtweg aufgelöst. Die unterschiedlichen Ausgangspositionen führen zu Auslegungsvarianten, an denen der Makel der Subjektivität und damit der Relativität klebt.

Die Stille zu suchen hat nach dem „Aufatmen"-Sonderheft das Ziel „in ihr zu sich selbst und zu Gott zu finden."[97]
Man beachte die Reihenfolge!

Was sagt die Bibel zur Selbstfindung?

„Wer sein Leben findet, der wird es verlieren; und wer sein Leben verliert um meinetwillen, der wird es finden!" (Mt 10,39)

„Wer sein Leben zu retten sucht, der wird es verlieren,
und wer es verliert, der wird es erhalten."
(Lk 17,33)

Die evangelische Pfarrerin Astrid Eichler (geb. 1958) erklärt, dass wir heutzutage nicht mehr nur die Bibel brauchen. Es sei fatal, wenn wir allein an dem festhalten, was
geschrieben steht:

„Vielleicht denken Sie: Aber Gott hat ja schon geredet -
alles, was er uns zu sagen hatte, steht doch in der Bibel!
Wozu soll er denn dann jetzt noch reden? Sein Wort enthält doch genug Anweisungen. [...]"[98]

Astrid Eichler bezieht sich hier indirekt auf Hebr 1,1-2,
wo in der Vergangenheitsform beschrieben ist, dass Gott
durch die Propheten und seinen Sohn geredet hat. Diese
nun vorliegende und abgeschlossene Offenbarung gilt es
– wie bereits erwähnt – festzuhalten.
Allerdings sei solch ein Festhalten gemäß dem reformatorischen Grundsatz „Sola scriptura" letztendlich nicht emp-
fehlenswert, sondern vielmehr krankhaft:

„[...] Aber selbst, wer in diesem kostbaren Wort Gottes
tatsächlich liest, leidet manchmal an einer Krankheit. Wissen Sie, was wir manchmal mit Gott machen? Wir sperren
ihn ein! Ich habe Gott schon oft bei Menschen gefunden
- aber er ist eingesperrt zwischen den zwei Buchdeckeln
ihrer Bibel. Denn da ist er ja drin! Und wir wissen ja, was er
gesagt hat! Wir wissen, was er zu den anderen sagt, und
wir wissen, was er über die anderen sagt. Wir müssen neu
wahrnehmen, wie das mit dem Wort Gottes und seinem
Reden ist."[99]

Nicht das zählt, was einmal war - wir bräuchten etwas Neues, eben über die Schrift hinaus, wovor der Apostel Johannes jedoch warnt:

„Jeder, der abweicht und nicht in der Lehre des Christus bleibt, der hat Gott nicht; wer in der Lehre des Christus bleibt, der hat den Vater und den Sohn." (2Joh 9)

„In Jesus Christus hat Gott zu uns geredet – und in Jesus Christus redet er auch heute zu uns. Dass wir das Buch des Herrn nur nicht mit dem Herrn des Buches verwechseln! Dass wir Gott nur nicht einsperren und meinen, für alle Zeiten zu wissen, was er geredet hat! [...]"[100]

Hier zeigt sich die alte, aus dem antiken griechischen Denken stammende Trennung von Geist und Buchstabe in der Heiligen Schrift, die dieser ihre Autorität nimmt.

„[...] Aber es geht doch darum, dass wir Gott heute und jetzt in unser Leben hinein reden hören – mitten in unserem Alltag! Jesus ist nicht gekommen, um uns eine religiöse Lehre, sondern Leben zu bringen. Leben meint uns ganz. Leben hat mit Leidenschaft zu tun."[101]

Wie soll dieses Hören funktionieren? Die weiteren Autoren des „Aufatmen"-Sonderheftes sprechen, wie die noch folgenden Beispiele belegen, immer wieder vom „In sich hineinhören".

„Offensichtlich haben sich manche daran gewöhnt, dass in unserer Beziehung zu Gott der Tod im Topf ist. Wir sagen: ‚Hauptsache, wir haben das Wort!' [...]"[102]

Spätestens an dieser Stelle zeigt sich, dass bibeltreue Christen einerseits und Astrid Eichler andererseits aus unterschiedlichen Quellen schöpfen. Wer im Glaubensleben nur am Wort festhält, ist also tot.

„[...] Wir haben es nötig, ihn wieder ganz neu zu entdecken!"[103]

Das funktioniert am besten oder eigentlich ausschließlich durch das Wort. Neue, frische und belebende Erkenntnis hält den Glaubenden am Leben und nicht im Tod.

„[...] Lassen wir Gott doch herauskommen aus der Enge, in die wir ihn oft eingesperrt haben. Lassen wir ihn doch hineinkommen in unseren Alltag. Nehmen wir uns doch Zeit, zu üben, seine Stimme zu hören. Geben wir ihm doch den Freiraum der Stille, um aufmerksam zu werden. Dann wird das Leben spannend. Die kirchliche Langeweile hat damit zu tun, dass wir Gott so wenig in unser Leben, in unseren Alltag hinein lassen und so wenig erwarten, dass er dort redet."[104]

Diese Vorstellung geht davon aus, dass der Mensch Gott in sein Leben einbeziehen könne. Der Mensch lebt sein eigenes Leben und erlaubt Gott, daran Teil zu haben - oder, wie es Christina Brudereck bei der Missionale 2010 ausdrückte, seinem „eigenen Herzen folgen und erwarten, dass Gott sich einmischt"[105].

Astrid Eichler will Spannung im Leben und keine Langeweile. Diese Spannung ist mit der Bibel nicht zu haben; also gilt es, Neues einzuüben. Die weiteren Autoren geben hier konkrete Beispiele.

Henri J. M. Nouwen

Einer der zitierten Autoren ist der katholische Priester und Bestsellerautor Henri J. M. Nouwen (1932-1996). Er erklärt, wie der Mensch die Grundlagen für die Stille schaffen kann:

„Einsamkeit, Gemeinschaft und Dienst - wenn wir diese Freiräume schaffen, in denen Gott handeln und reden kann, wird Überraschendes passieren."[106]

„Beten heißt, diese Stimme, die Stimme deines Liebhabers, ins Zentrum deines Seins sprechen zu lassen, tief in dein Inneres hinein, sie widerhallen zu lassen in deiner gesamten Existenz."[107]

Diese abstrakte Formulierung lässt noch nicht erahnen, wie dieses „sprechen lassen" sich denn nun konkret ereignen soll.

„Sobald man allerdings die Stille sucht und sitzt und ruhig wird, kommen ärgerlicher Weise häufig solche Gedanken [...] Es ist nicht einfach, die Stille zu suchen und darauf zu vertrauen, dass Gott in der Einsamkeit zu dir redet - nicht als magische Stimme, sondern so, dass er dich nach und nach etwas wissen lässt. In diesem Wort Gottes wirst du den inneren Platz finden, von dem aus du dein Leben gestalten kannst."[108]

An dieser Stelle sei an ein Luther-Zitat erinnert, wo es auch ums stille Sitzen geht:

„Deshalb mahne ich euch vor solchen verderblichen Geistern, die sagen, ein Mensch empfängt den Heiligen Geist durch stilles Sitzen in der Ecke, auf der Hut zu sein. Hunderttausend Teufel wird er empfangen und nicht zu Gott kommen."[109]

Henri Nouwen erwähnt zwar, dass es keine magische Stimme sei, die da zu ihm spricht. Aber er zitiert Gott mehrfach - nicht aus der Heiligen Schrift, sondern aus seiner Fantasie:

„[...] Aber Gott sagt: ‚Fang doch in der Nabe an, lebe im Mittelpunkt. Dann bist du mit allen Speichen verbunden und brauchst nicht so schnell zu laufen."[110]

„Jesus sagt: ‚Weine über deine Schmerzen und du wirst entdecken, dass ich da bin - mitten in deinen Tränen. Und du wirst dankbar sein für meine Gegenwart in deiner Schwäche."[111]

Diese Zitate entstammen - wie gesagt - nicht dem Wort Gottes, sondern sollen direktes, unmittelbares, aktuelles Reden Gottes heute sein. Bei diesem Reden hat man nicht das tatsächliche Reden Gottes, das durch den Heiligen Geist inspiriert in der Heiligen Schrift vorliegt, sondern eine bloße Vorstellung, eine Einbildung, ein Bild und damit letztlich nur einen Götzen.

Folgendes Zitat verdeutlicht die mystische bis pantheistische Prägung von Nouwen:

„Das große Geheimnis des kontemplativen Lebens ist nicht, dass wir Gott in der Welt sehen, sondern dass Gott in uns Gott in der Welt erkennt. Gott spricht zu Gott, Geist spricht zu Geist, Herz spricht zu Herz. Kontemplation ist folglich die Teilnahme an dieser göttlichen Selbsterkenntnis. [...] Es ist der göttliche Geist, der in uns betet, der unsere Welt transparent macht und unsere Augen öffnet für die Gegenwart des göttlichen Geistes in allem, was uns umgibt."[112]

Bei den Evangelikalen meinte Nouwen ein Defizit zu erkennen, nämlich in der „mystischen Dimension des spirituellen Lebens"[113].

Der Benediktinerpater Anselm Grün, dessen Theologie im vorliegenden Buch noch untersucht wird, schreibt im Vorwort zu einem Buch von Nouwen Folgendes zu dessen Marienverehrung:

„Für Henri Nouwen ist Maria Begleiterin auf dem Weg zum inneren Zentrum, zum inneren Ort der Stille und des Schweigens, zum Ort, in dem Jesus wohnt, zum Ort, in dem Gott in uns geboren wird. Es ist ein mystischer Zugang zu Maria, der uns in diesem Buch empfohlen wird. [...]"[114]

Zu seiner Sicht vom Erlösungswerk Christi sei von Henri Nouwen noch ein aufschlussreiches Zitat angeführt:

„Heute glaube ich persönlich, dass, obwohl Jesus kam, um die Türe zum Haus Gottes zu öffnen, alle Menschen durch diese Türe gehen können, ob sie von Jesus wissen oder nicht. Heute sehe ich es als meine Berufung an, allen Menschen zu helfen, ihren eigenen Weg zu Gott einzufordern."[115]

Der evangelikale Apologet Ravi Zacharias sah in Nouwen einen „der größten Heiligen in jüngster Zeit"[116].

Auch Ulrich Eggers (geb. 1955), Leiter des Bundes-Verlages, würdigte bei Nouwen eine „tiefe geistliche Erkenntnis"[117].

Das quälende Pflichtprogramm?

Eggers greift in seinem Artikel noch einmal die „gequälte Pflicht" vom Beginn des Sonderheftes zum Jahr der Stille auf:

„Manch einer hat schlechte Erfahrungen mit Pflichtprogrammen wie ‚Stille Zeit' oder Bibellesen.'"[118]

An dieser Stelle wiederholt sich die Auffassung zu Beginn des Sonderheftes von der lästigen Pflicht. Und durch die „Abschiede" der Autoren von der herkömmlichen „Stillen Zeit" setzt sich diese Auffassung beim Leser fest und wird praktisch als Mehrheitsmeinung suggeriert. Im Übrigen sei die Pflicht eine Last. Der Mensch sei unabhängig und frei von jeder Verpflichtung. Auch der Christ habe keinen Pflichten nachzugehen; alles ist frei und unverbindlich. Wie oft aber hat der Apostel Paulus die Gläubigen ermahnt, konkrete Pflichten zu beachten und einzuhalten?! Ulrich Eggers hat schließlich die Alternative zu dem alten Pflichtprogramm:

„[...] Man muss experimentieren und Erfahrungen sammeln, bis man die Art der Stille vor Gott findet, die zu mir und meinem Lebensstil passt."[119]

Auch hier wiederholt sich etwas: Der Mensch geht vor. Gott habe sich dessen Bedürfnissen, Neigungen, unterschiedlichen Stilen und Gefühlen anzupassen. Wenn der eine lieber die Bibel liest, könne der andere eben die Zeit mit Gott im Wald spazierend oder still sitzend in der Passivität verbringen.
„[...] Wie aber kann das gelingen - wenn man nun mal kein disziplinierter Pflicht-Typ ist und mit regelmäßigen Stille-Zeiten oder geistlichen Übungen nicht klarkommt?"[120]

Letztendlich lautet hier die Antwort: Wem biblische Vorgaben nicht passen, der darf sich seinen eigenen Stil suchen und kann irgendwie Zeit mit Gott verbringen, egal wie.

Eggers kommt zu der nicht mehr überraschenden Erkenntnis:

„[...] Im Lauf der Zeit habe ich begriffen, dass jeder Mensch eine zu ihm passende Art und Weise hat, Stille wahrzunehmen und Gott zu begegnen. Gottesdienste, Bücher, Gespräch, Spaziergänge, Lieder, aktiver Einsatz – es gibt viele Wege, um Gott nahe zu kommen und mehr von ihm zu begreifen."[121]

Diese verschiedenen Formen können natürlich immer auch Ergänzung sein, aber niemals Ersatz für das Bibellesen.

Entscheidend ist nach Eggers nicht Form und Stil, schon gar nicht aktives Tun, sondern geduldiges Warten in Passivität:

„[...] Es ist völlig egal, welche Form Sie finden – Stille wirkt, wenn ich mich ihr ohne Erwartungs-Überdruck und Produktions-Zwang überlasse, Gott bewusst suche – und geduldig warte."[122]

Auch Marieluise Bierbaum meint, die Gegenwart Gottes bzw. die Bedingungen dafür „schaffen" zu können:

„[...] Aber ich empfinde: Wir können ihm besser begegnen, wenn wir dafür einen passenden Rahmen schaffen."[123]

Sogar an einem Platz in der Wohnung will sie Gottes Gegenwart „merkbar" werden lassen:

„[...] Ich meine, es täte uns gut (und nebenbei: auch allen anderen, die in der Wohnung leben ...), einen solchen Winkel zu haben, in dem Gott sichtbar und zeichenhaft die Ehre gegeben und seine Gegenwart merkbar wird."[124]

Schließlich gibt sie konkrete Ratschläge, damit das Spüren der Gegenwart Gottes „funktioniert":

„Ein Fensterplatz oder eine Zimmerecke eignen sich gut, da, wo nicht unbedingt der Abwasch oder die ungemachten Betten ablenken. [...]"[125]

Ablenken darf jedoch etwas anderes:

„Es hilft, den Ort schön zu gestalten – am besten mit einem Kreuz, vielleicht ein Hocker oder gar eine Kniebank. [...]"[126]

Mit Dr. Reinhard Deichgräber ist im Aufatmen-Sonderheft wieder ein Autor an der Reihe, der das Plädoyer gegen das vermeintliche „gequälte Pflichtprogramm" aufgreift:

„[...] Jeder kann selbst herausfinden, was ihm gut tut. Auch bei Gebet und Stille ist es wichtig, dass ich meinen persönlichen Stil und mein persönliches Maß finde."[127]

Der Tenor bleibt also gleich: Verpflichtungen und Disziplin in der Christusnachfolge Nein, Unabhängigkeit und Bedürfnisorientiertheit Ja. Das klingt insgesamt nach sinnlichem Wellness-Christentum und einer „Pipi Langstrumpf-Theologie": „Ich mach' mir die Welt, wie sie mir gefällt."
Im achten von zehn Tipps zum „Stille-Tagebuch" heißt es:

„Gott die Zeit der stillen Begegnung im Tagebuch bewusst hinhalten und ihn bitten, Gedanken zu lenken und

Einsichten zu geben. Wer sich bewusst macht, dass Gott dieses Mittel und den dahinter stehenden Wunsch nach Begegnung gebrauchen will, dem fällt es leichter, wichtige Erkenntnisse aus dieser Begegnung nicht als Zufall abzutun, sondern darin Reden Gottes ernst zu nehmen."[128]

Hier geht es also wieder um das „In sich Hineinhören", dass Gott nicht nur durch sein Wort geredet hat, sondern auch heute unmittelbar reden würde.

Mit Manfred Pagel ist der nächste Autor an der Reihe, der das „In sich Hineinhören" der biblischen Pflichtlektüre vorzieht:

„[...] Wenn ich verkrampft ein Programm abspule, mir nicht genügend Zeit lasse, in mich hineinzuhorchen, wenn ich die Erfahrungen anderer kopiere oder auf jeden Fall aufregende Entdeckungen oder besondere Gefühle erleben will, werde ich nicht frei werden, werde ich bei mir selbst bleiben. Ich werde mich nur loslassen können, wenn ich alle ‚Vorschriften' hinter mir lasse und alles ‚Tun-müssen' zur Seite lege. Nichts tun, alles, was mich beschäftigt, an Gott abgeben und auf ihn warten, darum geht es."[129]

Dieses sich selber „leer-machen", sprich Passivität, sei die Voraussetzung, Gott zu begegnen.[130]
Sein geoffenbartes Wort, die bereits abgeschlossene Offenbarungserkenntis, zählt nur zu den „Vorschriften", die es gilt, hinter sich zu lassen.
Susanne Geiger kommt wie Astrid Eichler noch einmal auf die abgeschlossene Offenbarung nach Hebr 1 zu sprechen:

„[...] Ich hatte gelernt, dass nach dem Wort aus Hebräer 1,1+2 ‚Gott zuletzt durch seinen Sohn gesprochen' hatte. Für mich, ein Kind der Zeit nach Christus, gäbe es das geschriebene Wort in der Bibel - mehr nicht, aber auch nicht weniger. Also: Gib dich zufrieden!"[131]

Und Susanne Geiger will sich nicht zufrieden geben.

„Und dann geschah es: Mein Mann und ich besuchen eine Konferenz zum Thema ‚Heilwerden in Gottes Gegenwart'. Wir hörten, dass die Stille Zeit der Ort des vertrauten Zwiegesprächs zwischen Gott und seinem geliebten Mensch sei. Ich traute meinen Ohren kaum: In der Stillen Zeit hören auf den Gott, der sich in meinen Gedanken offenbaren und meinem Herzen begegnen will? Wir wurden eingeladen, jeden Tag ein kleines Gebet zu sprechen: ‚Sprich zu meinem Herzen, verwandele mein Leben und mache mich heil.' Und so betete ich diese wenigen Zeilen jeden Tag, wann immer sie mir einfielen. [...]"[132]

Durch Suggestion versuchte Susanne Geiger nun, ein „Inneres Hören" einzuüben, doch es funktionierte nicht:

„In einer Therapie erkannte ich, dass ich keinen Zugang zu meinen Gefühlen hatte. Meine vernunftgesteuerte Erziehung hatte mich völlig taub gemacht für ein inneres Hören. In meinem christlichen Umfeld hatte ich gelehrt bekommen, dass der Mensch gefallen und böse sei und nur durch stetes Abtöten der ‚inneren Triebe' (der inneren Stimmen) die Möglichkeit hätte, ‚geistlich' und ‚geheiligt' zu werden. Und nun musste ich feststellen, dass diese Art, mein Leben für Gott zu führen, mich hatte krank werden lassen. [...]"[133]

Susanne Geiger feiert damit auch einen Abschied von dem eindeutig biblischen Menschenbild der gefallenen Schöpfung und beschreibt ihre Heilung wie folgt:

„In diesem erschütternden Prozess aber passierte etwas Erstaunliches: Ich hörte Gottes Stimme! Bibelworte ‚beauftragten' mich nicht mehr - die, die mich ansprachen, trösteten mich. Im Gottesdienst während des Lobpreises ‚sah' ich vor meinem inneren Auge eine Szene und wusste, durch sie redet Gott zu mir. [...]"[134]

Die Heilung führte S. Geiger also zu den in der charismatischen Bewegung bekannten „inneren Eindrücken". Und was so schlimm daran ist, dass Bibelworte „beauftragen", erklärt sich mit der Haltung, dass die Autoren in Aufatmen durchweg alle ihr Christsein frei von Verpflichtungen machen wollen, denn Pflicht ist Qual und Zwang.
Statt in der Heiligen Schrift erkannte S. Geiger Gottes Reden nunmehr in weltlichen Popsongs:

„[...] Es lief ein Song der Charts in der Kaufhausmusik ‚Gib nicht auf, es hat bald ein Ende' und in mir hörte ich Gottes Stimme: ‚Dieser Text ist mein Reden für dich.'"[135]

Fazit:
„Nun empfing ich wieder auf allen Wellenlängen und kann die Stimme meines himmlischen Vaters heraushören aus allem Geräusch in mir und um mich herum. [...]"[136]

Der evangelische Pfarrer Stefan Wohlfarth (geb. 1964) berichtet von Exerzitien-Tagen bei der Christusbruderschaft in Selbitz:

„[...] Ich solle keine Bücher und Zeitschriften, nicht einmal eine Bibel (!) mitbringen, war mir mitgeteilt worden – nichts, was der Zerstreuung dienen sollte."[137]

Dieses Ausrufezeichen im Text setzte Pfarrer Wohlfarth selbst. Diese unvorstellbare Anweisung, zu Einkehrtagen mit Gott keine Bibel mitzunehmen, habe dennoch seine

Beziehung zu Gott entscheidend verbessert; eine Vorstellung, die im klaren Widerspruch zum Wort Gottes steht, nach dem der Glaube aus dem Wort kommt (Röm 10,17). Pfarrer Wohlfarth bediente sich jedoch anderer Mittel und Quellen.

„Am dritten Tag begannen wir, auf unseren Atem den Namen ‚Jesus' zu legen. Allein sein Name ruhte in unserem Gebet. [...]"[138]

„[...] Im zweiten Schritt ging es darum, durch ein inneres Abtasten des Leibes die Wahrnehmung für das eigene Da-Sein und Vor-Gott-Sein zu schärfen. Schließlich richtete sich die Wahrnehmung darauf, den Atem in die gefalteten Hände fließen zu lassen und auf den ausfließenden Atem den Namen ‚Jesus' zu legen. [...] Auf meinem geistlichen Weg bin ich in den letzen [sic!] Jahren an einige erfrischende Quellen geführt worden, aber noch nirgendwo ist mir Gott bisher in so geradezu sinnlich spürbarer Weise nahe gekommen, wie in diesen Tagen."[139]

Zusammenfassend formulierte Wohlfarth vor der Heimfahrt den Satz:
„Ich brauche Stille und Gebet, um mein Herz laut schlagen zu hören und den Geist, der darin spricht."[140]

Die Einkehrzeit hatte bleibende Auswirkungen:

„[...] Auch meine Stillezeiten sind seitdem stärker von einem Gespür für die Gegenwart Gottes durchdrungen."[141]

„[...] Ich komme mehr und mehr dahin, solche Pausen in der Natur ganz bewusst auszukosten. In all dem kann mir etwas von Gottes Güte und Gegenwart begegnen."[142]

Wohlfarth findet Gott also „in all dem", eben in der Natur und damit in den Dingen, was der Lehre des Pantheismus entspricht.

Der wahre Gott lässt sich jedoch nicht irgendwo finden, sondern allein in seinem geoffenbarten Wort, das durch ihn selbst inspiriert ist (2Tim 3,16).

Weiter heißt es:

„[...] Das Ausruhen in der Gegenwart Gottes hat eine ungemein erfrischende Kraft. Sie führt mich in eine Wachheit, die mich tiefer sehen und spüren lässt."[143]

Setzt auch das Wort Gottes den Akzent auf „sehen und spüren"?

> **„Glückselig sind, die nicht sehen und doch glauben."**
> **(Joh 20,29b)**

> *„Es ist aber der Glaube eine feste Zuversicht auf das, was man hofft, eine Überzeugung von Tatsachen, die man nicht sieht." (Hebr 11,1)*

Wie bereits erwähnt, stellen auch viele weitere Verse den Glauben, das nüchterne Verstehen und Überzeugtsein heraus und kein sinnliches Spüren. Wichtig ist Wohlfarth das „Ausgerichtetsein auf die Stimme meines Herzens."[144] Dies erinnert an die oben erwähnte Evangelistin Christina Brudereck, die ebenfalls „ihrem eigenen Herzen folgen" will.

Jünger Jesu folgen jedoch nicht sich selbst bzw. ihrem eigenen Herzen, sondern verleugnen sogar ihr eigenes Herz bzw. ihre eigenen Pläne und folgen ihrem Herrn allein:

„Wer mir nachkommen will, der verleugne sich selbst und nehme sein Kreuz auf sich und folge mir nach!" *(Mk 8,34)*

Der Religionssoziologe Jörg Stolz (geb. 1967) erklärt in „Publik-Forum" den Hintergrund des Erfolgs der mystischen Spiritualitätskurse. Sein Statement ruft den Begriffswechsel von Frömmigkeit zu Spiritualität in Erinnerung:

„Der Begriff ‚Frömmigkeit', der heute eher negativ mit Pflicht verbunden sei, werde durch den der ‚Spiritualität' ersetzt, die für Selbstentfaltung stehe."[145]

Damit trifft er die im „Jahr der Stille" von zahlreichen Evangelikalen erwähnten Positionen genau auf den Punkt, die ebenso die lästige Pflicht hinter sich lassen und mehr nach Selbstentfaltung, Selbsterfahrung, ja Selbstverwirklichung streben wollen.

Die christliche Buchautorin Tamara Hinz erklärt in „Aufatmen", welche Quellen sie gefunden hat, um im Glauben zu wachsen. Richtigerweise erkennt sie:

„Besonders in schwierigen Zeiten brauchen wir unbedingt Quellen, die uns ernähren. [...] Eine Hauptader dieser Quelle ist für mich die Gemeinschaft mit Jesus und der Blick auf ihn."[146]

Doch dann nehmen die Gefühle überhand: „Hier werden mir Liebesworte zugeraunt, bekomme ich Zärtlichkeit und Emotionalität; [...]"[147]

Was dann folgt, ist ein Plädoyer, „die eigenen ‚geistlichen Gepflogenheiten' zu ändern"[148]:

Lobpreismusik und Bildmeditation statt Bibellesen und Gebet. Wie viele andere Aufatmen-Autoren begründet sie dies mit der angeblichen Zwanghaftigkeit der „Stillen Zeit":

„[...] In Krisenzeiten kann es durchaus hilfreich sein, in den schützenden Mantel einer fertigen Liturgie zu schlüpfen und die Stille Zeit ‚einfach nur' mit dem Hören von Lobpreisliedern oder anderen geistlichen Gesängen, zu denen wir Zugang haben, zu füllen oder den Eindruck eines aussagekräftigen Bildes auf mich wirken zu lassen. Die ‚normale' Stille Zeit mit Gebet und Bibellesen droht, zumindest bei mir, sonst schnell abzudriften in ein ständiges Kreisen um das Problem in Form von Beten, Beten und nochmals Beten."[149]

Die hier gebotene Alternative des Konsums in Form des bloßen Hörens von Musik und der Übung, ein Bild auf sich wirken zu lassen, belegt erneut den Trend Richtung Passivität.
Außerdem empfiehlt Tamara Hinz, sich einfach abzulenken:

„Darüber hinaus hat diese Hauptquelle ‚Jesus' viele kleine Nebenquellen, die meinen Körper und meine Seele speisen. Hier ist es gut, einmal hinzuschauen, was mir ganz persönlich hilft und gut tut, was zu meiner Entspannung und Erholung beiträgt. Das können gute Bücher und Filme sein, singen, musizieren, sportliche Betätigungen oder sonstige Tätigkeiten, die uns vorübergehend aus unserem Gedankensumpf herausholen und unseren Blick auf etwas Frohes und Helles richten. [...]"[150]

Sicherlich braucht der Mensch auch einen gewissen Ausgleich. Entscheidend dabei sind allerdings nicht die eigenen Bedürfnisse, sondern dass dies „aus Glauben" und im Vertrauen zu Gott und nicht ohne ihn oder neben ihm geschieht:

"Alles aber, was nicht aus Glauben geschieht, ist Sünde." (Röm 14,23b)

Unabhängig von Gott führen eigene „Nebenquellen" von ihm weg. Daher gelingt ein Leben aus Glauben nur in Gemeinschaft und Übereinstimmung mit sowie in Abhängigkeit von der „Hauptquelle".

Übungen zur Stille

Kurz vor dem „Jahr der Stille" veröffentliche der Verlag Gerth Medien das Projekt „Komm in die Stille" mit Buch, DVD und Kleingruppenheft. Es wirbt für die „Lectio Divina", eine alte Methode der Meditation über Bibeltexten, die in die kontemplative Gemeinschaft mit Gott münden soll.[151]
Wie soll das funktionieren?

„Fragen Sie nichts. Ruhen Sie einfach in der Gegenwart Gottes und erleben Sie, wie er Sie durch sein Wort führt."[152]

Die Herausgeber versprechen:

„Am Ende dieser kurzen Reise werden Sie in der Lage sein, diesen Weg selbst weiterzugehen, um in Ihrer Beziehung zu Gott zu wachsen – in seiner Gegenwart Ruhe zu finden, seine Stimme zu hören, Ihr Leben mit ihm zu teilen"[153].

In dem Buch wird die Mystikerin Madame Guyon (1648-1717) zitiert mit einer Anleitung zur Passivität:

„Das Hauptelement der Seele ist der Wille, und die Seele muss dafür sorgen, dass der Wille neutral und passiv wird und ganz auf Gott wartet. [...]"[154]

Passivität ist, wie mehrfach in diesem Buch ausgeführt wird, keine geistliche Übung. Biblisch ist vielmehr die Wachsamkeit, also Aktivität geboten.
Eine Atemübung ist ebenfalls erwähnt:

„Denken Sie daran, im Laufe des Tages immer wieder eine Pause einzulegen und durchzuatmen. Versuchen Sie, am Anfang jeder Stunde fünfmal tief durchzuatmen. Sagen Sie bei sich: ‚Ich atme den Frieden des Heiligen Geistes ein und ich atme die ganzen Sorgen der Welt aus.'"[155]

Für alle zitierten Bibelverse in dem Buch wurde die Bibelübertragung „Willkommen daheim" verwendet. Während klassische Bibelübersetzungen wie Luther, Schlachter und Elberfelder in Röm 12,2 vom „Prüfen" reden, geht es „Willkommen daheim" um ein „Erspüren":

„[...] Lasst euer Leben durch den Geist Gottes so umgestalten, dass ihr alles mit anderen Augen seht und erspüren könnt, was Gott mit euch vorhat."[156]

Andi Schlüter, Jugendreferent der Freien evangelischen Gemeinden, empfiehlt in der Jugendzeitschrift „dran" mit dem Hauptthema „Stille" ähnliche Abwechslungen vom Wort Gottes:

„Zuhause auf dem Teppich auf den Rücken legen, Instrumentalmusik laufen lassen (siehe CD-Tipps rechts) und Gottes Gegenwart wahrnehmen."[157]

„Dem anderen hilft gerade die Abwechslung und er geht spazieren, weil er erlebt, dass Gott durch Eindrücke aus der Natur und dem Leben redet."[158]

In dieser „dran"-Ausgabe wird außerdem folgender Vorschlag für Stille-Abende präsentiert:

„Ein Stilleabend für alle Sinne. Einführung. Mit gedämmten Licht, Kerzen und eventuell ruhiger Musik eine stille Atmosphäre schaffen. Um Ruhe bitten. Jeder bekommt ein Schokoladenherz oder ein Stück Schokolade und darf es ganz in Ruhe genießen: anschauen, daran schnuppern, anlecken, abbeißen, im Mund schmelzen lassen, den Geschmack wahrnehmen. Gedanke dazu: Wir dürfen Stille als etwas zum Genießen wahrnehmen. Sich ‚Stille zu nehmen' hat manchmal etwas von Pflicht – aber Gott hat den Sabbat erschaffen, weil er dem Menschen gut tut. Darum können wir Stille genießerisch angehen.
Gebetsübung: In eine Gebetsübung einführen, die sich an eine Übung von Ignatius von Loyola anlehnt und helfen soll wahrzunehmen, wie Gott in uns wirkt und wie wir uns in sein Wirken einklinken können."[159]

Geradezu schockierend, aber wohl künftig einen neuen Trend setzend scheint folgende erotische Übung zu sein:

„Ein meditativer Stilleabend.
Icebreaker 1. Alle legen sich still im Kreis auf die Erde, den Kopf jeweils auf den Bauch des Nachbarn. Es fällt schwer, dabei ruhig zu sein und nicht zu lachen, weil der Magen des anderen grummelt oder man nicht sofort eine bequeme Position findet. Eine nette Übung, um auf lockere Art, aber gemeinschaftlich in die Stille zu starten."[160]

In derselben „dran"-Ausgabe" zum „Jahr der Stille" personifiziert Julia Obergfell die Stille, indem sie diese persönlich anspricht. Sie beschreibt ihr „Fühlen und Spüren":

„[...] Weißt du nämlich, was mir an dir besonders gefällt, liebe Stille? Wie Gott meine Besuche bei dir gebraucht, um mir zu begegnen. Wie nah ich mich ihm fühle, wenn ich so richtig bei dir ankomme. Wenn der ganze Stress abfällt und Gott dann plötzlich auftaucht. Wie gut mir Seine Nähe gefällt. Und Seine Stimme! Seine Nähe und Sein Reden sind einfach unbeschreiblich schön. Aber du kennst das ja. Es scheint wirklich eine deiner Stärken zu sein, mich auf Gott aufmerksam zu machen. Gott und du – ihr seid ein richtig cooles Team! [...] Aber nach meinem Besuch bei dir habe ich mich dann wunderbar gefühlt! Klarer im Kopf. Ich glaube, Gott hat die Zeit bei dir genutzt, einiges aufzuräumen. Und da hatte Er so einiges zu tun. Er war ganz sanft. Und mein Herz hat sich danach ganz anders angefühlt."[161]

„Die Frucht des Geistes aber ist Stille, ..."

Bei so viel Betonung auf Stille könnte man meinen, dass die Frucht des Geistes in Galater 5,22 folgendermaßen lauten müsste: „Die Frucht des Geistes aber ist Stille, Versenkung, Leer-sein, Passiv-warten und ein in sich Hineinhören."
Stattdessen stellt die echte, biblische Frucht des Geistes nicht Passives, sondern Aktives heraus. Der Heilige Geist bewirkt im Gläubigen eine neunfache Frucht, die den Eigenschaften Gottes entspricht. Diese soll auch den Charakter des Gläubigen prägen. Der Apostel Paulus erwartet diese Kennzeichen, wenn er immer wieder auffordert, nach geistlichen Eigenschaften bzw. Tugenden zu stre-

ben, dem nachzujagen, festzuhalten, wachsam zu sein sowie Falsches zu prüfen und aktiv zu widerstehen.

Die Frucht des Geistes ist eine Einheit. Daher ist es unzulässig, sich auf einzelne Elemente zu beschränken und andere zu vernachlässigen.

Dennoch seien hier im Kontext von Stille und Ruhe sowie von Passivität zwei Elemente einmal näher betrachtet:

Die dritte Eigenschaft dieser Frucht ist ειρηνη (altgr.), zu Deutsch: Friede. Mit diesem Frieden ist sicherlich eine innere Ruhe gemeint. Diese Ruhe ist jedoch kein passives Ruhen in Form von Abschalten. Sie gründet sich vielmehr auf die Zuversicht der christlichen Hoffnung, auf die Gewissheit der biblischen Verheißungen. Sie ist ein aktives Resultat des Vertrauens auf Gott. Dieser Frieden ist auch deswegen aktiv, weil er sich in Zeiten negativer Umstände und Anfechtungen aktiv entscheidet, sich nicht auf sich selbst, sondern auf Gott zu verlassen.

Die neunte Eigenschaft ist εγκρατεια (altgr.), was mit Selbstbeherrschung oder Enthaltsamkeit (Keuschheit) übersetzt werden kann. Hier wird das Aktivsein im Christsein am deutlichsten, denn sich etwas zu enthalten bedeutet schlichtweg Verzicht. Der Christ zügelt seine Bedürfnisse und Leidenschaften. Sein eigenes Wohlbefinden, dass, was ihm gefühlsmäßig gut tut, ist dem Wirken des Heiligen Geistes untergeordnet, denn dieser ist ein Geist der Zucht (2Tim 1,7).

Nicht nur bei der Frucht des Geistes handelt es sich um aktive Merkmale im christlichen Leben, auch Paulus ruft ausschließlich zur Aktivität auf.

Doch dieses Aktivsein fordert Anstrengung, Disziplin und Überwindung. Dies empfinden mittlerweile viele Christen als Druck. Hier stellt sich die Frage nach der geistlichen Gesinnung.

Ist ein Christ fleischlich gesinnt, wird er auch auf Entscheidendes in seinem Leben aufpassen und achtgeben, nämlich, dass er seine eigenen Vorstellungen verwirklicht. Er achtet darauf, was ihm guttut – und zwar nicht seinem Glaubenswachstum, sondern seinem momentanen Gefühlszustand. Anweisungen sind Einengungen und setzen unter Druck, Anstrengung ist Überforderung, Gehorsam und Disziplin ist gesetzlich. Keiner (außer er selbst) darf sich anmaßen, über seine Lebensweise zu bestimmen. Das ist pure Selbstverwirklichung und damit Götzendienst.

Geistlich gesinnte Christen dagegen empfinden biblische Vorgaben nicht als Druck oder Zwang. Sie wollen im Glauben wachsen. Gott gibt ihnen den geistlichen Hunger. Regelmäßiges Lesen und Studieren im Wort Gottes ist selbstverständlich und unverzichtbar. Dies macht einfach das Wesen eines geistlichen Christen aus. Praktische geistliche Inputs werden noch im Kapitel „Plädoyer für die ‚Stille Zeit' – Anregungen und Hilfen zur Bibellese" gegeben.

Was wird kommen?

Der evangelische Theologe Adolf Schlatter (1852-1938) kannte zu seiner Zeit noch nicht die postmodern geprägte Sehnsucht evangelikaler Christen, Gott zu spüren und zu fühlen. Dennoch kam er zu einer Aussage, die heutzutage höchst aktuell ist und Evangelikalen gewissermaßen ins Stammbuch zu schreiben wäre:

„[...] Zum Erlebnis wird uns aber Gott nicht dadurch, dass wir in uns selbst versinken, sondern dadurch, dass sein Wort zu uns kommt."[162]

Die Phänomene des postmodernen Zeitgeistes haben deutliche Auswirkungen. So hat auch der christliche Literatur- und Verkündigungsdienst Schlagseite bekommen zu einfachen, bequemen, sinnlichen, lustigen, oberflächlichen, dünnen und selten tiefgründigen Inputs. Die oben zitierten Beispiele aus dem Sonderheft zum „Jahr der Stille" werden von der Zeitschrift „Aufatmen" selbst recht vielversprechend angekündigt:

„100 Seiten mit dem besten Material zum Thema Stille: Biblische Grundlagen, persönliche Erfahrungen, Anregungen zur Umsetzung im persönlichen Alltag."[163]

Der Evangelist Theo Lehmann (geb. 1934) ist von seichter Kost, die entsprechende Auswirkungen hierzulande haben wird, alles andere als überzeugt. Zu Recht fragt er in einem anderen Zusammenhang:

„Wer kann von dieser seichten Kost leben, wenn er nicht mehr im Gemeindesaal, sondern in einer gemeinen Gefängniszelle sitzt? Wenn nicht mehr fröhlich getanzt, sondern fies gefoltert wird? Wie sollen die jungen Christen, die wir mit coolen Kurzpredigten unterfordern und unterernähren, sich einmal bewähren, wenn es hart auf hart kommt? Oder denken wir etwa, die weltweite Christenverfolgungswelle wird ausgerechnet um das liebe „old Germany", die Insel der Seligen, einen Bogen machen? Wir haben wohl vergessen, was Paulus (aus dem Gefängnis!) geschrieben hat: „Alle, die gottesfürchtig leben wollen in Jesus Christus, müssen Verfolgung leiden" (2. Timotheus 3,12). Ich genieße es voll Dankbarkeit, dass ich nach den DDR-Jahren in einem freien, demokratischen Land leben darf, in dem ich wegen meines Glaubens an Jesus weder diskriminiert noch verfolgt werde. Aber ich sehe das als eine Atempause an, die Gott uns gönnt, zum Luftholen. Denn dass das alles immer so friedlich bleiben wird, wird mir angesichts der Entwicklung in der Welt immer unwahrscheinlicher. Wir sollten die Atempause benutzen, um uns auf die Zeiten vorzubereiten, in denen Christsein nicht mehr „geil", sondern gefährlich ist. Was wir brauchen, sind bibelfeste, feuerfeste, KZ-fähige Christen."[164]

Spüren bei Jenna Lucado Bishop in den Spuren von Max Lucado

Jenna Lucado Bishop (geb. 1985) ist die älteste der drei Töchter des wohl beliebtesten evangelikalen Buchautors Max Lucado (geb. 1955). Einige seiner Buchtitel machen deutlich, worum es ihm geht: „Leichter durchs Leben; Ganz du selbst; Der Himmel applaudiert; Gott findet, du bist wunderbar!; Du bist große Klasse! und Du bist einmalig."[165]

Zum letztgenannten Buch heißt es in einer Rezension: „Es vermittelt, dass jeder Mensch gut ist, wie Gott ihn gemacht hat und schenkt ein positives Selbstwertgefühl."[166]

Lucado trifft mit seinem Schreibstil den Nerv vieler Leser, die postmodern geprägt und desorientiert sind. Er stillt die Sehnsüchte nach Selbstwert, Sinnlichkeit, Leichtigkeit, Harmonie und Liebe. So taucht in seinen Erzählungen häufiger der Begriff „Zärtlichkeit" auf: „Von seiner Zärtlichkeit trennt dich nur ein Gebet."[167] Auch spricht er von einem „zärtlichen Zorn Gottes"[168]. Die Eigenschaft des Menschen als Sünder wird verniedlicht: Wir seien „alle kleine Strolche und Lausebengel"[169].

Lucado bietet seinen Lesern viel Bestätigung und wenig Konfrontation oder Herausforderung mit biblischen Ansprüchen. Diesen Herausforderungen stellte sich 2012 Jenna Lucado Bishop mit ihrem Buch „Shake it! Leben mit Jesus – mit Geschmack und in Farbe". Darin will sie praktische Tipps geben, „wie Mädels ihren Glauben gründlich wachrütteln und Gott ganz neu für sich entdecken können. Das macht Lust auf mehr: auf ein buntes, abenteuerreiches Leben mit einem faszinierenden Gott!"[170]

In diesem Buch bringt Jenna einige herausfordernde Berichte, das Evangelium weiterzugeben und die Liebe Gottes authentisch auszuleben. Sie plädiert für konsequente Nachfolge Jesu inklusive Leid und Verfolgung, was zumeist in den Büchern ihres berühmten Vaters, Max Lucado nicht zu finden ist. Allerdings bleibt auch Jenna nicht bei der biblischen Lehre stehen, sondern ergänzt sie durch eigene Sichtweisen und Phantasien, die bereits bei Max Lucado zu finden sind.

Beim ersten Bericht über die evangelistische Arbeit unter Prostituierten in Guatemala, bekennt die 16-jährige Anne aus dem Missionsteam:

„Ich habe erlebt, wie groß Gott ist, wie mitfühlend, wie sehr er seine Kinder liebt."[171]

Mit einem anderen Teenager gründete Anne die Hilfsaktion „SOS223" („Save our Sisters", zu Deutsch: „Rette unsere Schwestern").[172]

Notleidende Menschen werden einfach als Kinder Gottes und Schwestern bezeichnet. Ein persönlicher Glaube scheint nicht das Kriterium zu sein.

„Allen aber, die ihn aufnahmen, denen gab er das Anrecht, Kinder Gottes zu werden, denen, die an seinen Namen glauben." (Joh 1,12)

Den Teufel bezeichnet Jenna abfällig als „einen Typen":

„Und dann gibt es noch einen Typen, dessen größte Aufgabe es ist, sicherzustellen, dass wir nicht den unsichtbaren Bereich Gottes sehen oder an ihn glauben."[173]

Dieser Feind würde immer wieder eine Lüge verbreiten, „[...] die nicht mit Gottes Wahrheit übereinstimmt, zum Beispiel: ‚Du bist es nicht wert.‚ ‚Du bist nicht schön.'"[174]

„Wenn ich Jenna Lügen zuflüstern und ihr erzählen kann, dass sie nichts wert ist, nicht schön oder bedeutend ist – wenn ich sie von ihrem Schöpfer ablenken kann, dann gehört sie mir."[175], zitiert Jenna den Teufel in einer Geschichte über die Schöpfung. Bei solchen ichzentrierten Themen würde der Feind eher das Selbstbewusstsein rauben, statt die Selbstverleugnung, die biblische Jüngerschaft und Nachfolge kennzeichnet.

Jenna fordert entschlossen:

„Mädels, es ist Zeit, sich zu rüsten und für einen Glauben mit Geschmack und in Farbe zu kämpfen, den Gott für uns vorgesehen hat."[176]

Einen biblischen Beleg hierfür meint Jenna in der geistlichen Waffenrüstung in Epheser 6 zu finden. Ein aufregender Kampf würde die Langeweile vertreiben und Schwung in den Glauben bringen. Ob das aber die Motive für geistlichen Kampf sind, bleibt fraglich. Jenna versucht ihre Leserinnen zu überzeugen:

„Ich weiß nicht, wie es bei dir aussieht, aber ich für meinen Teil finde kämpfen nicht langweilig. Ein Kampf ist voller Spannung und Dramatik, voller Tränen und Emotionen. [...] Nichts kann mehr Schwung in einen langweiligen Glauben bringen, als die unsichtbare Welt zu erleben!"[177]

Die Notwendigkeit des geistlichen Kampfes resultiert jedoch aufgrund von Anfechtungen, Versuchungen und Anfeindungen und wohl kaum von Abenteuerlust und dem Vertreiben von Langeweile. Aber das ist das Ziel von Jenna Lucado Bishop: Gott real zu erleben und zu spüren: „Hast du schon mal einen ganz besonderen Moment mit Gott erlebt – eine Zeit, in der du den Eindruck hattest, Gottes unsichtbare Realität zu spüren? Wenn ja, dann beschreibe diesen Moment. Falls nein, dann überlege, warum du so etwas noch nicht erlebt hast."[178]

Hier lenkt Jenna die Aufmerksamkeit des Glaubens ihrer Leserinnen stark zum Sinnlichen hin, auf die subjektive Erfahrungsseite und nicht auf die Erkenntnisseite objektiver Wahrheiten aus Gottes Wort. Geistliche Erfahrungen gehören durchaus zum Glauben dazu, sie sind aber nicht grundlegend, sondern lediglich gewisse Hilfen, auf die aber kein Anspruch besteht. Sinnliche Erfahrungen machen den biblischen Glauben auch gar nicht aus.

> **„Denn wir wandeln im Glauben und nicht im Schauen."**
> **(2Kor 5,7)**

Weiter fragt Jenna:

„Wann hast du das letzte Mal erlebt, dass der Heilige Geist dich dazu gebracht hat, etwas zu tun? Hast du auf diese leise Stimme gehört? [...] Und was kannst du tun, um Gott und seine grenzenlose Kraft mehr in deinem Leben zu spüren?"[179]

Das sinnliche Erleben bleibt weiter im Fokus. Und gefragt wird nach Übungen, Gott unmittelbar spüren zu können, als wenn dies der Mensch selber erzeugen und bewirken könne. Jenna forciert jedoch keine Atem- oder Stilleübungen wie zum Beispiel Sarah Young, braucht aber die Aktion, um sich mit Gott zu „entlangweilen"[180]:

„Lass mich dir eins sagen: Wann immer ich anderen von Jesus erzähle, bringt mich das richtig in Fahrt! Es ist so, als ob ich spürte, dass Gott in mir lebt und durch mich redet. Es erinnert mich daran, dass er wirklich lebendig ist! Und ich weiß nicht, ob du je erfahren hast, wie es ist, Jesus lebendig in dir zu spüren."[181]

Wünschenswerter und aus biblischer Sicht angemessener wäre, wenn Jenna das Leben in Gottes Wort finden würde:

„Die Worte, die ich zu euch rede, sind Geist und sind Leben." (Joh 6,63b)

Beim Schöpfungsbericht spricht Jenna über Gott als „ihrem stolzen Papa" und ihrem „größten Fan"[182]. Weiter heißt es:

„Und er wird voller Stolz lächeln, wenn du die Gute Nachricht weitergibst."[183]

Dieser Stolz ist ebenso wenig biblisch belegt wie Gottes Begeisterung über „meine süße Eva". Diese ausgeschmückten und über Gottes Wort hinausgehenden Phantasie-Erzählungen sind Lesern von Max Lucado bereits wohl bekannt. Eva erzählt Kain und Abel beim Zubettgehen:

„Jeden Abend, wenn ich seine Fußtritte ganz leise in der Ferne hörte und die leiseste Ahnung von seinem glühenden Gesicht spürte, rannte ich auf ihn zu. Mein Herz klopfte bei jedem Schritt, und der Schöpfer lachte und erfüllte die Erde mit Freude. Er nahm mich hoch, wirbelte mich herum und sagte: 'Meine süße Eva, wie ich mich über dich freue. Meine kostbare Schöpfung. Du bist gut.'"[184]

Jenna meint, Eva wollte Gott wieder spüren:

„Und obwohl die Jungen nicht länger zuhörten, fuhr Eva mit der Geschichte fort, damit sie diese Nähe zu ihrem Schöpfergott wieder spüren konnte. Es war so lange her. Sie fühlte sich so weit entfernt von ihm, ihre Beziehung war fast erkaltet. Sie sehnte sich danach, seine Liebe zu spüren, dieselbe Aufregung, die sie gefühlt hatte, wenn sie ihm im Garten entgegenlief."[185]

Jenna überträgt das „Hochheben und Herumwirbeln" auch auf den Himmel:

„Wenn wir bei Jesus sind, wird er uns hochheben und herumwirbeln, so wie er es mit Eva im Garten in meiner Geschichte getan hat."[186]

Schließlich erklärt Jenna, dass sie sich bei Gott einfach gehen lassen könne und nicht „zurechtmachen" oder eine gewisse Ordnung beachten brauche:

„Hast du jemanden in deiner Familie oder eine Freundin, bei der du ganz du selbst sein kannst? Du musst nicht deine Zähne putzen oder dein Haar bürsten, deine bequeme Jogginghose mit all ihren Löchern ausziehen oder intelligente Dinge sagen. Du weißt schon, was ich meine: die ultimative Schlechter-Atem-verstrubeltes-Haar-bequeme-Jogginghosen-Freundin. So stelle ich mir Gott vor. Du musst ihn nicht beeindrucken oder dich für ihn zurechtmachen. Er ist der ultimative Schlechter-Atem-verstrubeltes-Haar-bequeme-Jogginghosen-Gott. Warum ich das annehme? Wahrscheinlich wegen Adams und Evas Kleidung – oder sollte ich besser sagen: wegen der nicht vorhandenen Kleidung. Um noch deutlicher zu werden: Sie waren vor Gott nackt!"[187]

Sicherlich ist gegen Jennas Anliegen, „eine tiefe, innige Beziehung"[188] zu Gott zu haben, nichts einzuwenden, jedoch werden Umstände vor dem Sündenfall in der Bibel nicht als Leitbild genommen. Da wäre zum Beispiel eher an das Gleichnis vom verlorenen Sohn in Lk 15,11-32 zu denken.

Gegen Ende des Buches erklärt Jenna, dass für sie Sinnlichkeit auch im Lobpreis zu Gott eine Rolle spielt. Den heilsgeschichtlichen Unterschied zwischen der äußerlich geprägten Anbetung im alten Bund und der mehr auf Bekenntnis ausgerichteten Anbetung im Geist und in der Wahrheit im neuen Bund (Joh 4,23) beachtete sie hierbei nicht. Dass sie Gott durch Lobpreis am meisten spüren und erfahren würde, entstammt den Lehren und Praktiken der pfingstlich-charismatischen Bewegung:

„In meinem eigenen Leben habe ich Gottes Herrlichkeit am meisten durch Lobpreismusik erfahren. Ich weiß nicht, ob du vielleicht Lobpreislieder langweilig findest, aber heutzutage kannst du alle Arten von Lobpreismusik finden, sodass dein Stil bestimmt mit dabei ist. Werde ein bisschen kreativ mit deinem Lobpreis. Vielleicht denkst du, dass man Gott steif und aufrecht sitzend und mit einem alten Gesangbuch in der Hand Lieder singen sollte. Aber in der Bibel lesen wir von Menschen, die tanzen, Musikinstrumente spielen und alle möglichen verrückten Dinge tun, um Musik für Gott zu machen. Wenn du dich nicht wohl dabei fühlst, während des Liedersingens im Gottesdienst zu tanzen, dann ist das in Ordnung. Schalte doch mal in deinem Zimmer Lobpreismusik an und finde eine anbetende Haltung. Vielleicht kniest du dich hin, erhebst die Hände oder tanzt. Jede Position kann Gott gegenüber eine anbetende Haltung ausdrücken. Knien = Demut vor Gott. Tanzen = Freude vor Gott. Erhobene Hände = sich nach Gott ausstrecken. Geöffnete Hände = dein Leben Gott anvertrauen. Verlass deine ‚Anbetungs-Komfortzone' und bitte Gott, dir mehr von sich durch Lobpreis zu zeigen."[189]

Hier stellt sich die Frage, ob es noch Lobpreis für Gott ist, wenn ich „meinen Stil" finden kann, mein Wohlgefühl und meine Erwartungen, etwas zu spüren und zu erleben, gestillt bekommen möchte.
Zum Schluss erzählt Jenna in Anlehnung an Joh 4,1-26 noch eine Geschichte, wie Jesus eine Anna-Maria besucht,

die in einem Schnellrestaurant arbeitet. Die Erzählweise reicht bis in detaillierte Beschreibungen an die Bücher von Max Lucado heran:

„Anna-Maria musterte ihn. Er wirkte einfach, trug ein schlichtes graues T-Shirt und eine verblasste Jeans. Er legte seine Autoschlüssel zusammen mit einer geöffneten Tüte voller Sonnenblumensamen auf den Tresen und setzte sich entspannt an die Theke, dass Anna-Marias angespanntes Herz irgendwie etwas ruhiger wurde. Und die Art, wie er redete ... als ob er sie schon sein ganzes Leben kannte. Der freundlichste Ton, den sie je gehört hatte. ‚Sind Sie sicher, Sie wollen, dass *ich* Sie bediene? Wissen Sie nicht, wer ich ...?' Sie hielt inne. *Anna-Maria, Schluss damit! Nicht jeder kennt deine Vergangenheit!* ‚Also, okay, Herr ...?' ‚Josua. Sie können nicht einfach Josh nennen.' *Ein einfacher Name für einen einfachen Typen.* [...]"[190]

Rob Bell und die Befreiung des Glaubens von Gericht und Hölle

Im Jahr 2011 hat unter Evangelikalen kaum ein Buch so hohe Wellen der Empörung hervorgerufen, wie „Das letzte Wort hat die Liebe"[191] von Rob Bell (geb. 1970).

Das Buch war in den USA ein absoluter Bestseller und erreichte sogar Platz 2 der Bestsellerliste der „New York Times". Der Autor war bis 2011 Pastor einer Gemeinde mit über 8.000 Besuchern und zählt 2011 laut TIME-Magazine zu den 100 weltweit einflussreichsten Menschen überhaupt.[192]

Sein Buch erschien auch in Deutschland. Beim „Willow Creek Jugendplus Kongress 2011" in Düsseldorf fiel er als Redner mit folgender Aussage auf:

„Diese Welt ist unser Zuhause. Diese Welt ist gut. [...]"[193]

Das genaue Gegenteil äußert das Wort Gottes:

> **„Wir wissen, dass wir aus Gott sind, und dass die ganze Welt sich im Bösen befindet." (1Joh 5,19)**

> **„[...] die ganze Welt liegt im Argen." (ebd. LUT)**

Bell behauptet, dass die Liebe Gottes so weit reicht, dass die Hölle nur begrenzt sein kann und letztendlich alle Menschen mit Gott versöhnt werden. Damit entspricht er der Sehnsucht nach einem ausschließlich lieben Gott, zu dem ewige Strafe, Gericht und Verdammnis nicht passen würden. Der US-amerikanische Theologe R. Albert Mohler sprach von einer „theologischen Katastrophe"[194].

Auch wenn Max Lucado sich zur Lehre des Universalismus (der Allversöhnung bzw. Allaussöhnung) nicht bekennt, bestehen dennoch viele Parallelen im Gottesbild zwischen ihm und Rob Bell. Beide schreiben nicht systematisch-dogmatisch, sondern erzählen kurzweilige Geschichten im lockeren Erzählstil. Sie bringen praktische Beispiele, die als lebensnah empfunden werden, die bei Bell aber hin und wieder mit den Gefühlen der Leser spielen und Zweifel an Gottes Wort säen. Lucado und Bell haben beide ein rein positives, humanistisches Gottesbild. Gott ist ausschließlich ein liebender, zärtlicher, ein leidenschaftlich sehnsüchtiger und vergebender Gott, der für sein Handeln den Menschen zum Partner habe.[195]

Der evangelische Theologe Richard Reschika (geb. 1962) verfasste 2009 eine „Theologie der Zärtlichkeit"[196].
Sie sei „gelebte Poesie, die am besten die Liebe Gottes widerspiegele"[197].

Die Zärtlichkeit Jesu haben Wilhard Becker und Ulrich Schaffer bereits vor 30 Jahren in einem gemeinsamen Buch betont:

„Sie spüren seine Macht in der Zartheit seines Verstehens und Liebens."[198], heißt es über die, die dem Herrn begegneten.
„Die neue Sprache, die alle Menschen verstehen, ist die Sprache der Zärtlichkeit. Sie ist bei Jesus zu lernen."[199]

Diesen Satz setzten die Autoren auch auf ihr Buchcover. Es scheint, als ob die evangelikalen Bestsellerautoren diese neue Sprache übernommen haben, eine Sprache, die einige Eigenschaften Gottes einseitig überbetont und dafür andere vernachlässigt. Gottes Heiligkeit, Gerechtigkeit, Zorn und Gericht sind bei Lucado und Bell kein Thema. Züchtigung, Absonderung von der Welt, konsequente Nachfolge und Jüngerschaft weichen bei beiden der völligen Selbstverwirklichung, um das Leben zu genießen. Die angebliche Willensfreiheit des Menschen schließt bei beiden in ihren Abhandlungen biblischer Themen die Souveränität Gottes aus. Daraus ergeben sich für Bell in seinem Buch „Das letzte Wort hat die Liebe" unzählige Fragen. Aber auch, was viele nicht zu fragen wagen, kommt in dem Buch zur Sprache, teils sehr nachdenklich mit rhetorischen Pointen und Gedankenblitzen, teils mit verwirrenden, polemischen und spitzfindigen Suggestiv-Fragen. Unterschiedliche Handlungsweisen Jesu in den Evangelien führen Bell zu der Annahme, dass letztlich keine Klarheit über Gottes Willen und Plan bestehe. So sei ein Einstehen für gewisse theologische Wahrheiten nur „reine Spekulation".[200]

Der sich als „charismystisch"[201] verstehende Theologe Peter Aschoff macht bereits im Vorwort klar, dass sein Gottesbild „erfrischend anders"[202] sei, nämlich „ein Bild von Gott, das rundherum gewaltfrei ist"[203]. Er bringe „starre Gottesbilder ins Wanken"[204], sprenge „kleinkarierte Denkmuster"[205] und „lädt uns ein, uns von angstbesetzten, zwanghaften, krankhaft einseitigen Karikaturen des biblischen Gottes zu befreien"[206].

Für Aschoff sei es auch das Ziel, „aus der nervigen Tretmühle auszusteigen, einen unberechenbaren Gott, der seine Größe hin und wieder durch Härte unter Beweis stellen muss, bei Laune halten zu müssen"[207].
Bell zeige „das Absurde an manchen Theorien auf"[208], spricht von „manch schrägen Versionen des Evangeliums"[209], und will schließlich „dem wirklichen Jesus neu auf die Spur kommen"[210].
Himmel und Hölle seien letztlich auf der Erde und nicht im Jenseits. Für Bell ist Gott, wie bei Anselm Grün, „die heilige Kraft, die in jeder Dimension der Schöpfung gegenwärtig ist"[211]
Bell beschreibt Gott den biblischen Berichten zufolge als gewalttätig, fordernd und unter Druck setzend.[212] Er sei

„ein gleichgültiger Ignorant, in einem Augenblick liebevoll, im nächsten teuflisch"[213] und ein „Sklaventreiber"[214].

Bell urteilt:
„Solch ein Gott ist schlicht verheerend. Seelisch niederschmetternd. Wir können ihn nicht ertragen. Niemand kann das [...] Dieser Gott ist Furcht einflößend und verletzend und unerträglich."[215]

Bell empfiehlt:
„Hab nichts zu schaffen mit diesem Gott."[216]

Wie geschieht das?
„Altes Denken muss verlassen werden, und zugleich wird es nötig sein, sich neu zu öffnen [...], damit man fähig wird zu empfangen, zu finden, zu hören, zu sehen, und zu genießen."[217]

Bell formuliert mit diesem letztendlichen Ziel die Haltung des postmodernen Menschen und das Anliegen eines neuen sinnlichen Christentums. Letztendlich stellt er ein humanistisches Denken oder Wunschdenken über den in der Bibel geoffenbarten Heilsplan Gottes. Das, was Gott über Gericht, Verdammnis und Hölle gesagt hat, würde nach seinem Gottesbild so nicht geschehen können. Bibelleser wissen: Gottes Wort wurde bereits beim Sündenfall in Frage gestellt:

„Sollte Gott wirklich gesagt haben, [...]?" „Keineswegs werdet ihr sterben!" (Gen 3,1b.4)

Der bekannte Evangelist und Pfarrer Ernst Modersohn (1870-1948) formulierte prägnant:
„Allversöhnung ist das Schlafpulver des Teufels."[218]

Der bekannte Erweckungsprediger Charles Haddon Spurgeon (1834-1892) meinte:

„Es ist nichts neu in der Theologie - ausgenommen das, was falsch ist."[219]

In Anbetracht neuer Trends, Fehlentwicklungen und der Abkehr von der biblischen Wahrheit im Zeitalter der Postmoderne, sollten Christen daher darauf achten, fest in der biblischen Wahrheit gegründet zu sein.

Der einflussreiche katholische Theologe Hans Küng (geb. 1928) stellt übrigens fest:

„Bis ins 20. Jahrhundert wurde die Macht der katholischen und lutherischen Kirchen über die Seelen durch die Angst vor der ewigen Verdammung abgesichert. [...]"[220]

Demnach war die Realität der Hölle keine Glaubensfrage, sondern eine Machtfrage. Im 21. Jahrhundert vollzieht sich nun ein neues, postmodernes Denken mit humanistischem Anspruch und sinnlichen Bedürfnissen.

Der Ansatz von Rob Bell ist jedoch nicht neu. Im protestantischen Liberalismus des 19. Jahrhunderts wollte man das Christentum retten durch das Streichen sogenannter schwer akzeptierbarer Lehrinhalte. Im 20. Jahrhundert entwarf der Theologe Rudolf Bultmann (1884-1976) ein Entmythologisierungsprogramm. Er meinte:

„Man kann nicht elektrisches Licht und Radioapparat benutzen [...] und gleichzeitig an die Geister- und Wunderwelt des Neuen Testaments glauben. [...]"[221]

Im Liberalismus herrschte die Vorstellung, dass übernatürliche Wunder und ein antikes Weltbild vom Glauben abhalten. Im 21. Jahrhundert meint nun Rob Bell, dass ewige Höllenstrafen vom Glauben abhalten. Solch ein „Entweder-oder"-Denken des Liberalismus liegt der Postmoderne aber fern, da zwei verschiedene Zugänge zur einen Wirklichkeit möglich seien. Bell hat zwar kein Problem mit Übernatürlichem, verkündet jedoch eine Liebe Gottes ohne Gerechtigkeit und Heiligkeit. R. Albert Mohler resümiert:

„Es ist eine Wiederholung der kraftlosen Botschaft des Liberalismus."[222]

Anselm Grün für Evangelikale? Seine Lebenshilfen im Licht der Bibel

Der Benediktinermönch Anselm Grün (geb. 1945) gehört nicht nur in der katholischen Welt zu den meistgelesenen Buchautoren. Neben den evangelischen bieten auch einige evangelikale Buchhandlungen seine zahlreichen Bestseller an.[223] Und sogar evangelikale Zeitschriften verbreiten die überaus beliebten Lebenshilfen von Anselm Grün.[224] Er will den Menschen von Herzen helfen, sie aufrichten in ihrem Selbstwert, in der Überwindung von Angst und Sorge und sie positiv beraten. Grün plädiert für Gelassenheit und Vertrauen und ruft vereinzelt entgegen eines Wellness- und Genuss-Christentums auch zur Verantwortung auf:

„Wir sind nicht einfach nur da, damit es uns gut geht. Wir tragen Verantwortung für diese Welt. Adventliches Warten ist keine Flucht. Es will uns vielmehr sensibel machen, dass jeder seine persönliche Verantwortung hat für den Bereich, den Gott ihm zugedacht hat."[225]

Doch ist der allseits geschätzte und gefragte Autor eine Alternative für Glaubens- und Lebensfragen bei Evangelikalen? Was glaubt und verkündigt Anselm Grün? Aus welcher Quelle schöpft er? Da seine Bücher bereits 2009 eine Gesamtauflage von über 15 Millionen Exemplaren erreicht haben und in über 30 Sprachen übersetzt wurden, ist sein Einfluss nicht zu unterschätzen. Schließlich werden über 300 Buchtitel von Anselm Grün auch von Evangelikalen gelesen, die dadurch entsprechend geprägt werden.

Die nachfolgenden Zitate aus den Werken Grüns sollen mit kurzen Stellungnahmen aus biblischer Sicht eine Orientierungs- und Beurteilungshilfe geben.

„Nimm's leicht, lebe einfach!"

Seit 2006 erscheint sein Monatsbrief „Einfach leben". Die bedeutensten Texte sammelte der Herder-Verlag 2011 zu einem 338 Seiten-Werk mit dem Titel „Einfach leben. Das große Buch der Spiritualität und Lebenskunst". „Einfach leben" bedeutet für Anselm Grün, „dass ich nicht an Äußerlichkeiten hänge und mich nicht von äußeren Ansprüchen anderer fremdbestimmen lasse, dass ich nicht gelebt werde, sondern lebe."[226]

Bei aller berechtigten Freiheit von menschlicher Fremdbestimmung erwähnt Grün hier nicht, in wieweit Gott über den Menschen bestimmen und Ansprüche melden kann. Soll die Freiheit auch von allen auf den Menschen einwirkenden Ansprüchen und Geboten gelten? Gebote sind Regeln, die Grüns Konzept vom „einfach leben" widersprechen:

„*Einfach* leben heißt im Einklang mit sich selbst leben, keine komplizierten Lebensregeln befolgen."[227]

Der Mensch braucht also weder Gottes Geboten noch seinem Vorbild zu folgen, da es reicht, im Einklang mit sich selbst und nicht unbedingt mit Gottes Wort zu leben. Die Bibel jedoch spornt dazu an:

„Darum sollt ihr vollkommen sein, gleichwie euer Vater im Himmel vollkommen ist!" (Mt 5,48)

Weiter erklärt Grün anhand eines chinesischen Sprichwortes, wie zu leben ist:

„'Wenn du erkennst, dass es dir an nichts fehlt, gehört dir die ganze Welt', sagt Lao Tse. Dieser Satz des chinesischen Weisen atmet eine heitere Leichtigkeit: die Leichtigkeit des Seins. Und in diesem Wort steckt eine bleibende Weisheit, auch für uns heute. Darum geht es nämlich im Leben: diese Leichtigkeit des Seins wirklich mit allen Sinnen zu spüren und die heiteren Glücksaspekte des Augenblicks tatsächlich wahrzunehmen."[228]

„Nimm's leicht!" – so scheint Grüns Losung zu lauten. Wenn es im Leben wirklich um die „Leichtigkeit des Seins" geht, ist wiederum die Unabhängigkeit von äußeren Ansprüchen und Geboten die Voraussetzung. Grün erwähnt nicht, dass zunächst der Friede mit Gott die Grundlage für ein unbeschwertes Leben ist. Die Schuldfrage sowie die notwendige Erlösung des durch die Sünde verdorbenen Menschen spielt bei Grün keine Rolle. Das ist für gläubige Menschen jedoch fatal, da die Bibel diejenigen als Lügner bezeichnet:

„Wenn wir sagen, dass wir keine Sünde haben, so verführen wir uns selbst, und die Wahrheit ist nicht in uns." (1Joh 1,8)

Der Mensch braucht sich wegen irgendeiner Schuld gar kein schlechtes Gewissen machen, sondern sollte sich einfach von „der Heiterkeit des Seins anstecken"[229] lassen.

Grün zitiert den römischen Philosophen Mark Aurel (121-180):
„Lass keine Unruhe in dir aufkommen, werde einfach!"[230]

Anselm Grün und der Heilige Geist

Der Geist Gottes, der den Menschen der Sünde überführen und zur Buße bewegen kann, ist für Grün weder relevant noch notwendig oder Voraussetzung für echten bleibenden Frieden.

„Und wenn jener kommt, wird er die Welt überführen von Sünde und von Gerechtigkeit und vom Gericht."
(Joh 16,8)

Dann bringt Grün in dem Sammelband „Einfach leben" jedoch zum ersten Mal Gott ins Spiel und erläutert anhand des zuvor zitierten Philosophen „ein Ziel, um das zu ringen sich lohnt: Leben in Übereinstimmung mit der Natur, mit dem eigenen inneren Wesen und mit Gott, sowie Freiheit von zerstörerischen Leidenschaften [...]"[231]

Wer ist nun dieser Gott für Anselm Grün? Für diesen Benediktinerpater spielt Gott in seinen weiteren Ausführungen natürlich immer wieder eine gewisse Rolle. Aber welche Vorstellungen hat Grün, welche Bedeutung hat Gott für ihn? Und vor allem stellt sich die Frage: Ist es wirklich der Gott der Bibel, den Grün in seinen Ratschlägen und Lebenshilfen meint?
Schnell wird deutlich, dass Grün Gott einfach in jedem Menschen zu finden meint:

„Wenn Sie einfach das leben, was in Ihnen ist, was Ihrem Wesen entspricht, wenn Sie dafür offen sind und nicht fixiert auf Äußerlichkeiten, dann beherrschen Sie die Kunst des gesunden Lebens. Und nichts anderes bedeutet es auch, ein spiritueller Mensch zu sein. Denn Spiritualität heißt ja, aus der Quelle des Heiligen Geistes zu leben. Die Quelle des Heiligen Geistes ist in jedem von uns."[232]

Aufschlussreich ist schließlich Grüns Erklärung für den Zugang zum Heiligen Geist:

„Das Kirchenjahr bringt uns durch die vielfältigen Bilder, die in den Festen vor Augen geführt werden, in Berührung mit dieser inneren Quelle."[233]

Es sind also nicht Worte oder das Wort Gottes selbst, sondern Bilder, die die geistliche Quelle ausmachen. Aus dieser Quelle des Sehens und Erlebens, also der Sinnlichkeit, schöpft Grün laufend für seine zahlreichen und vielfältigen Lebenshilfen.

Man könnte an dieser Stelle bereits sagen, dass die Worte, die Grün gebraucht, nicht von der gesunden biblischen Lehre getragen sind. Es sind daher unweigerlich „leere Worte".

„Lasst euch von niemand mit leeren Worten verführen! Denn um dieser Dinge willen kommt der Zorn Gottes über die Söhne des Ungehorsams." (Eph 5,6)

Grün erwartet den „Segen Gottes, der uns in der Natur und in den Festen des Kirchenjahres zugesagt und zuteil wird."[234]

Grün verschiebt hier Zusagen und Verheißungen Gottes aus der Offenbarungserkenntnis durch die Heilige Schrift in kirchliche Symbole und Rituale. Er will damit seine Leser nicht mit Ansprüchen und Geboten Gottes konfrontieren, sondern einen leichteren Zugang durch erleb- und spürbare Elemente gewinnen. Wenn es auch für Grün die Heilige Schrift gibt, ist jedoch nicht eine bloße Theorie die Lösung für ein funktionierendes Leben, sondern die Praxis sinnlicher Erfahrungen. Das ist zweifellos nicht biblische Lehre und Offenbarung des Heiligen Geistes, sondern ein eindeutiger Trend des weltlichen Zeitgeistes.

Auch fromme Worte wie „Gott hat alles gut gemacht."[235] täuschen nicht darüber hinweg, dass Grün die biblische Realität der Schuld des Menschen einfach ausblendet. Die Erbsünde ist für ihn nicht real oder existent.

Anselm Grün über Heidnisches

Heidnische Gottheiten sind für Grün kein Problem, im Gegenteil: Er rechnet es der Kirche als Weisheit an, diese „christlich zu taufen":

„Maria gilt als Symbol für die schöne Blume. Schon in der frühen Kirche wurde sie auch mit der Mutter Erde verglichen. Sicher sind hier auch die Vorstellungen der alten Muttergottheiten, wie sie schon die antiken Griechen und Ägypter verehrten, mit eingeflossen. Darin liegt für mich die Weisheit der frühen Kirche: Sie konnte die Sehnsüchte, die in anderen Religionen mit den Bildern der Muttergottheiten zum Ausdruck kamen, aufgreifen und durch die Projektion auf Maria integrieren, sie sozusagen ‚christlich taufen'."[236]

Dieses Lob der angeblichen Weisheit der Kirche wiederholt Grün mehrfach an weiteren Stellen:

„Am Fest Dreikönig oder Epiphanie werden auch die Häuser gesegnet. Manche meinen, das sei ein heidnischer Brauch. Denn die Germanen haben an diesem Tag mit Tannenzweigen die Dämonen aus ihren Häusern vertrieben. Die Weisheit der Kirche bestand in den ersten Jahrhunderten darin, dass sie die Bräuche der heidnischen Völker, denen sie die christliche Botschaft verkündete, nicht ausrottete, sondern ihnen eine andere, eine christliche Deutung gab."[237]

„Jakobus de Voragine nennt den Brauch der Römerinnen eine andächtige Gewohnheit. So kann man all die Bräuche nennen, die Römer, Griechen, Kelten, Germanen oder andere Völker in ihren religiösen Traditionen übten. Die Kirche war weise, diese frommen Gewohnheiten nicht zu verbieten, sondern ihnen einen anderen Sinn zu geben."[238]

In der Bibel dagegen wird nicht dazu angeregt, andere Gottheiten oder Heidnisches zu integrieren – im Gegenteil:

„Darum, meine Geliebten, flieht vor dem Götzendienst!" (1Kor 10,14)

„Und passt euch nicht diesem Weltlauf an, sondern lasst euch [in eurem Wesen] verwandeln durch die Erneuerung eures Sinnes, damit ihr prüfen könnt, was der gute und wohlgefällige und vollkommene Wille Gottes ist." (Röm 12,2)

Zum Thema Gebet gibt es bei Anselm Grün folgende Anleitung zu entdecken:

„Sprechen Sie zuerst ein Gebet für jeden einzelnen Raum. Dann sprengen Sie Weihwasser in den Raum. Weihwasser reinigt und erfrischt. Gottes erfrischender Geist möge diesen Raum erfüllen. Und Gott möge alles Trübe reinigen, was sich da eingeschlichen hat. Und Sie räuchern den Raum und erfüllen ihn mit dem Duft Jesu Christi, mit seiner heilenden Liebe. So können Sie alle Räume durchgehen. [...]"[239]

Das ist nicht biblisch, sondern magisch, genauer gesagt: Energetisches Feng Shui[240], Esoterik in Reinkultur und verwandt mit dem Schamanismus[241].
Weihwasser dient Grün auch beim Bekreuzigen. Dies würde die Gottesunmittelbarkeit ausdrücken, womit Grün über die Heilige Schrift hinausgeht. Sie ist nämlich das Mittel, etwas von Gott zu erahnen. Gottesunmittelbarkeit wäre mehr, als auf ein Mittel, nämlich Gottes Offenbarung

in seinem überlieferten Wort, zu vertrauen. Aber Grün meint, durch gewisse Rituale und Gebärden Gott unmittelbar zu erleben:

„Wenn wir diesen Brauch bewusst vollziehen, kann er uns immer wieder daran erinnern, wer wir eigentlich sind, dass wir nicht aus den Menschen geboren sind, weder aus ihrer Anerkennung noch aus ihrer Zuwendung, sondern dass wir aus Gott geboren sind, dass wir gottunmittelbar sind, eigetaucht in das göttliche Leben."[242]

Beten kann man nach Anselm Grün auch zu Engeln:
„Auf jeder Strecke unserer Wege sind wir gefährdet. Da gibt es Dir Vertrauen und Gelassenheit, wenn Du Gott um Deinen Schutzengel bittest oder wenn Du Deinen Schutzengel selber bittest, dass er auf Dich aufpasst. [...]"[243]

In Maria sieht Anselm Grün gewissermaßen einen Gegenpart zu einem Glauben mit Geboten und Warnungen. Das wäre für ihn eine „pessimistische Spiritualität". Grün bevorzugt daher die „optimistische Spiritualität":

„In dem Vergleich Marias mit der Mutter Erde sehe ich aber auch noch etwas anderes: Wie eine Mutter verurteilt Maria uns nicht. Sie zeigt uns eine optimistische Spiritualität, die nicht bewertend ist, nicht drohend, sondern mütterlich, zärtlich, spielerisch. Maria blüht auf. In ihr blüht die Schönheit der Schöpfung, damit auch wir in uns die eigene Schönheit entdecken."[244]

Spielerisch zur Erlösung finden

Zum eben bei Maria erwähnten Stichwort „spielerisch" beschreibt Grün, wie man in die Erlösung durch Jesus Christus gelangt, nicht durch Schulderkenntnis und -bekenntnis, inneren Zerbruch, Buße und Reue, sondern vielmehr spielerisch:

„In den Festen des Kirchenjahres drücken wir Themen unserer Seele aus, die entscheidend sind für unsere Selbstwerdung und Ganzwerdung. Damit wir ganze Menschen werden können, stellen wir die verschiedenen Aspekte unserer Seele in den Ritualen der kirchlichen Feste spielerisch dar. Das heilige Spiel heilt unser Leben. Es erfrischt uns, es bringt uns in Berührung mit dem göttlichen Leben, das in uns ist und an dem uns Gott in Jesus Christus teilhaben lässt. Romano Guardini hat kurz vor seinem Tod skeptisch gefragt, ob der heutige Mensch noch liturgiefähig ist. Wer als Erwachsener das Spiel für kindisch hält, der wird sich auch nur schwer auf das heilige Spiel der Liturgie einlassen können. Deshalb tut es uns gut, uns an die Spiele unserer Kindheit zu erinnern und auch als erwachsene Menschenkinder wieder mit Lust zu spielen. Ob in der Liturgie oder in der Freizeit – wir spielen uns hinein in unsere Freiheit, in unsere Weite und letztlich in unsere Befreiung durch Jesus Christus, in unsere Erlösung."[245]

Wie viel anders beschreibt die Bibel den Weg zu Jesus Christus? Alles andere im Leben aufzugeben und sein Kreuz auf sich zu nehmen ist eine gravierende und ernste Umkehr im Leben. Wie dies spielerisch vollzogen werden kann, ist vom biblischen Zusammenhang her einfach abwegig.

„Wenn jemand zu mir kommt und hasst nicht seinen Vater und seine Mutter, seine Frau und Kinder, Brüder und Schwestern, dazu aber auch sein eigenes Leben, so kann er nicht mein Jünger sein. Und wer nicht sein Kreuz trägt und mir nachkommt, der kann nicht mein Jünger sein." (Lk 14,26-27)

Grün spricht auch von der Wiedergeburt oder „Gottesgeburt im Herzen", wie er es nennt:

„Ab der Lebensmitte bleibt nur der lebendig, der sich seiner Seele stellt und auf die Regungen seiner Seele hört und der bereit ist, sich auf das Sterben einzulassen, sich und alles, was er nach außen hin geschaffen hat, loszulassen, um sich auf das Neue einzulassen, das in ihm geboren werden will, letztlich auf die Gottesgeburt in seinem Herzen und auf das Aufgehen des neuen Lebens, das wir in der Auferstehung Jesu feiern."[246]

Als der Herr Jesus von der Wiedergeburt oder vom „neuen geboren werden" sprach, meinte er nicht ein Hören auf innere Regungen und Selbstfindung, sondern eine geistliche Geburt, die Gott bewirkt und nicht der Mensch selbst.

> *„Wenn jemand nicht aus Wasser und Geist geboren wird, so kann er nicht in das Reich Gottes eingehen! Wer an ihn glaubt, wird nicht gerichtet; wer aber nicht glaubt, der ist schon gerichtet, weil er nicht an den Namen des eingeborenen Sohnes Gottes geglaubt hat."* (Joh 3,5.18)

Es bedarf also des persönlichen Glaubens an Gott als Gegenüber. Nach Grün gelangt man jedoch zur Erlösung durch Selbsterkenntnis, welche zur Gotteserkenntnis führt. Und dies geschieht eben spielerisch, wie er es nachfolgend erneut entfaltet:

„Der Religionsphilosoph Romano Guardini hat im Jahre 1918 ein berühmtes Buch geschrieben: ‚Vom Geist der Liturgie'. Darin spricht er von der Liturgie als heiligem Spiel. Sie ist ein zweckfreies Tun. Wir spielen uns in die Erlösung durch Jesus Christus hinein. Wir spielen uns letztlich in unser wahres Wesen hinein. Indem wir das, was in der Liturgie gefeiert wird, mitspielen, geschieht etwas an uns. Wir erleben uns selber auf neue Weise. Wir erfahren, wer wir wirklich sind. Und wir tauchen ein in ein Geheimnis, das größer ist als wir selbst, in das Geheimnis Jesu Christi. So haben wir teil an dem Heil, das uns in Jesus Christus erschienen ist."[247]

Grün erklärt weiter, dass der Mensch neben dem Spielen auch durch das Feiern das Heil erlangt:

„Indem wir die Gottestat feiern, geschieht sie an uns und wir werden heil."[248]

Der Reformator Johannes Calvin sprach ebenso davon, dass die Selbsterkenntnis zur Gotteserkenntnis führt. Nur meinte er damit etwas völlig anderes als der Benediktinerpater Anselm Grün:

„Besonders zwingt uns der jämmerliche Zerfall, in den uns der Abfall des ersten Menschen hineingestürzt hat, unsere Augen emporzurichten: hungrig und verschmachtend sollen wir von Gott erflehen, was uns fehlt, aber zugleich auch in Furcht und Erschrecken lernen, demütig zu sein. Denn der Mensch birgt ja in jeder Hinsicht eine Welt von Elend in sich, und seitdem wir der göttlichen Zier verlustig gegangen sind, macht eine beschämende Blöße unendlich viel Schande offenbar. Ist es aber so, dann muss ja notwendig jeder Mensch vom Bewusstsein seines heillosen Zustandes wenigstens zu irgendeinem Wissen um Gott getrieben werden! Wir empfinden unsere Unwissenheit, Eitelkeit, Armut, Schwachheit, unsere Bosheit und Verderbnis – und so kommen wir zu der Erkenntnis, dass nur in dem Herrn das wahre Licht der Weisheit, wirkliche Kraft und Tugend, unermesslicher Reichtum an allem Gut und reine Gerechtigkeit zu finden ist. So bringt uns gerade unser Elend dahin, Gottes Güter zu betrachten, und wir kommen erst dann dazu, uns ernstlich nach ihm auszustrecken, wenn wir angefangen haben, uns selber zu missfallen. Denn (von Natur) hat jeder Mensch viel mehr Freude daran, sich auf sich selber zu verlassen, und das gelingt ihm auch durchaus – solange er sich selber noch nicht kennt, also mit seinen Fähigkeiten zufrieden ist und nichts von seinem Elende weiß oder wissen will. Wer sich also selbst erkennt, der wird dadurch nicht nur angeregt, Gott zu suchen, sondern gewissermaßen mit der Hand geleitet, ihn zu finden."[249]

Gegenteiligere Positionen sind kaum denkbar. Calvin geht davon aus, dass der Mensch durch die Erbsünde von Gott getrennt ist und nur durch eigene Sündenerkenntnis Gott erkennen kann. Für Grün ist der Mensch nicht durch Sünde verdorben, sondern braucht lediglich Gott in sich nachspüren. Wenn er sein wahres Selbst entdeckt, hat er Gott entdeckt.

Von daher wird der Mensch letztendlich auch nicht von Gott gerichtet, auch wenn es die Heilige Schrift erwähnt. Er wird vielmehr „ausgerichtet auf Gott" anstatt für seine nicht vergebene Schuld ein gerechtes Strafgericht zu empfangen:

„Wir können es uns kaum vorstellen, dass die Täter im Himmel mit den Opfern zusammen sind und sogar noch über sie triumphieren. Das Gericht ist notwendig, damit ein Miteinander möglich wird. Die Täter kommen im Tod ins Gericht. Das Gericht ist für sie die Chance, dass sie sich ausrichten lassen auf Gott."[250]

Diese zweite Chance lässt sich im Wort Gottes nicht belegen. Keine biblische Erwähnung des göttlichen Gerichts weist auf eine erneute Möglichkeit der Umkehr oder Hoffnung hin.

Grün schreibt dagegen weiter:

„Aber Gericht ist nicht ein Angstbild, sondern ein Hoffnungsbild: Hoffnung darauf, dass die, die Schuld auf sich geladen haben, nicht automatisch verurteilt werden. Dass auch für sie die Hoffnung besteht, im Gericht verwandelt zu werden und so teilzuhaben am Himmel Gottes. Aber wichtig ist: Sie können an ihrer Schuld nicht vorbei zu Gott kommen. Im Gericht werden sie mit ihrer Wahrheit und mit ihrer Schuld konfrontiert, damit sie sich aufbrechen lassen für Gott und für die Liebe."[251]

Die Bibel lehrt eindeutig, dass das Gericht ein endgültiges Urteil fällt über böse, gottlose Menschen, „die der (biblischen) Wahrheit nicht geglaubt haben":

„Verwundert euch nicht darüber! Denn es kommt die Stunde, in der alle, die in den Gräbern sind, seine Stimme hören werden, und sie werden hervorgehen: die das Gute getan haben, zur Auferstehung des Lebens; die aber das Böse getan haben, zur Auferstehung des Gerichts." (Joh 5,28-29)

„Darum wird ihnen Gott eine wirksame Kraft der Verführung senden, so dass sie der Lüge glauben, damit alle gerichtet werden, die der Wahrheit nicht geglaubt haben, sondern Wohlgefallen hatten an der Ungerechtigkeit." (2Thess 2,11-12)

„Die jetzigen Himmel aber und die Erde werden durch dasselbe Wort aufgespart und für das Feuer bewahrt bis zum Tag des Gerichts und des Verderbens der gottlosen Menschen." (2Petr 3,7)

Durch die Evolution zum Göttlichen

Grün erklärt, dass Maria, die Mutter Jesu, als fünfte Frau im Stammbaum im Matthäus-Evangelium erwähnt wird. Die Zahl Fünf deutet Grün in ihrer Symbolik sogar auf die Evolution, deren Entwicklung bis zum Göttlichen führen würde:

„Maria ist die fünfte Frau. Den fünf Büchern Mose stehen die fünf Frauen gegenüber. Fünf ist die Zahl der Venus, der Liebesgöttin. Die Liebe vollendet das Gesetz. Vier Schritte führen in der Entwicklung von der Mineralwelt, über die Pflanzenwelt und Tierwelt zum Menschen. Der fünfte Schritt ist der Überschritt zum Göttlichen. In Maria überschreitet die Menschheit sich selbst und mündet in Gott, indem Gott selbst in ihr Mensch wird."[252]

Die tiefenpsychologische Auslegung der Bibel

Im Umgang mit Bibeltexten ist bei Anselm Grün häufig festzustellen, dass er Aussagen in den Text hineinlegt, die dieser so nicht lehrt. Sie decken sich auch nicht mit der gesamten biblischen Lehre, wohl aber mit einer Übertragung in tiefenpsychologische Methoden. Man bekommt den Eindruck, dass Grün jedes einzelne Element einer konkreten biblischen Begebenheit in ein allgemeines Symbol überträgt. Für seine heutigen Leser aktualisiert er damit die Texte, die aber keine historische Relevanz in Raum und Zeit mehr haben, sondern lediglich metaphorisch umgedeutet bzw. mit tiefenpsychologischen Deutungen angereichert werden. Das Ergebnis ist eine Mischung aus tiefenpsychologischer Traumanalyse nach Carl Gustav Jung (1875-1961) und die in der liberalen Theologie bekannte existentiale Interpretation der Bibel, die Rudolf Bultmann (1884-1976) mit seiner umstrittenen

Methode der „Entmythologisierung" begründete. Demnach vollbrachte der Herr Jesus nicht übernatürliche körperliche Heilungen, sondern vielmehr innere Heilungen. Um biblische Texte anzuwenden bedürfe es nicht des persönlichen Glaubens, der jedoch Voraussetzung ist, im göttlichen Gericht zu bestehen:

„Und wenn jemand meine Worte hört und nicht glaubt, so richte ich ihn nicht; denn ich bin nicht gekommen, um die Welt zu richten, sondern damit ich die Welt rette. Wer mich verwirft und meine Worte nicht annimmt, der hat schon seinen Richter: Das Wort, das ich geredet habe, das wird ihn richten am letzten Tag."
(Joh 12,47-48)

Grün nimmt es aber auch mit der biblischen Wahrheit leicht und erklärt beschwichtigend:

„Die Geschichten zwingen uns nicht zur Anerkennung von Sätzen und Theorien. Wir müssen nicht etwas für wahr halten und daran glauben."[253]

Grün stellt ohnehin über heutige Bibelleser fest:
„Sie verstehen die Worte nicht. Es ist eine so andere Sprache."[254]

Daher verwendet Grün die tiefenpsychologische Auslegung mit dem Ziel, „dass sie heilsam und wegweisend für uns sind, dass es Worte des Lebens und Worte zum Leben werden."[255]

Zudem gibt Grün noch folgende Verstehenshilfe:
„Trauen Sie beim Lesen dem eigenen Gefühl. Assoziieren Sie einfach, was in Ihnen bei den einzelnen Worten aufsteigen will – Ihre Seele hat die Fähigkeit in sich, diese Worte zu verstehen. [...]"[256]

Die Bibel dagegen spricht der menschlich-natürlichen Seele diese Fähigkeit ab:

„Der natürliche Mensch aber nimmt nicht an, was vom Geist Gottes ist; denn es ist ihm eine Torheit, und er kann es nicht erkennen, weil es geistlich beurteilt werden muss." (1Kor 2,14)

Ein Beispiel für Grüns tiefenpsychologische Auslegung fände sich im Pfingstwunder in Apg 2:
„In uns – so sagt es das Pfingstfest – ist die Glut der göttlichen Liebe. Wir stoßen nicht nur auf die ausgebrannten Gefühle, auf die Leere unseres Herzens. Tief drunten ist diese Glut: der Geist Gottes in uns. [...]"[257]

Grüns Behauptung, das Pfingstfest würde jenes aussagen, deckt sich nicht mit den biblischen Aussagen. Er trägt vielmehr seine Vorstellung vom Heiligen Geist „tief drunten" in jedem Menschen an den Text heran.

„Das Haus, in dem sich die 120 Männer und Frauen eingeschlossen haben, in dem sie ängstlich aneinander festhalten, wird durch den Sturm geöffnet. Da wird alles Stickige herausgeweht und in das Ängstliche und Starre kommt neue Bewegung. [...]"[258]

Hier überträgt Grün den tatsächlich von Gott gewirkten Sturm in eine psychologisch relevante Bewegung.

„Der Heilige Geist lässt sich in Feuerzungen auf die Jünger nieder. Feuer wärmt, erhellt und verwandelt. [...]"[259]

Auch hier ist nicht das historische Ereignis relevant, sondern die übertragene Bedeutung von Feuer als bloßem Symbol.

Bei dem Wunder der Sprachenrede ignoriert Grün völlig die heilsgeschichtliche Bedeutung. Übrig bleibt nur ein „Worte finden, die andere verstehen":

„Die Jünger sprechen auf einmal eine Sprache, die alle verstehen. Sprache kann verwandeln. Wenn einer seine tiefsten Gefühle nicht ausdrücken kann, wenn einer die Verwundungen seiner Kindheit nicht aussprechen kann, dann kann sich in ihm nichts wandeln. Wer die Worte findet, mit denen er sein Leben einem andern erzählen kann, erfährt Heilung. [...]"[260]

Anselm Grün und die Mystik

„Im Ausatmen können wir uns vorstellen, wie wir all die Gedanken, die immer wieder hochkommen, einfach abfließen lassen. Wenn wir das eine Zeitlang tun, werden wir innerlich ruhig. Dann können wir den Atem mit einem Wort verbinden. Wir können z.B. beim Einatmen still sagen: ‚Siehe' und beim Ausatmen ‚Ich bin bei dir'."[261]

Diese fernöstliche Atemtechnik ist neben der Visualisierung häufiger Anselm Grüns praktische Übung in seinen Lebenshilfen. Übungen der Passivität, des bloßen Atmens, des In-sich-Hineinhorchens und des Sich-Vorstellens entstammen jedoch nicht der Bibel, sondern fernöstlicher Meditationen und des New Age. Der biblische Glaube dagegen ist aktiv:

„Habt acht, wacht und betet! Denn ihr wisst nicht, wann die Zeit da ist." (Mk 13,33)

Grün bekennt:
„Für mich persönlich ist das Jesusgebet seit etwa dreißig Jahren mein Meditationsweg geworden. Ich übe es

nicht nur bei der morgendlichen Meditation, sondern es begleitet mich auch tagsüber immer wieder, wenn ich durch die Gänge gehe, wenn ich irgendwo warte, wenn eine kleine Pause entsteht. Das Jesusgebet bringt mich immer und überall mit mir selbst in Berührung und lässt mich die Einheit mit Gott mitten in der Unruhe des Alltags erfahren. Wenn ich mit dem Einatmen die Worte spreche ,Herr Jesus Christus' und beim Ausatmen ,Sohn Gottes, erbarme dich meiner' dann bin ich dort, wo Christus ist. Dann erlebe ich, dass Christus hinabsteigt in alle Abgründe meiner Seele."[262]

Der Herr Jesus verheißt seine Gemeinschaft nicht durch Atemübungen, sondern durch ein bewusstes Zusammenkommen in seinem Namen:

> **„Denn wo zwei oder drei in meinem Namen versammelt sind, da bin ich in ihrer Mitte." (Mt 18,20)**

Die widerbiblische Mystik des Jesusgebets praktiziert auch der (evangelikale) Dortmunder FeG-Pastor Arne Völkel und bekennt:
„[...] bei der Arbeit, in Pausen, beim Essen bleibt Gott durch das Jesusgebet gegenwärtig."[263]
Und bei seiner persönlichen Meditation hilft ihm die Ikonenbetrachtung.[264]

> **„Du sollst dir kein Bildnis noch irgendein Gleichnis machen, weder von dem, was oben im Himmel, noch von dem, was unten auf Erden, noch von dem, was in den Wassern, unter der Erde ist." (Ex 20,4)**

Die zahlreichen Abweichungen vom Wort Gottes hindern Arne Völkel jedoch nicht, begeistert über Anselm Grün zu bekennen:

„Warum finde ich bei einem Katholiken geistliches Leben in einer Art beschrieben, wie ich es bei evangelikalen Autoren oft vermisse?"[265]

„Die Mystiker sind davon überzeugt, dass in uns ein Raum des Schweigens ist, in dem Gott wohnt. Dorthin haben die Gedanken und Gefühle, die Pläne und Überlegungen, die Leidenschaften und die Verletzungen keinen Zutritt. [...] Die Meditation will mich wieder in Berührung bringen mit diesem inneren Ort. [...] Aber tief unten ist es still. Da kann ich mich fallen lassen. [...] Meditation ist das Eintauchen in die innere Ruhe, die auf dem Grund unseres Herzens in uns verborgen ist."[266]

Anselm Grün ist hier zuzustimmen, dass die Mystiker davon überzeugt sind. Die Heilige Schrift ist jedoch nicht davon überzeugt. Es ist fatal, dass eine evangelikale Zeitschrift diese gnostische und heidnische Lehre unkritisch wiedergibt und sogar fördert:
„Die Benediktiner möchten diesen Funken Gottes im Menschen zur Flamme anblasen."[267]

Diesen göttlichen Funken beschreibt Grün auch als „göttlichen Kern, der in jedem von uns ist"[268].

An anderer Stelle spricht er von der „Gottesgeburt". Zur Antwort Marias auf die Geburtsankündigung in Lk 1,38 schöpft Grün erneut aus dem Wissen der Mystiker:

„Die Mystiker haben diese Szene immer auch als Bild für die Gottesgeburt in unserer Seele verstanden. Wie Maria sollen auch wir Jungfrau und Mutter sein. Auch in uns soll Christus geboren werden. [...] Das Aufblühen der Frucht im Frühjahr ist ein Bild für die göttliche Frucht, die in uns heranreift und in uns zur Blüten [sic!] kommen möchte."[269]

Des Weiteren „göttliches Kind", das jeder Mensch in sich habe und nur entdecken brauche:

„Und Maria als Gottesmutter steht als Bild dafür, dass auch wir letztlich Mutter Gottes sind, dass auch wir in uns ein göttliches Kind haben, für das wir Verantwortung übernehmen sollen. Jeder von uns trägt ein verletztes Kind mit sich. [...] Durch das verletzte Kind hindurch werden wir dann das göttliche Kind in uns entdecken, das genau weiß, was für uns richtig ist. Das göttliche Kind bringt uns in Berührung mit dem unverfälschten und unberührten Bild Gottes in uns. Maria erinnert uns daran, dass wir dieses göttliche Kind in uns behutsam betrachten und darüber nachdenken sollen, was es uns sagen und in welche Richtung es uns führen möchte."[270]

Anselm Grün empfiehlt keine Wegweisung durch die Heilige Schrift, sondern durch das Entdecken, Horchen und Betrachten des göttlichen Kindes im inneren Menschen – eine zutiefst mystische Praxis, die nicht zur göttlichen Wahrheit, sondern zu faulem Zauber führt.

„O ihr unverständigen Galater, wer hat euch verzaubert, dass ihr der Wahrheit nicht gehorcht." (Gal 3,1a)

Der Apostel Paulus sah sich mit gnostischen und mystischen Lehren konfrontiert, hat diese jedoch regelrecht bekämpft und zurück zur biblischen Wahrheit gerufen. Anselm Grün dagegen verbreitet widerbiblische Übungen und erfreut sich des Einsseins mit dem Kosmos:

„Dann stelle ich mich manchmal in dieser Kreuzgebärde in die Sonne und die frische Luft des Morgens. Dann fühle ich mich ganz eins, eins mit der Schöpfung, eins mit Gott, eins mit mir selbst, eins mit allen Menschen. Da ist dann keine Spaltung mehr in mir zwischen Himmel und Erde, zwischen Geist und Trieb, zwischen Spiritualität und Sexualität. Da ist alles eins. ... Aber in dem ich die Arme weit ausbreite, erahne ich manchmal, wie das ist, mit allem eins zu sein, all-eins zu sein."[271]

Als „Ritual" empfiehlt Grün es seinen Lesern als „Heilsame Kreuzgebärde":

„In der Kreuzgebärde erahnen wir das Geheimnis des Kreuzes Jesu. Stellen Sie sich gut hin und breiten die Arme und Hände aus, so dass sie waagrecht in Schulterhöhe nach rechts und links ausgestreckt sind. Die Hände weisen nach vorne. In dieser Gebärde spüre ich, dass ich angenagelt bin an mich selber. Ich bin mir selbst das Kreuz. Ich bin voller Gegensätze, denen ich nicht entrinnen kann. Es bleibt mir nichts anderes übrig, als Ja zu sagen zu meinen Gegensätzen. Wenn ich es versuche, dann spüre ich, dass ich mit meinen ausgestreckten Armen die ganze Welt umarme. Nichts Menschliches, ja nichts Kosmisches ist mir fremd. Ich werde eins mit der ganzen Welt und mit allem, was darin ist. Ich werde eins mit allen Menschen. Jesus sagt im Johannesevangelium zu dieser Gebärde: ‚Und ich, wenn ich über die Erde erhöht bin, werde alle zu mir ziehen.' (Joh 12,32) Es ist also eine Gebärde der Liebe, eine Gebärde der Umarmung. [...]"[272]

Statt eines „All-einsein" lehrt die Bibel die strikte Trennung von Licht und Finsternis, Heiligem und Heidnischem, Gemeinde und Welt sowie Gläubigen und Ungläubigen:

„Wie stimmt Christus mit Belial überein? Oder was hat der Gläubige gemeinsam mit dem Ungläubigen?"
(2Kor 6,15)

Bei diesem „All-einsein" wird deutlich, dass Anselm Grün nicht von der biblischen Sicht von Gott als Gegenüber ausgeht, sondern von Gott in allen Menschen und der ganzen Schöpfung, dem sogenannten Pantheismus.

„Kann ich mich auf mich selber verlassen? […] Und dennoch gibt es etwas in uns, auf das wir uns verlassen können. Wenn ich mich in die Stille begebe und in mich hineinhorche, höre ich erst einmal viele Stimmen. Ich spüre: Auf sie kann ich mich nicht verlassen. Aber wenn diese Stimmen verfliegen, wenn ihr Gewirr sich verflüchtigt, werden leise Stimmen in mir hörbar. In diesen leisen Impulsen meiner Seele spüre ich eine innere Stimmigkeit. Und ich spüre: Auf diese zarten Impulse kann ich mich verlassen. […] Dort, wo ich mit meinem innersten Wesen in Einklang bin, bin ich auch eins mit Gott. Und da erlebe ich, dass ich mich auf den Gott in mir verlassen kann und durch Gott auch auf mein wahres Selbst."[273]

Grüns Sichtweise widerspricht der biblischen Lehre deutlich. Dass der Mensch mit Gott eins sein kann, wenn er mit sich selber eins ist, ist eine Lüge, die an die Verführung des Teufels bei den ersten Menschen erinnert:

>**„Ihr werdet sein wie Gott." (Gen 3,5b)**

Der Teufel selbst steckt als „dämonische Energie" in jedem Menschen, die er eher als neutral ansieht:

„Die dämonischen Energien sind nicht von Natur aus böse. Sie sind nur deshalb oft so aggressiv, weil das Tier in uns (die Instinkte) oft zu lange in den Käfig gesperrt war. Wenn es dann herauskommt, ist es natürlich aggressiv."[274]

Als Lösung bietet Grün an:
„Um die innere Zerrissenheit aufzulösen, muss man mit den verleugneten und dämonisch gewordenen Instinktenergien einen Dialog führen."[275]

Im Klartext heißt das, dass der Mensch und auch der Christ nach Anselm Grün die dämonische Energie nutzen kann und soll, um instinktiv zu leben, sich also von seinen Instinkten leiten zu lassen.

Der Apostel Paulus fordert ganz im Gegenteil dazu auf, sich eben nicht von inneren Instinkten oder Trieben (genannt: das Fleisch) leiten zu lassen, sondern vom Geist, der von Gott kommt:

„Denn wenn ihr gemäß dem Fleisch lebt, so müsst ihr sterben; wenn ihr aber durch den Geist die Taten des Leibes tötet, so werdet ihr leben. Denn alle, die durch den Geist Gottes geleitet werden, die sind Söhne Gottes." (Röm 8,13-14)

Anselm Grüns Rede vom „blutrünstigen Gott" und unnötigem Sühneopfer

Wenn der Mensch nicht in Sünde gefallen ist, ist seine Erlösung auch nicht nötig. Grün lehnt vielmehr die biblische Lehre von einem stellvertretenden Sühneopfer kategorisch ab:

„Bei Vorträgen wurde ich in der Aussprache immer wieder mit Vorstellungen von Erlösung konfrontiert, die mir weh tun. Da ist auf der einen Seite die Vorstellung von einem blutrünstigen Gott, der den Tod seines Sohnes braucht, um uns vergeben zu können. In manchen Köpfen schwirrt noch immer die Idee herum, dass Gott seinen Sohn sterben lässt, um unsere Sünden zu vergeben. Doch was ist das für ein Gott, der den Tod seines Sohnes nötig hat, um uns vergeben zu können?"[276]

Für Anselm Grün wird Jesus Christus und sein Werk ohnehin überinterpretiert:

„Jesus darf nicht als der große Retter verstanden werden, [...]"[277]

Er ist vielmehr ein allgemeiner Gelehrter:

„Wir brauchen Jesus daher nicht immer nur abzugrenzen gegenüber anderen Religionsgründern. Er verkörpert auch die Weisheit Buddhas."[278]
„Aber wir dürfen nicht so tun, als ob Erlösung erst mit Jesus Christus anfange. Gott ist schon immer der erlösende Gott. Und er wirkt Erlösung auch in anderen Religionen."[279]

Diese Aussage deckt sich mit der römisch-katholischen Sicht, dass ein Funken Wahrheit auch dort sei.

Da der Sündenfall Voraussetzung für die biblische Erlösungslehre ist, kann der Mensch nicht eins mit Gott sein, sondern ist von ihm getrennt.

> *„Darum, gleichwie durch einen Menschen die Sünde in die Welt gekommen ist und durch die Sünde der Tod, und so der Tod zu allen Menschen hingelangt ist, weil sie alle gesündigt haben."* (Röm 5,12)

Daher wohnt Gott auch nicht in jedem Menschen. Er kann sich nicht auf sich selbst verlassen oder auch auf etwas Gutes oder gar Göttliches in sich. Im Gegenteil: Es wohnt gar nichts Gutes im Menschen:

> *„Denn ich weiß, dass in mir, das heißt in meinem Fleisch, nichts Gutes wohnt; das Wollen ist zwar bei mir vorhanden, aber das Vollbringen des Guten gelingt mir nicht."* (Röm 7,18)

„Denn aus dem Herzen kommen böse Gedanken, Mord, Ehebruch, Unzucht, Diebstahl, falsche Zeugnisse, Lästerungen." (Mt 15,19)

„Denn von innen, aus dem Herzen des Menschen, ..." (Mk 7,21)

Dies ist heutzutage zweifellos eine unpopuläre Auffassung. Anselm Grün weiß, dass seine Leser nicht das hören oder lesen wollen, sondern was gut tut, bestätigt und schmeichelt, was schön, lieblich und zärtlich klingt.
In einem sogenannten „Ritual" heißt es:

„Stell Dich in den Wind und stelle Dir vor, wie der Wind Dich leicht und zärtlich streichelt. Der Heilige Geist möchte Dich zärtlich und liebevoll streicheln. [...]"[280]

Diese süßliche und einseitige Kuschelsprache ist heutzutage auch bei vielen Evangelikalen „in" und verkauft sich grandios.[281]
Wenn aber die Heilige Schrift mit der Wahrheit des Sündenfalls konfrontiert und pessimistisch erscheint, muss dieses ausgeblendet und ersetzt werden, nämlich mit „optimistischer Spiritualität", wie Anselm Grün dies nennt. Er ist davon überzeugt: In jedem Menschen wohnt „das Heilige", das die Gläubigen ihnen verkündigen sollen:

„Wir sind als Priester und Priesterinnen Hüter des Heiligen in dieser Welt. Wir schützen das Heilige in uns, über das die Welt keine Macht hat. Und wir treten für das Heilige ein, das in jedem Menschen ist. Wir erinnern die Menschen an das Heilige, das sie heil und ganz macht."[282]

In einem „Ritual" beschreibt Grün, wie seine Lehren praktisch anwendbar sein können. Es sind zumeist meditative Übungen mit Hilfe einer Kerze:

„Stelle Dir vor, dass alles in Dir von diesem warmen zärtlichen Licht der Kerze erleuchtet wird. Im Licht dringt Gottes Liebe in Dich ein. Sie verurteilt Dich nicht. Sie vermittelt dir: Alles in Dir darf sein."[283]

Hier wird der Leser nicht mit seiner Verlorenheit oder Unzulänglichkeit aufgrund von Sünde konfrontiert, sondern eher beruhigt und in seinem Zustand bestätigt. Es bedarf keiner Veränderung durch Heiligung.

> *„Jagt nach dem Frieden mit jedermann und der Heiligung, ohne die niemand den Herrn sehen wird!"*
> *(Hebr 12,14)*

In einem weiteren Ritual leitet Grün dazu an, Gott zu spüren:

„Eine Gebärde, die das Geheimnis der weihnachtlichen Zeit gut zum Ausdruck bringt, ist die Gebärde der Hände, die ich übereinander in die Brustmitte halte. Ich spüre mit beiden Händen die Wärme in der Brustmitte. Und ich spüre die Sehnsucht, die in meiner Brust aufsteigt. In der Sehnsucht spüre ich mich selbst und spüre ich Gott."[284]

An anderer Stelle heißt es:
„Das hat sicher jeder schon erfahren, wenn auf einmal im gemeinsamen Singen sich der Himmel öffnet, oder wenn in der gemeinsamen Stille Gott zu spüren war, [...]"[285]

In Anlehnung an die Werbung einer Möbelhauskette könnte man hier rhetorisch fragen: „Spürst du Gott schon oder liest du noch die Bibel?"

Anselm Grün und der Sinn des Lebens

„Gibt es nicht so viele Antworten auf die Sinnfrage wie es Menschen gibt? Jeder Mensch muss auf die Sinnfrage seine ganz persönliche Antwort geben. Die Antworten der verschiedenen Religionen können einen Rahmen abgeben, innerhalb dessen der Einzelne die Sinnfrage stellt und für sich eine Antwort finden oder entwickeln muss. Wenn wir aber die Religionen vergleichen, dann sehen wir, dass der Rahmen so verschieden gar nicht ist. […] In allen Religionen gibt es ähnliche Werte, die das Leben des Menschen wertvoll machen. Gerade heute, in einer geschichtlichen Situation, in der die Religionen und Kulturen näher zusammenrücken, ist es sicher eine wichtige Aufgabe für die Religionen, dass sie ihre gemeinsamen Werte vor aller Welt bezeugen. Hans Küng hat mit dem Projekt ‚Weltethos‘ versucht, von allen Religionen und Kulturen her die Werte und normativen Maßstäbe zu erkennen, die universal gelten. […] Auch wenn jemand im Rahmen einer religiösen Tradition steht – es muss auch innerhalb einer Religion jeder für sich eine persönliche Antwort auf die Frage geben, worin er den Sinn seines Lebens sieht. Und die wird für jeden Menschen einen jeweils anderen Schwerpunkt haben. Der eine wird sagen: Der Sinn meines Lebens besteht darin, immer durchlässiger für transzendente Erfahrungen zu werden. Der andere: Mein Lebenssinn ist, andern zu helfen. Oder: die Welt menschlicher zu machen, an einer besseren Zukunft mitzuarbeiten. Oder: für meine Familie zu sorgen, damit die Kinder sich gut entfalten können. Auch innerhalb des Glaubens gibt es verschiedene Akzentuierungen. […] Jeder muss selbst spüren, welche Formulierung für ihn stimmt und was seinem Leben letztlich Sinn gibt.“[286]

Diese Unverbindlichkeit widerspricht der klaren Orientierung der biblischen Wahrheit. Diese will zudem erkannt und bekannt und nicht gespürt werden. Der christliche Glaube dagegen ist alternativlos:

> *„Denn für mich ist Christus das Leben, und das Sterben ein Gewinn."* (Phil 1,21)

> *„Jesus spricht zu ihm: Ich bin der Weg und die Wahrheit und das Leben; niemand kommt zum Vater als nur durch mich!"* (Joh 14,6)

„Gibt es ein Menschheitswissen der Religionen? Oder ist das durch Wissenschaften abgelöst? [...] Für mich ist die Einsicht des großen Psychologen C. G. Jung überzeugend, der gesagt hat: Tief in unserer Seele gibt es ein Wissen, das uns mit allen Menschen verbindet. Es wird in der jeweiligen Kultur und Religion mit anderen Bildern und Symbolen ausgedrückt. Aber es gibt große Gemeinsamkeiten, so dass wir diesem inneren Wissen der Seele trauen dürfen."[287]

Auch hier geht Grün von einem allen Menschen gemeinsamen Seelengrund aus, den die Bibel nicht lehrt:

> *„Und was hat das Licht für Gemeinschaft mit der Finsternis?"* (2Kor 6,14c)

> *„Und habt keine Gemeinschaft mit den unfruchtbaren Werken der Finsternis, deckt sie vielmehr auf."* (Eph 5,11)

Anselm Grün und der Pantheismus

Wo ist Gott? Grün entdeckt ihn in jedem anderen Menschen:

„In der Begegnung mit einem anderen entdecke ich mein wahres Wesen und ich entdecke das Geheimnis des anderen, in dem mir Gottes Antlitz aufleuchtet."[288]

An anderer Stelle erklärt er:
„Wenn es Gott gibt: Wo ist er? Gott ist überall. Und er ist da, wo wir ihn in unser Herz einlassen. Wir dürfen ihn uns nicht wie einen Geist vorstellen, der sich unsichtbar hin und her bewegt und überall auftaucht. Gott ist vielmehr der Grund, der alles durchdringt, der Geist, der alles durchgeistet, die Energie, die in allem fließt, die Liebe, die alles durchwirkt."[289]

Grün unterstreicht diese pantheistische Behauptung nicht mit einem biblischen, sondern einem apokryphen Text:
„Das apokryphe Thomasevangelium, ein gnostischer Text aus dem zweiten Jahrhundert, überliefert uns ein Wort Jesu, das lautet: Ich bin das Licht, das über allem ist. Ich bin das All. Aus mir ist das All hervorgegangen, und zu mir ist das All gelangt. Spaltet ein Stück Holz – ich bin da. Hebt den Stein auf, und ihr werdet mich dort finden."[290]

Grün bleibt also nicht bei biblisch echten Jesus-Worten, sondern muss außer- bzw. widerbiblische, gnostische Texte bemühen, um seine fragwürdigen Lehren zu begründen.
Wenn er Jesus Christus zitiert oder an dessen Worte erinnert, bleiben biblische Belegstellen allzu oft einfach aus:

„Dazu hat uns Jesus immer wieder ermahnt: achtsam unseren Weg zu gehen, weil dieser Weg einmalig ist."[291]

Doch zurück zu Grüns Sicht von Gott in jedem Menschen:
„In jedem Kind wird ein Licht Gottes sichtbar, das nur in diesem Kind für uns aufleuchtet."[292]

Grün unterscheidet nicht wie die Bibel zwischen Ungläubigen, die noch nicht im Licht sind, und Gläubigen, die von Gott erst zum Licht gemacht werden:

„Denn ihr wart einst Finsternis; jetzt aber seid ihr Licht in dem Herrn. Wandelt als Kinder des Lichts!" (Eph 5,8)

„Handelt ein Christ anders als jeder Mensch guten Willens? [...] Sie [die Christen] sehen in jedem Menschen den Bruder und die Schwester Jesu. [...] Die Botschaft Jesu von der Universalität eines liebenden Vatergottes hat dazu geführt, [...] dass alle Menschen als Söhne und Töchter Gottes geachtet werden. [...] Letztlich war das Ziel der Botschaft Jesu die Schaffung einer Weltgemeinschaft. Die Menschen aller Kulturen und Religionen sollten miteinander in Frieden leben und in Achtung und Ehrfurcht vor dem Geheimnis des andern."[293]

„Allen aber, die ihn aufnahmen, denen gab er das Anrecht, Kinder Gottes zu werden, denen, die an seinen Namen glauben." (Joh 1,12)

„Aber zugleich dürfen wir hoffen, dass die Hölle leer ist. Wir dürfen der Liebe Gottes vertrauen, dass sie stärker ist als der Hass und die Selbstverschließung der Menschen."[294]

„Und so gewiss es den Menschen bestimmt ist, einmal zu sterben, danach aber das Gericht." (Hebr 9,27)

Für Grün scheinen Gericht und Verdammnis gar nicht nötig zu sein, da alles bereits geheiligt sei:

„Gott wird auf der Erde erscheinen, um die Erde zu heilen und zu heiligen."[295]

Die Bibel dagegen weiß um Gottes Zorn, dem nur diejenigen entgehen, die ihre Verlorenheit erkennen und die Vergebung im Glauben annehmen.

„Denn es wird geoffenbart Gottes Zorn vom Himmel her über alle Gottlosigkeit und Ungerechtigkeit der Menschen, welche die Wahrheit durch Ungerechtigkeit aufhalten, weil das von Gott Erkennbare unter ihnen offenbar ist, da Gott es ihnen offenbar gemacht hat." (Röm 1,18-19)

„Denn wenn du mit deinem Mund Jesus als den Herrn bekennst und in deinem Herzen glaubst, dass Gott ihn aus den Toten auferweckt hat, so wirst du gerettet." (Röm 10,9)

Doch nicht durch ein Bekenntnis des Glaubens, sondern durch ein magisches Verständnis des Abendmahls würde Christus real. Grün geht in römisch-katholischer Tradition von einer Wesensverwandlung (lat.: „Transsubstantiation") aus:

„Wenn das Brot in den Leib Christi verwandelt wurde und wenn in ihm Christus selbst sich uns zeigt, dann heißt das zugleich: Christus ist in allem. Und durch ihn ist alles. Das verwandelte Brot ist wie ein Spiegel, in dem wir die Welt mit neuen Augen sehen. Überall, wo wir Christus in der Monstranz hintragen, bekennen wir: Christus ist dort. Christus ist in den Straßen unserer Stadt, in den Häusern unserer Familien, in den Fabriken und Büros. Er ist in den Blumen und Bäumen. [...]"[296]

Das ist nicht biblische Lehre, sondern Pantheismus. Grün erklärt weiter über die Liebe Jesu, „dass sie letztlich in jedem Menschen ist, auch in dem, der nach außen voller Hass ist. Wenn die Monstranz durch die Welt getragen wird, dann um etwas auszudrücken: dass jeder Mensch letztlich Monstranz ist, dass jeder Mensch Christus in sich trägt. Die Fronleichnamsprozession, so verstanden, möchte unseren Blick auf die Menschen verwandeln. Sie möchte uns einladen, in jedem Menschen Christus zu sehen. [...]"[297]

Und im „Ritual: Alles ist verwandelt" erklärt Grün entsprechend:

„[...] Alles in der Natur ist von Christus durchdrungen, der das Haupt der Schöpfung ist, der alles durchwirkt. Meditiere Dich so in die Schöpfung hinein und stelle Dir vor: Überall begegnest Du Christus, der alles mit seiner Liebe durchdringt, wie es Teilhard de Chardin mit seinem Wort von der ‚Amorisation' ausgedrückt hat. Vielleicht verstehst Du dann das Geheimnis von Fronleichnam, dass nicht nur das Brot der Hostie in Christus verwandelt ist, sondern die ganze Schöpfung von Christus berührt, durchdrungen und verwandelt ist."[298]

Der bereits erwähnte FeG-Pastor Arne Völkel schreibt über Grün:

„Die Texte klagen nicht an und sie fordern nicht. Aber sie fördern ungemein, weil der Pater Gutes für seine Leser will. [...] Er begleitet, indem er lehrt, leitet, tröstet und aufbaut. Nach einem Buch von Anselm ist man ein Stück reicher."[299]

Diese Erkenntnis mag für psychologische Beratung zutreffen. Anselm Grün bewegt sich mit seinen beliebten Lebenshilfen jedoch überhaupt nicht auf biblischem Boden. Vielmehr missbraucht er Bibelstellen und kirchliche Traditionen für einen christlichen Anstrich seiner psychologischen Aufsätze sowie mystischen und esoterischen

Übungen. In Bezug auf die drei Weisen aus dem Morgenland scheut sich Grün auch nicht, von „esoterischer Erkenntnis" und „Gnosis" zu sprechen:

„Wenn ich die Gaben im Blick auf die Weisen deute, die sie mitbringen, dann haben sie eine neue Bedeutung: Das Gold ist Bild für die Unveränderlichkeit, Ewigkeit und Vollkommenheit. Und es ist Bild für die esoterische Erkenntnis. Im Gold bekennen die Weisen, dass Jesus uns den Weg wahrer Erkenntnis führt, dass er uns zur Gnosis, zur Erleuchtung geleitet."[300]

Solche Verlautbarungen entsprechen nicht der Heiligen Schrift. Vielleicht sind Grüns Bücher deshalb so beliebt, weil sie als „wohlklingende Reden und schöne Worte" empfunden werden. Davor warnt die Heilige Schrift jedoch:

„Denn solche dienen nicht unserem Herrn Jesus Christus, sondern ihrem eigenen Bauch, und durch wohlklingende Reden und schöne Worte verführen sie die Herzen der Arglosen." (Röm 16,18)

Hintergründe und Beurteilungen

Anselm Grün wurde am 30.03.2007 sogar die besondere Ehre zuteil, dass ihm der bayerische Staatsminister Eberhard Sinner das Bundesverdienstkreuz verlieh. Er nannte Grün „einen der erfolgreichsten geistlichen Schriftsteller der Gegenwart"[301].

Als Begründung heißt es:
„Besonders verdient gemacht habe er sich in der Begleitung von Priestern und Ordensleuten, in der wirtschaftlichen Leitung der Abtei, aber auch in der Erwachsenen-

bildung, in der Jugendarbeit und in der Lehrlingsausbildung."[302]

Die Tageszeitung „Die Welt" beschäftigte sich am 08.06.2010 intensiver mit dem Phänomen Anselm Grün und bewertete seinen Erfolg überaus kritisch. Der Journalist Alan Posener untersuchte die Wirkungsweise seiner Lebenshilfen und titelte abwertend:
„Wie Anselm Grün & Co die Theologie verniedlichen."[303]

Poseners Kritik deckt sich durchaus mit Anfragen von konservativ evangelikaler Seite:

„Schreibende Ordensleute wie Anselm Grün sind Medienstars. Doch deren banale Auslegungen wecken die Sehnsucht nach beinharten Theologen."[304], schreibt Posener. Als Beispiel für Grüns Banalität führt Posener Grüns tiefenpsychologische Bibelauslegung an:

„Immer wieder deutet er diese Bilder so, dass sie das sagen, was die Leute hören wollen. So ist es nicht etwa Gott, der Abraham befiehlt, seinen Sohn Isaak zu töten, wie es in der Bibel steht. Nein: ‚Es ist Abrahams Bild von Gott, das ihn dazu geführt hat.' Von diesem ‚strengen, kontrollierenden Gott' will Grün nichts wissen; er vertritt eine ‚optimistische Theologie', und für ihn ist darum auch das Jüngste Gericht ‚kein Gericht mit einem Urteil, sondern dieses Wort bedeutet, dass wir ausgerichtet werden auf Gott.'"[305]

Posener ist zudem entrüstet über die unkritische und allzu positive Resonanz:

„Nirgends ruft diese Küchenetymologie auch nur ein skeptisches Lächeln hervor. Die muntere Enthistorisierung, Verniedlichung, Banalisierung und Psychologisierung der Theologie erweckt beinahe Sehnsucht nach einem beinharten Theologen wie Joseph Ratzinger, der in seiner kompromisslosen Enge den Gläubigen wenigstens etwas zumutet. Dieses seichte, aromatherapeutische ‚Ich bin okay, du bist okay'-Christentum kann es doch nicht sein - aber man blickt um sich und sieht, dass die Leute an den Lippen des Predigers hängen, dass sie seine Worte aufsaugen. Und als er sie am Ende auffordert, aufzustehen, die Arme über der Brust zu kreuzen und mit ihm zu beten, da erhebt sich die ganze Kirche und tut es ihm nach. Das Ökumenische, hier wird's Ereignis. Und man erkennt: Anselm Grün bedient eine Sehnsucht nach Trost, die eben nicht nur in Hildesheim wach ist und wächst. [...]"[306]

Posener erwähnt weitere Benediktinermönche und fragt:

„Ist also die Wohlfühltheologie etwas spezifisch Benediktinisches oder eher die Privattheologie eines Anselm Grün? [...] Man mag über seine pseudopsychologische Kuscheltheologie - oder kuschelpsychologische Pseudotheologie - den Kopf schütteln, aber er und die anderen benediktinischen Medienmönche erreichen die Menschen, wie es der Medienpapst Benedikt nie geschafft hat. Längst haben die Gläubigen mit den Füßen und dem Geldbeutel abgestimmt: Wenn sie sich eine Kirche wünschen könnten, Anselm Grün wäre ihr Papst."[307]

Es ist erstaunlich, dass eine säkulare Tageszeitung Anspruch und Qualität der Lebenshilfen von Anselm Grün kritisch bewertet. Das erscheint viel eher nachvollziehbar als die Würdigung, Empfehlung und Verbreitung Grünscher Lehren in evangelikalen Zeitschriften wie „Aufatmen". Hier wird man sich wohl zunächst darauf berufen, dass der dreieinige Gott bei Grün immer wieder erwähnt wird und für ihn auch den Ausgangs- und auch Zielpunkt seiner Lebenshilfen darstellt.

Wie lässt es sich aber erklären, dass im Ganzen die Abweichungen von der biblischen Gesamtlehre so gravierend und zahlreich sind?

Im Rückblick auf das Ende der 1960er Jahre bekennt Grün:

„Wir waren mit vielen ‚alten Zöpfen' nicht mehr einverstanden. Wir rebellierten gegen veraltete Formen."[308]

Die Sehnsucht nach Neuem wurde für Anselm Grün schließlich bei Karlfried Graf Dürckheim (1896-1988) in Todtmoos-Rütte im Schwarzwald gestillt. Dieser Psychologe und Philosoph gilt als „wichtiger Vertreter der Zen-Meditation"[309], die er aus Japan mitbrachte. Er begründete die sogenannte „Initiatische Therapie", die sich „gleichermaßen als meditativer Übungsweg und als tiefenpsychologische Begleitung"[310] versteht.

In dieser Therapie finden sich zahlreiche Methoden wieder, die Anselm Grün auch seinem christlich geprägten Leser als „optimistische Spiritualität" anbietet wie zum Beispiel die Arbeit mit Gebärden, Übungen zur Ganzwerdung und tiefem Einssein sowie transpersonale Erfahrungen zur „Verwirklichung eines dauerhaften Bezugs zur Transzendenz"[311], dem Finden des wahren Selbst und „die Rückbindung an seinen Wesenskern"[312].

Grün bekennt deutlich:
„Diese Entdeckung wurde für mich und für einige Mitbrüder, die vor mir und nach mir in Rütte waren, zu einem wichtigen Schlüsselerlebnis."[313]

Zen-Buddhismus, Tiefenpsychologie, Mystik sowie Ganzheits- und Gestaltpsychologie lernte Anselm Grün vor allem bei Dürckheim kennen und übernahm sie ungefiltert in seine heute überaus beliebten und erfolgreichen Lebenshilfen.

Aufgrund dieser aufschlussreichen Hintergründe und der hier aufgeführten Zitate ist unausweichlich festzustellen, dass Anselm Grün ein anderes Evangelium verkündigt.

„Wie wir es zuvor gesagt haben, so sage ich auch jetzt wiederum: Wenn jemand euch etwas anderes als Evangelium verkündigt als das, welches ihr empfangen habt, der sei verflucht!" (Gal 1,9)

„Denn wenn der, welcher [zu euch] kommt, einen anderen Jesus verkündigt, den wir nicht verkündigt haben, oder wenn ihr einen anderen Geist empfangt, den ihr nicht empfangen habt, oder ein anderes Evangelium, das ihr nicht angenommen habt, so habt ihr das gut ertragen." (2Kor 11,4)

Jeder Leser möge jedoch selber prüfen, ob die Lebenshilfen von Anselm Grün der biblischen Lehre entsprechen.

„Prüft alles, das Gute behaltet!" (1Thess 5,21)

„Lasst euch nicht von vielfältigen und fremden Lehren umhertreiben." (Hebr 13,9a)

Werden diese Lebenshilfen jedoch als unbiblisch erkannt, sind sie nicht mehr Hilfen, sondern Verführung.

Der vorliegende Abgleich der Botschaft von Anselm Grün mit der Heiligen Schrift will niemanden als Person bekämpfen oder verurteilen, sondern in erster Linie das Wort Gottes als allein maßgebliche Quelle und Richtschnur hochhalten. „Sola scriptura" – allein die Schrift soll gelten.

„[...] damit wir nicht mehr Unmündige seien, hin- und hergeworfen und umhergetrieben von jedem Wind der Lehre durch das betrügerische Spiel der Menschen, durch die Schlauheit, mit der sie zum Irrtum verführen." (Eph 4,14)

Wer ist „dieser" Jesus bei Sarah Young?

Die derzeit erfolgreichste christliche Buchautorin in Deutschland ist die US-Amerikanerin Sarah Young (geb. 1946). Ihre Bücher, CDs, Textkarten und Kalender werden angeboten bei den christlichen Buchhandlungen Alpha, Asaph, SCM usw. Besonders junge Frauen sind begeistert von ihren Büchern „Komm zu mir. Briefwechsel mit Jesus", „Ich bin bei Dir. 366 Liebesbriefe von Jesus" und „Immer bei Dir. Liebesbriefe von Jesus".[314] Die 366 Liebesbriefe belegten monatelang Platz 1 der idea-Bestsellerliste.[315]

Der ERF in Österreich empfiehlt diese Ausgabe mit den Worten: „Dieses Buch tut gut. Jesus so direkt und unverpackt präsentiert zu bekommen, ist wie Medizin für eine müde, gestresste Kreatur. Wer dieses Buch zu seinem täglichen Begleiter macht, wird Jesu Stärke täglich neu entdecken."[316]

Was ist das Besondere an Sarah Young? Sie behauptet, neue und spezielle Offenbarungen von Jesus Christus persönlich und direkt erhalten zu haben. Dieses Phänomen ist für bibeltreue Christen in zweierlei Hinsicht zu überprüfen – erstens grundsätzlich und zweitens inhaltlich. Durch die Heilige Schrift hat Gott sich den Menschen bereits offenbart. Diese Offenbarung ist vollständig und ausreichend, um seinen Willen zu erkennen. Außerdem ist sie abgeschlossen und bedarf keiner Neuerung oder Fortsetzung.

> *„Nachdem Gott in vergangenen Zeiten vielfältig und auf vielerlei Weise zu den Vätern geredet hat durch die Propheten, hat er in diesen letzten Tagen zu uns geredet durch den Sohn." (Hebr 1,1)*

„Fürwahr, ich bezeuge jedem, der die Worte der Weis-sagung dieses Buches hört: Wenn jemand etwas zu diesen Dingen hinzufügt, so wird Gott ihm die Plagen zufügen, von denen in diesem Buch geschrieben steht."
(Offb 22,18)

Wer die Offenbarungserkenntnis durch Gottes Wort ver-steht, hat somit eigentlich bereits Klarheit zum Thema „Neue Offenbarungen". Warum also nach der ersten noch eine zweite Prüfung?

Sarah Young ist keine unbedeutende Randerscheinung im evangelikalen Lager. Ihre Bücher haben monatelang Spitzenpositionen in den Bestsellerlisten inne. Aufgrund des immensen Einflusses auf das Gottesbild vor allem von jungen evangelikalen Frauen ist daher eine inhaltliche Prüfung und Abgleichung mit dem Wort Gottes erforder-lich.

In Youngs Büchern wirkt die direkte Ansprache durch Gottes Sohn auf viele Leser erst einmal ungewohnt. Der Charismatiker Colin Urquhart machte mit seinen Büchern „Mein liebes Kind" und „Mein lieber Sohn" den Anfang.[317] Beide Bücher fanden 1992 und 1993 auch in Deutschland reißenden Absatz.

Sarah Young übernimmt diese „Ich"-Botschaften. Das ist nicht ungefährlich. Zum einen sind diese direkten An-sprachen keine biblischen Texte, sondern enthalten sogar einseitige bis bibelwidrige Lehren. Und zum anderen ha-ben „Ich"-Botschaften eine emotionalere Wirkung, die die Leser noch schneller beeinflussen können als rein sach-liche Aussagen. Zudem beansprucht die Autorin, dass Jesus tatsächlich durch sie spricht, was sie dann an ihre Leser weiter gibt. Die Bücher von Sarah Young sind also so geschrieben, als spräche Jesus Christus direkt selber zum Leser.

Wer ist dieser Jesus, den die Autorin kennengelernt hat? Ihre erste Begegnung mit ihm war geheimnisvoll:

„Eines Nachts verließ ich die Wärme unseres gemütlichen Chalets, um in den verschneiten Bergen spazieren zu gehen. Ich wanderte allein durch ein dicht bewaldetes Gebiet und fühlte mich verwundbar und staunte über die kalte, vom Mondlicht beschienene Schönheit. Die Luft war eiskalt und trocken und schmerzte in der Lunge. Plötzlich hatte ich das Gefühl, ein warmer Hauch hülle mich ein. Ich wurde mir einer wunderbaren Gegenwart bewusst, und ich reagierte unwillkürlich damit, dass ich ,Lieber Jesus' flüsterte. Diese Worte waren für mich völlig untypisch, und ich erschrak, als ich mich selbst so liebevoll mit Jesus sprechen hörte. Als ich über dieses kurze Gespräch nachdachte, erkannte ich, dass es die Antwort eines veränderten Herzens war; in diesem Moment wusste ich, dass ich Gott gehörte. Dies war viel mehr als all die intellektuellen Antworten, nach denen ich gesucht hatte. Es war eine Beziehung zum Schöpfer des Universums."[318]

Man bekommt hier den Eindruck, dass Sarah Young von keiner biblischen Bekehrung zu berichten weiß – keine Buße, Reue und Umkehr durch das Erkennen der Sündhaftigkeit und Verlorenheit, keine Furcht Gottes.

„O Gott, sei mir Sünder gnädig!" (Lk 18,13)

„Ich elender Mensch! Wer wird mich erlösen von diesem Todesleib?" (Röm 7,24)

„So tut nun Buße und bekehrt euch, dass eure Sünden ausgetilgt werden." (Apg 3,19a)

Visualisieren – eine geistliche Übung?

Neben einem „warmen Hauch" erlebte Young noch ein „goldenes Licht". Dies geschah, als sie für ihre Familie betete und dabei visualisierte. Sie stellte sich nämlich bildlich vor, wie „Gott jeden von uns beschützte"[319].

Ihre Tochter, ihr Sohn und ihr Ehemann waren von „Gottes Gegenwart umhüllt, die wie ein goldenes Licht aussah. Als ich für mich selbst betete, wurde ich plötzlich von einem strahlenden Licht und einem tiefen Frieden umgeben. Ich verlor jedes Zeitgefühl, als ich auf diese intensive Art Gottes Gegenwart erlebte"[320].

Diese Praxis des Visualisierens ist nicht biblisch geboten, im Gegenteil:

> **„Denn wir wandeln im Glauben und nicht im Schauen."**
> **(2Kor 5,7)**

Die Technik, durch die eigene Vorstellungskraft mit inneren Bildern Unsichtbares und Unreales wirklich werden zu lassen, entstammt dem Schamanismus und der Esoterik. Der südkoreanische Prediger Paul (David) Yonggi Cho hat diese okkulte Praxis als Lehre der „vierten Dimension" durch seine Vorträge und Bücher in den 1980er Jahren unter pfingstlich-charismatisch geprägten Christen auch in Deutschland erfolgreich publik gemacht.[321] Auch bei Sarah Young findet sich die „vierte Dimension". Durch sie könne der Gläubige Göttliches bereits jetzt schon erleben:

„[…] Zusätzlich zu den drei Dimensionen des Raumes und der Dimension Zeit gibt es auch die Dimension der Offenheit für meine Gegenwart. Diese Dimension geht über die anderen hinaus und gewährt dir hin und wieder einen flüchtigen Blick in den Himmel, obwohl du immer noch auf der Erde bist."[322]

Der Christ wandelt im Glauben, d. h. er vertraut auf Gottes Verheißung und erwartet geduldig und demütig ihre Erfüllung. Dem Esoteriker reicht dieses Vertrauen und Warten nicht. Er stellt sich seine gewünschte Realität bildlich vor und vertraut letztlich seiner eigenen inneren Vorstellungskraft. Dem Christen jedoch ist geboten, einfältig, d. h. mit kindlichem Vertrauen und eigener Schwachheit an Christus zu glauben.

> *„Ich fürchte aber, es könnte womöglich, so wie die Schlange Eva verführte mit ihrer List, auch eure Gesinnung verdorben [und abgewandt] werden von der Einfalt gegenüber Christus."* (2Kor 11,3)

Gott erleben geht vor allem Vertrauen, das Schauen geht vor allem Glauben. Denn je mehr man ihn erlebt, desto mehr kann man sich seiner Güte bewusst sein. Das ist zwar keine biblische Lehre, wird aber in einer Offenbarung von Sarah Young so gelehrt:

„Probiere es aus und erlebe selbst, wie gut ich bin! In diesem Gebot steckt die Einladung, meine lebendige Gegenwart zu erfahren. Sie enthält auch eine Verheißung. Je mehr du mich erlebst, umso sicherer weißt du, dass ich gut bin. Dieses Wissen ist wichtig für deinen Glaubensweg. [...]"[323]

> *„Glückselig sind, die nicht sehen und doch glauben!"* (Joh 20,29b)

Horchen – eine geistliche Übung?

Besonders inspiriert wurde Young außerdem von dem Andachtsbuch „God calling" von zwei anonymen Autorinnen, die ein direktes Hören auf Gott einübten:

„Diese Frauen warteten mit Stift und Papier in der Hand still in Gottes *Gegenwart* und schrieben die Botschaften auf, die sie von ihm bekamen. Die Botschaften sind in der ersten Person geschrieben und mit dem redenden ‚Ich‘ ist Gott gemeint."[324]

Direkte Parallelen finden sich bei dem Spiritisten Johannes Greber, der 1932 das Buch „Der Verkehr mit der Geisterwelt" verfasste. Im Abschnitt „Die Ausbildung der Medien" gibt er folgende Anleitung:

Der Auszubildende „[...] beginnt mit einem kurzen Gebet, hält eine Lesung aus der Heiligen Schrift und denkt über das Gelesene nach. Darauf hält er seine Hand mit einem Bleistift auf ein vor ihm liegendes Blatt Schreibpapier und verhält sich abwartend ohne irgendwelche geistige Spannung. Wird er zur Niederschrift von Gedanken gedrängt, die mit großer Bestimmtheit ihm inspiriert werden, so schreibt er sie nieder."[325]

Young begann schließlich, diesen Spiritismus und vor allem den Frauen aus „God calling" nachzuahmen:

„Im folgenden Jahr fragte ich mich, ob ich in den Zeiten, in denen ich vor Gott still wurde, auch Botschaften empfangen könnte. Ich hatte schon seit Jahren Gebetstagebücher verfasst, aber es war eine einseitige Kommunikation gewesen: Der Einzige, der hier sprach, war ich. Ich wusste, dass Gott durch die Bibel zu mir spricht, aber ich sehnte mich nach mehr. Immer mehr wollte ich hören, was Gott mir an einem bestimmten Tag persönlich zu sagen hat. Ich beschloss, mit dem Stift in der Hand auf Gott zu hören und aufzuschreiben, was er meiner Meinung nach sagte. Als ich es das erste Mal probierte, war ich ziemlich unsicher, aber Gott sprach zu mir. Seine Botschaft war kurz, biblisch und treffend. Sie sprach Themen an, die in meinem

Leben sehr aktuell waren: Vertrauen, Angst und Nähe zu Gott. Meine Antwort schrieb ich in mein Gebetstagebuch. [...] Diese regelmäßige Praxis, Gott zuzuhören, hat meine Beziehung zu ihm viel stärker vertieft als irgendeine andere geistliche Übung. Deshalb möchte ich einige Botschaften, die ich von ihm bekommen habe, weitergeben. In vielen Teilen der Welt sehnen sich Christen danach, Jesu *Gegenwart* und seinen Frieden stärker zu erfahren. Die Botschaften, die ich in diesem Buch wiedergebe, sprechen dieses Bedürfnis an."[326]

Die ständig wiederholten Hinweise, auf Gott zu hören, auf seine Stimme zu horchen, erzeugen im Leser einen Druck, mehr diese mystischen Übungen zu praktizieren anstatt Gottes Wort zu lesen.
Der Leser wird auch direkt aufgefordert, diese Praktik zu üben:

„Übe es, mich in stillen Momenten zu suchen und auf mich zu hören. [...]"[327]
„Suche zu jeder Zeit mit aller Kraft meine Nähe. Ich spreche unablässig mit dir. Wenn du mich finden und meine Stimme hören willst, musst du mich mehr suchen als alles andere. [...]"[328]

„[...] Mein Heiliger Geist ist der Regisseur dieses Prozesses. Manchmal stellt er dir Bibelverse vor Augen. Manchmal schenkt er dir die Fähigkeit zu hören, wie ich direkt zu dir ,spreche'. Diese Gespräche stärken dich und bereiten dich auf das vor, was auf deinem Lebensweg vor dir liegt. Nimm dir Zeit, um auf meine Stimme zu hören."[329]

Young erklärt genauer, wie man Gottes „heilige Flüstern" hören könne und erhöht damit beim Leser den Druck, ebenfalls diese Erfahrung zu machen:

„Komm zu mir! *Komm! Komm!* Das ist meine ständige Einladung an dich, die in einem heiligen Flüstern ausgesprochen wird. Wenn dein Herz und dein Verstand still sind, kannst du hören, wie ich dich einlade, näher zu kommen. [...]"[330]

„Obwohl ich der Schöpfer des ganzen Universums bin, habe ich beschlossen, in dir zu wohnen. Dort lernst du mich am besten kennen; dort spreche ich in einem heiligen Flüstern mit dir. [...]"[331]

Der Leser lernt also Gott am besten kennen, wenn er in sich hineinhorcht und nicht, wenn er Gottes Wort liest.

„Ich spreche unablässig mit dir. Es liegt in meinem Wesen, mich mitzuteilen, wenn auch nicht immer mit Worten. [...] Ich spreche leise in den Tiefen deines Geistes, wo ich Wohnung bezogen habe. [...]"[332]
„Wenn du dir Sorgen machst, dann versuche, innezuhalten und meine Stimme zu hören. Ich spreche leise mit dir, in der Tiefe deines Seins. [...]"[333]

„Ich spreche in der Tiefe deines Seins zu dir. Werde still, damit du meine Stimme vernehmen kannst. [...]"[334]

„Du hörst mich in den Tiefen deines Seins, wo ich Wohnung genommen habe [...]"[335]

„Ich spreche aus der Tiefe des Himmels zu dir. Du hörst mich in den Tiefen deines Seins. Eine Tiefe ruft die andere. [...]"[336]

Gott in der Natur und in allem finden?

Sarah Young plädiert nicht dafür, Gott in seinem Wort zu finden, sondern in der Natur, in anderen Menschen und im eigenen Innern:

„Manchmal kannst du mich in deiner Umgebung finden: in einem singenden Vogel, im Lächeln eines geliebten Menschen, im goldenen Licht des Sonnenscheins. An anderen Tagen musst du nach innen blicken, um mich zu finden. [...]"[337]

Dieses „nach innen blicken" hat folgenden Hintergrund:

„Ich spreche aus der Tiefe deines Seins zu dir. [...]"[338]
„Ich wohne in den tiefsten Tiefen deines Seins, in ewiger Einheit mit deinem Geist. [...] Aber tief in dir verläuft eine Goldader, die darauf wartet, entdeckt zu werden. [...]"[339]

Nirgendwo wird der Gläubige im Wort Gottes darauf hingewiesen oder gar dazu aufgefordert, in seinen „tiefsten Tiefen" etwas Göttliches zu suchen oder zu entdecken. Wer Gottes Führung und Kraft im Dienst erlebt und die Frucht des Geistes nach Gal 5,22 ausleben darf, hat bereits die Gewissheit, die Bestätigung und das Zeugnis des Heiligen Geistes in sich.

> **„Der Geist selbst gibt Zeugnis zusammen mit unserem Geist, dass wir Gottes Kinder sind." (Röm 8,16)**

Ein mystisches Suchen oder Entdecken innerer Regungen oder Stimmen ist nicht biblisch geboten. Geistliche Wahrheiten werden nicht gefühlt, sondern erkannt. Es heißt ja auch nicht: „Seid still und spürt (oder fühlt), dass ich Gott bin."

„Seid still und erkennt, dass ich Gott bin." (Ps 46,11)

Nach Young offenbart sich nicht nur Gottes Schöpfungswerk, sondern seine Gegenwart direkt in der Natur. Er selbst sei darin zu finden:

„[…] Segensgeschenke, die meine Gegenwart offenbaren: Sonnenschein, Blumen, Vögel, Freundschaften, erhörte Gebete. Ich habe diese von der Sünde gequälte Welt nicht verlassen; ich bin darin immer noch sehr gegenwärtig. Halte tagsüber die Augen offen, ob du einen solch kostbaren Schatz entdeckst. Sei gewiss: Du wirst mich auf diesem Weg immer wieder finden."[340]

Es geht schließlich so weit, dass Gott sogar „in allem" zu finden sei:

„Wenn du meine Nähe suchst, musst du die Gedanken an anderes beiseiteschieben. Ich bin über allem und auch in allem; […]"[341]

Lässt sich hier eine Nähe zur Lehre des Pantheismus erkennen, dass Gott in allen Dingen sei?

Sind neue Offenbarungen nötig?

Sarah Young reichte die Bibel nicht mehr aus, sie sehnte sich „nach mehr". Sie wollte direkte, neue und frische Offenbarungen. Das überlieferte Wort Gottes schien für sie dagegen alt und nicht so direkt und persönlich zu sein. Bereits bei den ersten Menschen wurde das Wort Gottes relativiert bzw. in Frage gestellt: „Sollte Gott wirklich gesagt haben, ..." heißt es in Gen 3,1. Dies war die Verführung des Teufels. Und wenn auch heutzutage Christen neue Offenbarungen angeboten oder empfohlen wer-

den, zudem mit dem Hinweis, diese seien mehr als „nur"
die Bibel, dann ist das ebenfalls Verführung.

Sarah Young fordert allerdings ihre Leser nicht direkt
auf, diese Praxis nachzuahmen. Da sie aber persönlich
bezeugt: „Diese regelmäßige Praxis, Gott zuzuhören, hat
meine Beziehung zu ihm viel stärker vertieft als irgendeine andere geistliche Übung. [...]"[342], empfiehlt sie indirekt, ebenfalls diese Erfahrungen zu suchen und über das
geschriebene Wort Gottes zu stellen. Auch ein scheinbar
diplomatischer Weg der Verführung zum Spiritismus und
zur Medialität ist dennoch antichristliche Verführung.

Welchen Stellenwert haben die Offenbarungen für Young
selbst? Auf der einen Seite schreibt sie:

„Ich bekomme auch heute noch persönliche Botschaften
von Gott, wenn ich in seiner Gegenwart ruhig werde und
zuhöre. [...]"[343]

Auf der anderen Seite heißt es: „[...] Ich wusste, dass das,
was ich hier niederschrieb, nicht so vom Heiligen Geist inspiriert war wie die Bibel, aber es half mir, enger zu Gott
hin zu wachsen."[344]

Mit diesem „nicht so", was vielleicht ein „nicht so ganz"
ausdrücken soll, relativiert die Autorin zwar etwas die Ins-
piration ihrer eigenen Erfahrungen, benötigt aber außerbiblische Hilfsmittel, um „enger zu Gott hin zu wachsen",
ihm also näher zu kommen. Die Bibel als abgeschlossene Offenbarungserkenntnis reicht ihr nicht aus. Die reformatorische Schlüsselthese „Allein die Schrift" und die
„Allgenügsamkeit"[345] der Bibel ist für sie kein Maßstab. In
der Praxis steht für Young ein mystisches Hören auf neue
Offenbarungen höher als das Lesen und Verstehen der
Heiligen Schrift.

Neue, direkte Offenbarungen außerhalb der Bibel zu erhalten, ist nichts anderes als Schwärmerei. Gott wählte mit seinem geschriebenen Wort ein Mittel, wie er sich den Menschen heute offenbaren will. Unabhängig von diesem Mittel wäre eine sogenannte Gottesunmittelbarkeit möglich. Diese ist aktueller und scheint auch persönlicher und direkter zu sein als eine vor 2.000 Jahren gegebene und abgeschlossene Offenbarung. Die Verführung ist groß, lieber eine unmittelbare Offenbarung zu bekommen. Sarah Young stillt mit ihren Offenbarungen die Sehnsucht ihrer vielen Leser, Gott möglichst einfach zu verstehen.

Hinzu kommt, dass die Botschaften fast jeden Tag das Gleiche beinhalten, von der Art und Weise und auch inhaltlich. Auch wenn verschiedene Themen in nur leicht abgewandelter Form behandelt werden, die Richtung und die Wirkung ist immer die Gleiche. Bereits nach den ersten Zeilen wird deutlich, dass es wieder und wieder um Liebe, Schönheit, Zärtlichkeit, Vertrauen, Genießen, Spüren und Fühlen geht, was regelrecht zu Langeweile führen könnte, doch emotional angesprochene Leser werden es wahrscheinlich lieben. Es scheint, als verfolge Young ein einfaches Schema mit immer gleichen Botschaften, die einem sehr kurz gedacht vorkommen. Problematisch ist vor allem, dass die Einseitigkeit der Themen nicht dem Gottesbild der Bibel entspricht.

Statt zu aktiver, konsequenter Nachfolge und kompromissloser Jüngerschaft herauszufordern, verleiten Youngs Texte eher dazu, den Christen in einer Wohlfühlmentalität, Genusssucht, Bequemlichkeit und Passivität einzulullen. Dem Leser begegnet laufend seichter, sanfter, lieblicher und zärtlicher Zuspruch, niemals Gebote, Aufforderungen oder Ermahnungen. Beim genaueren Hinsehen entdeckt man dann doch einige, wenn auch sehr fragwürdige Gebote, nämlich Licht zu saugen, zu tanken, zu atmen und ein Geheimnis zu verbergen:

„Sauge das Licht meiner *Gegenwart* in dich auf, während du deine Gedanken auf mich richtest."[346]

„Tanke im Frieden meiner Gegenwart auf. [...]"[347]

„Tanke in meiner Gesellschaft auf, atme meine Gegenwart in tiefen Zügen ein. [...]"[348]

„Lerne es, das Geheimnis meiner *Gegenwart* zu verbergen, selbst wenn du mit deinen Pflichten in dieser Welt beschäftigt bist."[349]

Welcher Geist redet solche mystischen und esoterischen Worte? Gerade in Zeiten vermehrter Verführung (2Thess 2,3; 1Tim 4,1) ist Wachsamkeit geboten (Mk 14,38; 1Kor 16,13). „Standhaftes Ausharren" ist ganze 28mal und die Aufforderung, wachsam zu sein, 11mal im Neuen Testament erwähnt. Dies zeugt vom Ernst der Lage im Kampf des Glaubens. Bei Young ist alles viel einfacher. „Sich öffnen" führe in Gottes Gegenwart, Gemeinschaft, Geborgenheit und zu neuen, frischen, persönlichen und direkten Offenbarungen.
Wer sich an diesen Jesus hält, den Sarah Young ihren Lesern präsentiert, wird wohl völlig untauglich für ein Leben zur Ehre Gottes. Auch ein Leiden um Christi Willen ist bei „diesem Jesus" nicht denkbar. Wie anders waren da die Apostel eingestellt?

„Sie nun gingen voll Freude vom Hohen Rat hinweg, weil sie gewürdigt worden waren, Schmach zu leiden um Seines Namens willen." (Apg 5,41)

2013 erschien ein weiterer Band mit neuen Offenbarungen: „Immer bei dir. Liebesbriefe von Jesus". Teilweise enthält dieses Buch jedoch identische Texte aus der 2011 erschienenen Ausgabe „Komm zu mir. Briefwechsel mit Jesus". Zu Beginn erklärt die Autorin:

„[...] Wie bei meinen vorherigen Büchern habe ich auch beim Abfassen dieses Buches immer wieder auf das leise Reden Gottes gehört. Dabei habe ich ständig still gebetet und mich vom Heiligen Geist führen lassen. Ich habe aufgeschrieben, was ich von ihm, der mich liebt, ‚gehört' habe, während ich in seiner Gegenwart war und mich auf sein Reden konzentriert habe. ‚Immer bei dir" ist im selben Stil geschrieben wie ‚Komm zu mir': aus der Sicht Jesu, der zu Ihnen spricht."[350]

Der Leser weiß also gleich, was ihn erwartet: Echte, göttliche Offenbarungen. Was sollen diese bewirken? „[...] Ich wünsche mir, dass Sie die Nähe Jesu jeden Tag deutlicher spüren und dass Ihre Verbundenheit mit ihm immer inniger wird."[351]

Young geht es also nicht um Wachstum in der Erkenntnis, sondern um ein gefühlsmäßiges Spüren, Fühlen und ein Empfinden inniger Verbundenheit. Mit anderen Worten: Es geht nicht um ein Verstehen Gottes durch das Wort, sondern um ein sinnliches Erleben Gottes, es geht nicht um Geist, sondern um Fleisch.

> **„Denn diejenigen, die gemäß [der Wesensart] des Fleisches sind, trachten nach dem, was dem Fleisch entspricht; diejenigen aber, die gemäß [der Wesensart] des Geistes sind, [trachten] nach dem, was dem Geist entspricht." (Röm 8,5)**

Was diese Offenbarungen zum Inhalt haben, dokumentieren die nachfolgenden Zitate mit kurzen Statements aus biblischer Sicht.

Tanzen – eine geistliche Übung?

„Lass dich begeistern. Ich bin das feste Fundament, auf dem du tanzen und singen und unablässig meine Gegenwart feiern kannst. [...]"[352]

„Ich bin das feste Fundament, auf dem du tanzen und singen und meine Gegenwart feiern kannst. [...]"[353]

Bei dem Herrn Jesus und den Aposteln sind Begeisterung und Tanzen nicht der Maßstab, sondern vielmehr Wachsamkeit und Nüchternheit.

„Tanzen, Singen und Beten sind nur einige der Möglichkeiten, wie du deine Begeisterung über mich zum Ausdruck bringen kannst. [...]"[354]

Lehrt das Neue Testament wirklich Tanzen und Begeisterung? Oder geht es vielmehr um Vertrauen, Gehorsam und Treue, um Gottes Ehre auszudrücken.

Ausruhen – eine geistliche Übung?

„Ruhe dich in *meinen ewigen Armen* aus, und genieße die Sicherheit, die ich dir schenke. [...]"[355]

„Komm zu mir, ruhe dich aus und tanke auf. [...]"[356]

„Setz dich ruhig hin, und lass zu, dass mein Friede sich über dich breitet und dass meine liebende Gegenwart dich umhüllt. [...]"[357]

„Ruhe dich im Trost meiner Gegenwart aus, und denke daran, *dass für mich nichts unmöglich ist.* [...]"[358]

„Um etwas loszulassen, das dir viel bedeutet, musst du in meiner Gegenwart ruhen, in der du ‚vollständig' bist. Nimm dir Zeit, im Licht meiner Liebe zu baden. Wenn du dich immer mehr entspannst, öffnet sich immer mehr deine Hand, die sich an etwas klammern will, und legt deinen kostbaren Besitz in meine Hände. [...]"[359]

„[...] Wertende Gedanken werden entlarvt, wenn du in meiner bedingungslosen Liebe badest. Verwirrte Gedanken werden entwirrt, wenn du dich in der Unkompliziertheit meines Friedens ausruhst. [...]"[360]

„Ruhe dich in meiner Gegenwart aus und vertraue mir die Verantwortung für diesen Tag an. [...]"[361]

„Ruhe dich in der Stille meiner Gegenwart aus, während ich dich für diesen Tag vorbereite. [...]"[362]

„Ruhe dich in meiner herrlichen Gegenwart aus. [...]"[363]

„Ruhe dich bei mir aus, mein Kind. [...]"[364]

„Ruhe dich ein wenig bei mir aus. [...]"[365]

„Komm zu mir und ruhe in meinem Frieden. [...]"[366]

„Wenn du still in meiner Gegenwart ruhst, strahlt mein Licht in dir immer heller. [...]"[367]

„Komm zu mir und ruhe dich in meiner Gegenwart aus. [...]"[368]

„Komm zu mir und ruhe dich in meiner Gegenwart aus. [...]"[369]

„Ruhe in meiner Gegenwart, wenn du Erfrischung brauchst. Ausruhen ist nicht unbedingt Trägheit. Wenn du dich in meiner Gemeinschaft entspannst, demonstrierst du damit dein Vertrauen zu mir. [...]"[370]

„Komm zu mir und ruhe dich bei mir aus. Gönne deinem Geist eine Pause von dem ständigen Zwang, alles beurteilen zu müssen. [...]"[371]

Bei vermehrter weltweiter Verführung ist jedoch gerade geboten, alles zu prüfen und zu beurteilen:

> *„Geliebte, glaubt nicht jedem Geist, sondern prüft die Geister, ob sie aus Gott sind! Denn es sind viele falsche Propheten in die Welt ausgegangen." (1Joh 4,1)*

„Nimm dir Zeit, dich in der Liebe und im Licht meiner Gegenwart auszuruhen. [...]"[372]

Bei vermehrter weltweiter Verführung ist wohl kaum die Zeit bzw. geboten, sich auszuruhen.

> *„Der Geist aber sagt ausdrücklich, dass in späteren Zeiten etliche vom Glauben abfallen und sich irreführenden Geistern und Lehren der Dämonen zuwenden werden." (1Tim 4,1)*

> *„Und es werden viele falsche Propheten auftreten und werden viele verführen." (Mt 24,11)*

Entspannen – eine geistliche Übung?

Grundlage der wenigen Gebote in den vielen Offenbarungen ist immer wieder Passivität statt Aktivität, sich auszuruhen und einfach zu entspannen:

„Komm zu mir, entspanne dich in meiner liebevollen Gegenwart, und lass dich vom Licht meiner vollkommenen Liebe tränken. [...]"[373]

„Entspanne dich in meiner heilenden Gegenwart. [...]"[374]

„Komm zu mir und ruhe dich in meiner Liebe und in meiner Gegenwart aus. [...] entspanne dich in meinem Frieden. [...]"[375]

„Entspanne dich in meiner Souveränität, und denke daran, dass ich vor dir hergehe und mit dir in jeden Tag hineingehe. [...]"[376]

„[...] Entspanne dich in meiner Gegenwart und vertraue meiner Kraft."[377]

„Entspanne dich in meiner heilenden, heiligen Gegenwart. *Sei still*, während ich dein Herz und deinen Verstand verwandle. [...] *Lass los, entspanne dich, sei stille und erkenne, dass ich Gott bin!*"[378]

„Entspanne dich in meiner heilenden, heiligen Gegenwart. [...]"[379]

„Lass deinen Körper, Verstand und Geist sich in meiner Gegenwart entspannen. [...]"[380]

„Entspanne dich und lass dich von mir durch diesen Tag führen. [...]"[381]
„Trage meinen Mantel der Gerechtigkeit und fühle dich wohl darin. [...] Entspanne dich im luxuriösen Stoff deines herrlichen Mantels. [...]"[382]

„Entspanne dich *in meinen ewigen Armen*. [...]"[383]

„Entspanne dich im Frieden meiner Gegenwart. [...] Entspanne dich und genieße unsere Freundschaft."[384]

Flüstern – eine geistliche Übung?

Im Neuen Testament ist ausdauerndes und anhaltendes Gebet geboten:

„*Seid beharrlich im Gebet!*" *(Röm 12,12c)*

„*Betet ohne Unterlass!*" *(1Thess 5,17)*

Leser von Sarah Young könnten denken: Warum so aufwendig, wenn ein einfaches Flüstern reicht?!

„Flüstere in liebevoller Zufriedenheit meinen Namen, und sei dir gewiss, *dass ich dich nie verlasse oder im Stich lasse*. Verteile diese friedlichen Augenblicke großzügig über deinen ganzen Tag. Diese Übung wird dir helfen, *Freundlichkeit und Güte* zu entwickeln, und diese Eigenschaften erfreuen mich. [...]"[385]

„Sprich immer wieder meinen Namen, um dich an meine Gegenwart zu erinnern. [...]"[386]
„[...] Wenn du auf mich schaust und meinen Namen flüsterst, befreist du dich davon und empfängst meine Hilfe."[387]

„Wenn du das Gefühl hast, dass du fern von mir bist, dann flüstere meinen Namen. [...]"[388]

„[...] Da du es – vielleicht unbewusst – anderen Menschen recht machen willst, machst du dich zu ihrem Sklaven, und dein Blick richtet sich vor allem auf sie. Wenn dir bewusst wird, dass das passiert ist, dann flüstere meinen

Namen; dieser kleine Vertrauensschritt lenkt deinen Blick wieder auf mich. Während du im Segen meiner Nähe badest, kann mein Leben durch dich zu anderen fließen."[389]

„Lade mich in deine Gedanken ein, indem du meinen Namen flüsterst. Du wirst erleben, dass dein Tag hell und freundlicher wird. [...]"[390]

„Wenn du das Gefühl hast, dass du fern von mir bist, dann flüstere meinen Namen im liebevollen Vertrauen darauf, dass ich antworten werde. [...] Wenn du vertrauensvoll meinen Namen flüsterst, ist das Balsam für meine schmerzenden Ohren. [...]"[391]

„Flüstere mit einer liebevollen Zärtlichkeit meinen Namen. [...]"[392]

„Lade mich in deine Gedanken ein, indem du meinen Namen flüsterst. [...] Schon wenn du vertrauensvoll einfach nur ,Jesus' flüsterst, kann das einen schlechten Tag in einen guten verwandeln. [...] Wenn du meinen Namen flüsterst, reagiere ich nicht nur auf deine Bedürftigkeit, sondern auch auf deine Liebe. [...]"[393]

Das immer wiederholende Flüstern eines Namens ist keine biblische Praxis, sondern eine mantraartige Übung aus der Mystik und dem Hinduismus. Bedient sich Sarah Young, eine christliche Autorin, magischer und fernöstlicher Praktiken? Das klärt sich aufgrund der Definition eines Mantras. Dieses ist „eine meist kurze, formelhafte Wortfolge"[394], auch mit Wiederholungen „des Namens einer Gottheit"[395]. „Mantren können entweder sprechend, flüsternd, singend oder in Gedanken rezitiert werden."[396] Mit welchem Ziel?

„Das Rezitieren eines Mantras kann dem Freisetzen mentaler und spiritueller Energien dienen, oft auch als Gebet."[397]

„Im Klang des Mantras wird die Gottheit [...] gegenwärtig und verfügbar."[398]

Indem Sarah Young durch eine angeblich göttliche Offenbarung darstellt, dass man erstens den Namen Jesus, also einer Gottheit, allein ausspricht, zweitens diesen Namen flüstert und drittens eine „spirituelle" Veränderung erwartet, bedient sie sich einer magischen Handlung, die keinesfalls der biblischen Lehre entspricht.

Atmen – eine geistliche Übung?

Die Empfehlung, kurze Gebete zu wiederholen, baut auf das magische Verständnis auf:

„[...] Sag zum Beispiel: ‚Jesus, fülle mich mit deinem Frieden.' Du kannst diese Gebete so oft aussprechen, wie du willst – wenn nötig, mit jedem Atemzug."[399]

„[...] Wenn du daher in mir verankert bleiben willst, flüstere in jeder schwierigen Situation: ‚Jesus, du bist meine Hoffnung.' Dieses Bekenntnis schenkt dir Kraft und führt dir immer wieder vor Augen, wie wichtig es ist, dass du meine Seite nie verlässt."[400]

Atemübungen, die in Hinduismus und Yoga bekannt sind, greift Young wie das mantraartige Flüstern ebenfalls auf:

„[...] Atme langsam ein und aus, während du dein Augenmerk auf mich richtest. Auch ein einfaches Gebet wie ‚Erfülle mich mit deinem Frieden, Jesus!' kann hier hilfreich sein."[401]

„[...] Atme meine Gegenwart in vollen Zügen ein und halte dich an meiner Hand fest. Gemeinsam können wir es schaffen!"[402]

„Atme mich mit jedem Atemzug ein. [...]"[403]

„Hole tief Luft und tauche in die Tiefen des absoluten Vertrauens zu mir ein. [...]"[404]

„Atme langsam und tief ein und aus. Entspanne dich in meiner heiligen Gegenwart, während *ich mich dir in Liebe zuwende.* [...]"[405]

Kommunizieren mit dem Heiligen Geist – eine geistliche Übung?

Obwohl es in der gesamten Bibel kein einziges Beispiel und erst recht keine Aufforderung gibt, sich im Gebet direkt an den Heiligen Geist zu wenden und ihn anzurufen, findet sich dies jedoch mehrfach bei Sarah Young:

„[...] Bitte den Heiligen Geist, dir auf diese Weise zu helfen. Es ist ihm eine Freude, das für dich zu tun."[406]

„[...] Bitte den Heiligen Geist, durch dich zu denken und zu sprechen. Weil er tief in deinem Innern lebt, kann er leicht auf dich einwirken, aber er wartet darauf, dass du ihn darum bittest. Je öfter du ihn in dein Leben einlädst, desto glücklicher wirst du sein."[407]

„[...] Wenn du merkst, dass du unkontrolliert und überstürzt handelst, bete: ‚Schenke mir Ruhe, Heiliger Geist.'

Wenn du nicht weißt, welche Richtung du einschlagen sollst, bitte ihn, dir den Weg zu zeigen. Wenn du nicht weißt, *wie du beten sollst,* rufe einfach: ,Hilf mir, Heiliger Geist!'"[408]

„[...] Bitte meinen Geist, dir dabei zu helfen."[409]

„[...] Bitte meinen Heiligen Geist, dir zu helfen, diesen Unterschied zu erkennen."[410]

„[...] Bitte meinen Heiligen Geist, der in dir lebt, deinen Tag zu ordnen und deine Gedanken zu kontrollieren, denn *wenn der Heilige Geist dich leitet, dann findest du Leben, Heil und Frieden.*"[411]

„[...] Bitte stattdessen meinen Heiligen Geist, dich von einem Augenblick zum nächsten zu führen."[412]

„[...] Bitte den Heiligen Geist, deine Gedanken zu kontrollieren."[413]

„[...] Bleibe immer mit mir im Gespräch, und bitte meinen Heiligen Geist,
alle Einzelheiten dieses Tages in die Hand zu nehmen."[414]

„[...] *Bitte meinen Geist, deine Gedanken zu regieren, dann schenkt er dir Frieden und Leben.*"[415]

„[...] Bitte meinen Geist, dein geistliches Sehvermögen und Gehör zu schärfen."[416]

„Bitte meinen Geist, deinen Verstand zu beruhigen, [...]"[417]

„Bitte meinen Geist, deinen Verstand ruhig zu machen, [...]"[418]

„Bitte meinen Geist, deinen Geist zur Ruhe zu bringen, damit du meine Stimme *in einem ganz leisen Hauch* in dir vernehmen kannst. [...]"[419]

„[...] Wenn dein Herz schwer ist, bitte ihn, es mit übersprudelnder Freude zu füllen."[420]

„[...] Bitte den Heiligen Geist, dir dabei zu helfen – lade ihn ein, die Herrschaft über deine Gedankenwelt zu übernehmen."[421]

Es folgt wiederum ein „Gebot", dies gefühlsmäßig (wie auch immer) wahrzunehmen:

„[...] Bade in diesem befreienden Licht, während meine heilende Gegenwart dich durchdringt und von Grund auf erneuert."[422]

„[...] Komm zu mir, und bade in meinem Licht, das die Dunkelheit vertreibt und dich mit Frieden durchdringt."[423].

Ungewöhnlich und biblisch nicht direkt bezeugt ist auch, dass Jesus sich mit dem Vater und dem Heiligen Geist nicht als ein Gott, sondern in „Wir"-Form vorstellt:

„[...] Liebe ist das innerste Wesen der Beziehung, in der wir – Vater, Sohn und Heiliger Geist – zueinander stehen."[424]

Ungewöhnlich ist auch, dass Gott äußern würde, stolz über eines seiner Kinder zu sein:

„Ich bin wie ein stolzer Vater, der zuschaut, wie sein Kind laufen lernt [...]"[425]

Lachen – eine geistliche Übung?

Wenn man eigene Wege und nicht die des Herrn geht, empfiehlt Young, nicht Buße zu tun, sondern über sich selbst zu lachen:

„[...] Du kannst entweder den schweren Weg gehen (mich ignorieren) oder den richtigen Weg (nach meinem Willen fragen). Sei dankbar dafür, dass sich deine Gedanken so oft überschlagen, wenn du dich zu sehr in deine unzähligen Pläne hineinsteigerst. In solchen Zeiten kann diese Verwirrung dir helfen, einmal innezuhalten und über dich selbst zu lachen."[426]

„Lerne, über dich zu lachen. [...] Lachen macht deine Last leichter und erhebt dein Herz zum Himmel. Dein Lachen steigt zum Himmel auf und vermischt sich mit dem Gesang der Engel. [...]"[427]

Mit Gott für ein Abenteuer zusammenarbeiten?

Was macht eigentlich den Dienst für Gott aus? Es geht um die selbstlose Nachfolge eines Herrn im Vertrauen und Gehorsam. Gott ist kein gleichberechtigter Partner, sondern eben der Herr. Bei Sarah Young heißt es, mit Gott zusammenzuarbeiten und sich auf „dieses heilige Abenteuer" einzulassen:

„[...] Auch wenn ich der Herr der ganzen Welt bin, so sehne ich mich doch danach, mit dir zusammenzuarbeiten. Wenn du dich auf dieses heilige Abenteuer einlässt, wirst du mehr und mehr zu dem Menschen, den ich im Sinn hatte, als ich dich erschuf."[428]

„[...] Und während du dich mehr und mehr auf dieses wunderbare Abenteuer mit mir einlässt, fülle ich dich bis zum Rand mit meiner grenzenlosen Liebe."[429]

„[...] Ich sehne mich danach, dein Leben zu einem herrlichen Abenteuer zu machen, aber du musst aufhören, dich an Altes zu klammern."[430]

In ihren Büchern wiederholt die Autorin ein „Zusammenarbeiten" anstatt sich Gott auszuliefern und ihn allein Herr sein zu lassen:

„[...] Wenn wir auf diese Weise zusammenarbeiten, verändert sich dein Herz, und du kommst deinem Ziel, dass es ganz mir gehören soll, immer näher."[431]

„Ich lehre dich, einen Frieden zu erfahren, der mehr Macht hat als die Dunkelheit. Arbeite dabei mit mir zusammen. [...]"[432]

„Mit mir zusammenzuarbeiten bringt eine *Herrlichkeit, die alle Vorstellungen übersteigt und kein Ende hat.* [...]"[433]

„[...] Arbeite mit mir zusammen, während ich dein Herz von innen reinige. Und dann strecke mir deine leeren Hände entgegen, um all das zu empfangen, was ich für dich bereithalte. So kannst du bereits jetzt, obwohl du noch in einer kaputten Welt lebst, viele Segnungen genießen."[434]

Fraglich ist auch, ob Gott uns bereits mit allem gesegnet hat (Vergangenheitsform) und wir nun damit leben können oder ob noch Segen fehlt.

„Gepriesen sei der Gott und Vater unseres Herrn Jesus Christus, der uns gesegnet hat mit jedem geistlichen

Segen in den himmlischen [Regionen] in Christus."
(Eph 1,3)

„Da seine göttliche Kraft uns alles geschenkt hat, was zum Leben und [zum Wandel in] Gottesfurcht dient, durch die Erkenntnis dessen, der uns berufen hat durch [seine] Herrlichkeit und Tugend, [...]"
(2Petr 1,3)

Nein, bei Sarah Young ist ein ständig erneutes Erfülltwerden nötig – und das geschieht durch „Warten":

Passiv warten – eine geistliche Übung?

„[...] Während du in meiner Gegenwart wartest, wird mein göttliches Leben in dich hineinströmen und dich mit himmlischen Gütern füllen. Ich möchte, dass du ganz bis zum Rand mit Liebe, Freude und Frieden erfüllt bist. Weil diese göttlichen Gaben aber fortwährend wieder aus dir heraussickern, musst du dich ständig neu von mir füllen lassen."[435]

Diese Aufforderung, zu warten, sich also einfach passiv zu verhalten, findet sich immer wieder in Youngs Offenbarungen:

„Während du in meiner Gegenwart wartest, tue ich mein bestes Werk in dir: *Ich verändere dich, indem ich dich völlig neu ausrichte.* [...] Genieße, während du in meiner Gegenwart wartest, das größte Geschenk, das es geben kann: *Christus mitten unter euch!* [...]"[436]

„Warte geduldig, während ich dich segne. [...]"[437]
„Warte ruhig in meiner Gegenwart, während ich dich segne. [...]"[438]

„Warte still in meiner Gegenwart, während meine Gedanken sich leise in den Tiefen deines Denkens bilden. [...]"[439]

„[...] Deine Rolle in diesem atemberaubenden Schauspiel besteht darin, vertrauensvoll in meiner heiligen Gegenwart zu warten. Das ist der effektivste Weg, um eine tiefe, innige Beziehung zu mir zu entwickeln. Auch wenn es manchmal schwierig ist zu warten, ist der Segen, den du dadurch empfängst, viel größer als die Mühe, die es dich kostet."[440]

„[...] du kannst dich in meinem hellen Licht sonnen."[441]

„Wenn du lernen möchtest, alles, was du tust, in enger Verbindung mit mir zu tun, dann mache es dir zur Gewohnheit, in meiner Gegenwart zu warten, bis ich mich dir offenbare. [...]"[442]

„Du verherrlichst mich in deinem Leib, indem du gut für dich selbst sorgst [...]"[443]

Ist das Jesu Lehre, gut für sich selbst zu sorgen? Oder versorgt Gott einen, wenn man sich um sein Reich sorgt, also eigene Bedürfnisse hinten anstellt?

> **„Darum sollt ihr nicht sorgen und sagen: Was werden wir essen? oder: Was werden wir trinken? oder: Womit werden wir uns kleiden? Denn nach allen diesen Dingen trachten die Heiden, aber euer himmlischer Vater weiß, dass ihr das alles benötigt. Trachtet vielmehr zuerst nach dem Reich Gottes und nach seiner Gerechtigkeit, so wird euch dies alles hinzugefügt werden!"**
> **(Mt 6,31-33)**

Das Leben genießen – eine geistliche Übung?

„Ich freue mich, wenn du mir so sehr vertraust, dass du dein Leben unbeschwert genießt. [...]"[444] „Dein Leben ist ein kostbares Geschenk, und ich möchte, dass du es in all der Fülle, die ich für dich bereithalte, genießt [...]"[445]

Möchte der Herr Jesus das wirklich?

> *„Wer sein Leben liebt, der wird es verlieren; wer aber sein Leben in dieser Welt hasst, wird es zum ewigen Leben bewahren."*
> *(Joh 12,25; vgl. Mt 10,39; 16,25; Mk 8,35; Lk 9,24; 17,33)*

> *„Und sie haben ihn überwunden um des Blutes des Lammes und um des Wortes ihres Zeugnisses willen und haben ihr Leben nicht geliebt bis in den Tod!" (Offb 12,11)*

„Das Wissen, dass deine Zukunft absolut gesichert ist, kann dir die Freiheit schenken, dein Leben heute in vollen Zügen zu genießen. [...]"[446]

Warum ist dies an keiner Stelle im Neuen Testament erwähnt, dass sich Christen diese Freiheit nehmen können? Warum erinnern die Apostel in ihren Briefen nie daran, das irdische Leben „in vollen Zügen zu genießen"? Weil sie ...

> *„[...] nicht mehr für sich selbst leben, sondern für den, der für sie gestorben und auferstanden ist." (2Kor 5,15)*

Sie haben die geistliche, himmlische und nicht irdische Gesinnung, ...

„[...] die noch verbleibende Zeit im Fleisch nicht mehr den Lüsten der Menschen zu leben, sondern dem Willen Gottes." (1Petr 4,2)

„Genieße die strahlende Schönheit meiner Gegenwart. [...]"[447]

„Lass dir von mir meinen Weg für diesen Tag zeigen. Ich will dich immer führen. Du kannst dich also entspannen und meine Gegenwart im Jetzt genießen. [...]"[448]

„[...] Genieße den Rhythmus des Lebens, das du führst, weil du zu mir gehörst."[449]

„Lerne, das Leben mehr zu genießen. Entspanne dich, und erinnere dich daran, dass ich der *Gott* bin, *der mit dir ist.* [...] Je mehr du dich auf meine Gegenwart konzentrierst, umso vollständiger kannst du das Leben genießen. [...]"[450]

Hier stellt sich die Frage, ob man sich selber darum bemühen bzw. lernen sollte, das Leben mehr zu genießen oder ob man es Gott überlässt, dass er solche Momente nach seinem Dafürhalten schenkt.

„Ich wünsche mir so sehr, dass meine Kinder innerlich wach sind und dass es sie begeistert, die Freude meiner Gegenwart zu genießen. [...] Je mehr du dich über mich freust und meine Nähe genießt, desto besser weißt du die Segnungen zu schätzen, mit denen ich dich überschütte. Wenn es in deinem Leben nichts gibt, an dem du dich so sehr erfreust wie an mir, werde ich dich überreichlich segnen. [...]"[451]

Wie dieser Segen konkret aussieht, erläutert Young nicht. Es scheint, als ob es immer nur zum Genießen, Wohlergehen und zur Begeisterung führt. Dass dieser Segen auch mit Prüfungen und Leiderfahrungen zur Ehre Gottes zusammenhängen kann, ist bei Sarah Young seltener erwähnt. Alles ist nur schön, lieblich und wohltuend. Gott ist nur sanft, zärtlich und bejahend bis schmeichelnd. Entspricht das dem biblischen Bild?

„Ihr habt noch nicht bis aufs Blut widerstanden im Kampf gegen die Sünde und habt das Trostwort vergessen, das zu euch als zu Söhnen spricht: ‚Mein Sohn, achte nicht gering die Züchtigung des Herrn und verzage nicht, wenn du von ihm zurechtgewiesen wirst! Denn wen der Herr lieb hat, den züchtigt er, und er schlägt jeden Sohn, den er annimmt.' Wenn ihr Züchtigung erduldet, so behandelt euch Gott ja als Söhne; denn wo ist ein Sohn, den der Vater nicht züchtigt? Wenn ihr aber ohne Züchtigung seid, an der sie alle Anteil bekommen haben, so seid ihr ja unecht und keine Söhne!" (Hebr 12,4-8)

Im Gegensatz dazu tut Gottes Erziehung nach Sarah Young nie weh, denn er will „[...] dich sanft und liebevoll umgestalten"[452].

„Ich gehe sanft und zärtlich mit dir um, [...]"[453]

Young erklärt Gottes Sanftheit im Herzen des Menschen:

„[...] Dort möchte ich innige Gemeinschaft mit dir pflegen; dort möchte ich mit sanfter, leiser Stimme zu dir sprechen."[454]

Schließlich erhält der Leser eine Anweisung, durch welche Praktik man Gott heute zum Sprechen bringen könne. Biblisch ist dieses Vorgehen nicht.

Still werden – eine geistliche Übung?

„[...] Du bist schwach und lässt dich leicht von dem Lärm dieser Welt ablenken. Aber ich möchte dir helfen, meine leise Stimme in deinem Herzen zu vernehmen. Dazu musst du still werden – äußerlich und innerlich. Suche dir einen ruhigen Platz, an dem du von dem Lärm der Welt weitgehend verschont bist. Und dann richte deine Gedanken auf mich aus. *Sei still, und erkenne, dass ich Gott bin.* Komm zur Ruhe, lass alle Sorgen los, und entspanne dich in meiner Gegenwart, während ich mit meiner leisen Stimme zu dir spreche."[455]

„Lass dich von meiner Liebe mit dem Glanz meiner Herrlichkeit umhüllen. Sitze still im Licht meiner Gegenwart und empfange meinen Frieden. Diese stillen Momente mit mir übersteigen alle zeitlichen Dimensionen und bewirken viel mehr, als du dir vorstellen kannst. [...]"[456]

„Werde still im Licht meiner Gegenwart, und lerne von mir, was Liebe wirklich ist. [...]"[457]

Um Gottes Willen zu erkennen, bedarf es also keiner Erkenntnis aus seinem Wort, die man aktiv sucht und versteht. Es scheint viel einfacher zu sein: Man kann ruhig und passiv in seiner Gegenwart entspannen. Überdies wird immer wieder die Erwartung geschürt, dass Gott etwas in dieser passiven Stille bewirken würde:

„[...] Während du still in meiner Gegenwart sitzt, bringe ich Frieden in dein beunruhigtes Denken und Herz. [...] Ruhe in meiner Gegenwart, und dann *wird dein Herz voll Freude sein, und diese Freude kann dir niemand nehmen.*"[458]

„[...] Je mehr du still in meiner Gegenwart sitzt, umso ungehinderter fließt mein Segen in dich hinein."[459]

„Die Praxis, ruhig in meiner Gegenwart zu sitzen, ist eine Kunst, die schon fast verloren gegangen ist, aber genau diese Stille ermöglicht es dir, meine ewige Liebe zu erleben. [...]"[460]

„[...] Ich vollziehe diese Wandlung in dir, wenn du dich meinem Heiligen Geist unterordnest. Ich kann das am besten, wenn du in der Stille meiner Gegenwart sitzt und dich voll und ganz auf mich konzentrierst."[461]

„Wenn du still in meiner Gegenwart sitzt, dann denke daran, dass ich ein Gott des Überflusses bin. [...]"[462]

„Wenn du still im Licht meiner Gegenwart sitzt, kannst du spüren, wie der Friede in dir zunimmt. [...]"[463]

„[...] Sitze still in meiner Gegenwart und lass meine Gedanken dein Denken umwandeln."[464]

„Ich begegne dir in der Stille deiner Seele. Dort spreche ich mit dir. [...]"[465]

Der Reformator Martin Luther hat dieses Stillsitzen auch schon gekannt und alles andere als empfohlen. Die in diesem Buch bereits zitierte Aussage sei noch einmal in Erinnerung gerufen:

„Deshalb mahne ich euch vor solchen verderblichen Geistern, die sagen, ein Mensch empfängt den Heiligen Geist durch stilles Sitzen in der Ecke, auf der Hut zu sein. Hunderttausend Teufel wird er empfangen und nicht zu Gott kommen"[466]

Freier Wille trotz Sündenfall?

Man hat ferner den Eindruck, als sei Gott abhängig vom Willen des Menschen:

„[...] Aber ich habe die Menschen absichtlich mit der Fähigkeit geschaffen, sich zwischen Gut und Böse entscheiden zu können. Liebe, die keine Wahlmöglichkeiten hat, ist nicht echt!"[467]

Hier hätte Young erklären müssen, dass jede Entscheidung für Gott bzw. das Gute nicht ohne sein Wirken geschieht, sonst könnte sich der Mensch aufgrund eigener Bemühung und guter Vorsätze selbst retten.

> *„Niemand kann zu mir kommen, es sei denn, dass ihn der Vater zieht, der mich gesandt hat; und ich werde ihn auferwecken am letzten Tag." (Joh 6,44)*

> *„Denn wir sind seine Schöpfung, erschaffen in Christus Jesus zu guten Werken, die Gott zuvor bereitet hat, damit wir in ihnen wandeln sollen." (Eph 2,10)*

„Ich habe dich nach meinem Bild geschaffen und dir einen freien Willen gegeben. [...]"[468]

In der Tat ist der Mensch nach dem Ebenbild Gottes geschaffen worden (Gen 1,27). Sein Wille jedoch ist durch den Sündenfall nicht mehr frei, Gutes zu tun.

> *„Es ist keiner, der verständig ist, der nach Gott fragt. Sie sind alle abgewichen, sie taugen alle zusammen nichts; da ist keiner, der Gutes tut, da ist auch nicht einer!" (Röm 3,11-12)*

Biblische Lehre ist nicht, dass der Mensch sozusagen auf neutralem Posten wählen kann, ob er auf dem breiten oder den schmalen Weg geht (Mt 7,13-14). Er ist aufgrund der Erbsünde bereits auf dem breiten Weg und muss umkehren.

Weitere Offenbarungen, etwas gefühlsmäßig wahrzunehmen, zum Beispiel ein „himmlisches Licht", bleiben irgendwie abstrakt:

„[...] Während wir über diese Dinge sprechen, lass dich *vom Licht meines Angesichts bescheinen.* Schon bald wird dieses himmlische Licht den Nebel in deinem Kopf durchdringen und dir helfen, die Dinge aus meiner Perspektive zu sehen."[469]

Der aaronitische Segen, den Young anschließend aufführt, ist eben ein Zuspruch und keine Aufforderung:

„Der Herr lasse sein Angesicht leuchten über dir und sei dir gnädig!" (Num 6,25)

„[...] Je mehr du lernst, mich in dein Leben einzubeziehen, desto öfter wirst du ganz konkrete Beispiele dieser göttlichen ‚Zauberkunst' erleben."[470]

„[...] So wird unsere Beziehung immer inniger werden, da du zunehmend darauf angewiesen bist, mich in deinen Alltag einzubeziehen."[471]

Hier ist fraglich, ob sich der Herr Jesus nur einbeziehen lässt in ein Leben oder ob er beansprucht, alles zu verlassen und ihm nachzufolgen.

„Er sagte aber zu einem anderen: Folge mir nach! Der sprach: Herr, erlaube mir, zuvor hinzugehen und meinen Vater zu begraben! Jesus aber sprach zu ihm: Lass

die Toten ihre Toten begraben; du aber geh hin und ver-
kündige das Reich Gottes!" (Lk 9,59-60)

„So kann auch keiner von euch mein Jünger sein, der
nicht allem entsagt, was er hat." (Lk 14,33)

Die gestillte Sehnsucht nach einem leidenschaftlichen Liebhaber? Wer die immer wieder vorkommenden schmeichelnden Formulierungen liest, wird verstehen, warum die Bücher von Sarah Young gerade bei jungen Frauen so beliebt sind:

„Ich betrachte dich mit den Augen eines leidenschaftlichen Liebhabers. [...]"[472]

„[...] Auch ich bin wie ein solcher Liebhaber!"[473]

„[...] trotz deiner Schwächen ist meine Liebe zu dir tief und leidenschaftlich."[474]

„Ich liebe dich leidenschaftlich, [...]"[475]

„Ich möchte, dass du meine Nähe genießt und Ausschau nach den wertvollen Geschenken hältst, die ich entlang des Weges, den wir zusammen beschreiten, für dich platziert habe. [...]"[476]

„[...] Während der ganzen Zeit sehne ich mich jedoch danach, dich in *meinen ewigen Armen* zu halten und dich mit meiner Liebe zu umhüllen."[477]

„[...] Du bist meine Braut, und ich bin der ewige Geliebte deiner Seele."[478]

„Höre dir das Liebeslied an, das ich dir unablässig singe. [...]"[479]

„[...] Ich sang dir ein Liebeslied, das in der Ewigkeit begann und bis in Ewigkeit dauert."[480]

Aufgrund solcher Worte heißt es in einer Rezension bei Amazon schließlich:

„Wow, ist das schön! Als würde Jesus direkt mit dir sprechen und deine Seele streicheln [...]"[481]

Wer ist nun „dieser" Jesus bei Sarah Young?

Nun bleibt abschließend zu klären, welchen Jesus Sarah Young ihren Millionen Lesern vorstellt. Ist es der anbetungswürdige Retter (Jud 25), der zur Selbstverleugnung und bedingungslosen Nachfolge aufruft (Mt 16,24), der „das Haupt jeder Herrschaft und Gewalt ist" (Kol 2,10), der „die Lauen ausspeien wird aus seinem Munde" (Offb 3,16) und „Lebendige und Tote richten wird" (2Tim 4,1)?
Der Jesus, der Sarah Young zur einflussreichen Bestsellerautorin machte, ist, wie nachzuweisen ist, nicht deckungsgleich mit der biblischen Offenbarung.
Es ist damit nicht der Jesus der Bibel, sondern ein „anderer" Jesus. Paulus musste die falsche Toleranz solchem gegenüber bereits den Korinthern klagen:

> *„Denn wenn der, welcher [zu euch] kommt, einen anderen Jesus verkündigt, den wir nicht verkündigt haben, oder wenn ihr einen anderen Geist empfangt, den ihr nicht empfangen habt, oder ein anderes Evangelium, das ihr nicht angenommen habt, so habt ihr das gut ertragen." (2Kor 11,4)*

Einen „anderen" Jesus sollen die, denen die wahre Offenbarung Gottes in seinem Wort noch etwas sagt, nicht annehmen und hinnehmen. Die begeisterten Leser von

Sarah Young dagegen verstehen nicht, dass man diesen ausschließlich liebevollen, zärtlichen Kuschel-Jesus nicht annimmt. Unbiblische Offenbarungen sind als Erkenntnis über Jesus Christus jedoch, geistlich gesprochen, nicht „Milch und feste Speise" (1Kor 3,2), sondern „heilloser Schlamm":

> *„Das befremdet sie, dass ihr nicht mitlauft in denselben heillosen Schlamm, und darum lästern sie; sie werden aber dem Rechenschaft geben müssen, der bereit ist, die Lebendigen und die Toten zu richten." (1Petr 4,4-5)*

Sarah Young glaubt an „ihren" Jesus und verführt Millionen von Lesern mit außerbiblischen, geistlich einseitigen bis falschen und damit unbiblischen Offenbarungen – ganz abgesehen vom Lehrverbot der Frauen gemäß 1Tim 2,11-12.

> *„Denn solche sind falsche Apostel, betrügerische Arbeiter, die sich als Apostel des Christus verkleiden. Und das ist nicht verwunderlich, denn der Satan selbst verkleidet sich als ein Engel des Lichts." (2Kor 11,13-14)*

Neuer Umgang mit Gottes Wort durch Bayless Conley

Zehntausenden Charismatikern, aber auch Evangelikalen in Deutschland sind die, wie es heißt, „superklaren Botschaften", von Bayless Conley „ein echter Segen"[482].

Bekannt ist der US-Pastor vor allem durch die Übertragung seiner Botschaften im TV-Sender „Das Vierte", samstags und sonntags von 9.00 bis 9.30 Uhr sowie in Bibel TV, Super RTL und Tele 5.[483]

Conley ist wohl der beliebteste Fernsehpastor in Deutschland. So kamen am Freitagabend, dem 15.10.2010, fast 1.200 Besucher zur pfingstkirchlichen Christus-Gemeinde Wuppertal (CGW), deren Saal bei 800 Sitzplätzen total überfüllt war. Über 200 konnten noch im Jugendraum einer Videoübertragung beiwohnen. Doch circa 200 Besucher hatten keinen Einlass mehr gefunden, es herrschte Verkehrschaos, Autos wurden abgeschleppt. Ein Ordner berichtete hinterher, dass er eine Frau wegen Überfüllung nicht mehr reinlassen konnte. Diese erklärte ihm verzweifelt: „Sie verbauen mir jetzt den Weg zu Jesus!"

Soweit kann es also kommen, wenn mit „Bayless Conley Live in Wuppertal"[484] sozusagen ein Starprediger angekündigt wird. Bayless Conley warb zu Beginn für fünf seiner eigenen Bücher und sprach ausführlich über die Notwendigkeit von Spenden. Er hielt somit eine Art „Kollektenpredigt". Hier wurde bereits deutlich, mit welchen psychologischen Druckmitteln er seine Zuhörer „gewinnt". Einige Lehren sind aus der Wort-des-Glaubens-Bewegung mit ihrem umstrittenen Wohlstandsevangelium bekannt. Conley streift immer wieder Bibelstellen nur kurz, um dann eigene Erfahrungen, Zeugnisse und unterhaltsame Geschichten zu erzählen. Bei all dem wirkt er sympathisch und nie langweilig. Fast 150 Besucher folgten „dem Ruf nach vorne". Diesen freundlichen und einfühlsamen Ruf trifft man nach Conleys Botschaften häufiger an. Positiv zu erwähnen ist, dass er auch schon mal biblische Themen nüchtern und sachlich entfaltet wie zum Beispiel die Gnade Gottes. Doch leider fehlt bei seinen Aufrufen ein wirklicher Bußruf, umzukehren.[485]

Conley wirbt zwar mit Jesus als Herrn und Erlöser; die Zuhörer erfahren jedoch nicht, wovon sie konkret erlöst und errettet werden. Sie werden nicht mit ihrem Verlorensein konfrontiert. Dass sie aufgrund ihrer Sünde zunächst unter Gottes Zorn und seinem gerechten Gerichtsurteil stehen und die Verdammnis verdient haben, hören sie ebenso wenig, wie ein klares „Kosten überschlagen" zu einer konsequenten Hingabe, Jüngerschaft und Nachfolge Jesu. Man scheint sein altes Leben nicht aufgeben zu müssen, sondern erhält durch „Übergabegebet" (?) lediglich einen Lebenshelfer, der Segen, Erfüllung und Wohlstand schenkt. Dass es wirklich um ewigen Tod oder Leben, Hölle oder Himmel geht, bleibt leider außen vor.

Nach so etwas ähnlichem wie einem „Übergabe-Gebet" hatte Conley in Wuppertal mit den Besuchern noch etwas Besonderes vor:

„Jesus sagt: ‚Bittet und ihr werdet empfangen!' [...] Petrus sagt: ‚Werfet eure Sorgen auf ihn!' Wir sollen also buchstäblich unsere Sorgen und Lasten auf Gott werfen. Und wir werden das durch unsere äußerliche Haltung darstellen, was in unserem Herzen passiert. [...] Eheprobleme, körperliche Krankheiten, deine wirtschaftliche Situation, ein Problem auf deiner Arbeit [...] Was immer es sein mag, was dir die Lebensqualität geraubt hat, die Gott dir geben möchte, wir werden es ihm geben. Manchmal hat Gott in der Bibel Menschen gebeten, Dinge im Äußeren und Sichtbaren zu tun, die dem Glauben in ihrem Herzen Ausdruck verleihen. [...] Und ich möchte, dass ihr einfach eure Hände so vor euch öffnet (wie eine Schale). Und stell dir ein Problem vor, wie es da in deiner Hand sitzt. Deine Last ist dort in deiner Hand. Wenn wir bis Drei zählen, werden wir es einfach zum Herrn hinwerfen. Und Gott wird es nehmen. Wir werden bis Drei zählen - Bist du bereit? Es ist kein Zufall, dass du hier bist heute Abend. [...] Nun, mach dich bereit: *Eins* [...] Stell dir das Problem vor, wie es jetzt in deiner Hand ist. *Zwei* - Mach dich bereit darauf, wenn wir es zu Gott werfen, er wird es dann von uns wegnehmen. Seid ihr soweit? *Drei!* (Wuuusch!) Danke, Herr!"

Unter Geschrei, Jubel und tosendem Beifall wirft die Menge all ihre Probleme nach oben und ist aufgrund der suggestiven Art von Bayless Conley überzeugt: Alle Probleme sind weg. Nur bei wenigen bestehen Zweifel über das, was Conley praktizierte: Ein simpler Akt der Visualisierung statt ernsthafte Gebetsarbeit.

Der Autor dieses persönlichen Berichtes muss zugeben, dass er noch nie so eine spannungsgeladene und bei einigen Beteiligten bestimmt auch Herzklopfen verursachende Verkündigung erlebt hat; wenn man es überhaupt Verkündigung nennen kann. „Man spürt an den Botschaften, dass sie vom Heiligen Geist inspiriert sind."[486], heißt es auf der deutschen Internetseite von Bayless Conley.

Der Autor selber hat gespürt, dass Conley bei Norman Vincent Peale, dem Vater des „Positiven Denkens", gut gelernt hat, wie man Gottes Wort als Zauberformel ge- bzw. missbrauchen kann.

An dem Abend war der Autor übrigens mit einem Freund anwesend, der bisher die TV-Übertragungen gerne gesehen hat. Aufgrund der suggestiven Art von Bayless Conley nimmt dieser jedoch künftig Abstand von ihm.

Am 05.06.2012 war Conley erneut „Live in Wuppertal". Dieses Mal fanden sich nur noch gut ein Drittel Besucher in der CGW ein. Der Autor war wieder mit einem Freund anwesend. Conley begrüßte ihn freundlich mit Handschlag.

Der Autor bat ihn, das Wort zu predigen. Er bestätigte, dies tun zu wollen, was aber aufgrund von wenig Auslegung des Textes nicht wirklich gelang. Der Abend war diesmal nicht so spektakulär wie davor, jedoch blieb ein klarer Bußruf erneut aus. Stattdessen bot er an, öffentlich für Krankenheilung zu beten, was auf seinen charismatischen Hintergrund schließen ließ. Ein Mann rutschte auf der Bühne auf Knien ehrfürchtig direkt vor Bayless Conley. Die Erwartungshaltung ist immens bei diesem Prediger, dessen TV-Sendungen weltweit in über 100 Nationen ausgestrahlt werden.[487]

In Deutschland wurde er ausschließlich von pfingstlich-charismatischen Gemeinden eingeladen. Conley leitet die „Cottonwood Church" in Los Alamitos im US-Bundesstaat Kalifornien. Die Gemeinde versteht sich als „nicht-denominationell"[488], integriert aber mit Lobpreis-Band, Krankenheilung usw. charismatische Elemente. Conley plädiert zum Beispiel für „innere Eindrücke", die in der charismatischen Bewegung als direktes Reden Gottes gleichwertig neben der Bibel stehen. Anhand von Apg 27 deutet Conley über Paulus:

„Er hatte gewissermaßen einen innerlichen Eindruck. Wir können es die leise, sanfte Stimme nennen oder das Reden des Heiligen Geistes oder was auch immer. Aber Gott führt alle seine Kinder durch solche innerlichen Eindrücke, durch solche Wahrnehmungen. Und wir müssen lernen, auf dieses Reden des Heiligen Geistes in unserem Inneren zu hören. Es ließe sich viel Kummer und Schmerz und Verlust vermeiden, wenn Gottes Kinder lernen würden, auf diese innerlichen Eindrücke zu hören."[489]

Die Geistestaufe als zweite Erfahrung

Zum Thema „Wie empfange ich den Heiligen Geist?" hielt Conley 2012 eine sechsteilige Predigtreihe in seiner Gemeinde, die auch im Fernsehen und Internet ausgestrahlt wurde. Bereits in seinem ersten Vortrag plädiert er für die Geistestaufe als zweite Erfahrung nach der Wiedergeburt:

„Manche Menschen glauben, Gott hätte ihnen bereits alles gegeben, was man bekommen kann, als sie errettet wurden. Sie sagen, ich habe den Heiligen Geist empfangen, als ich wiedergeboren wurde, und folgern daraus, dass das alles war. Nun, es gibt einen Heiligen Geist, aber zwei Arten, wie wir ihn erfahren können. [...]"[490]

Conley nimmt auch Bezug auf die einzige Stelle in den neutestamentlichen Briefen, wo von einer Taufe im Heiligen Geist die Rede ist:

> **„Denn in einem Geist sind wir alle zu einem Leib getauft worden, es seien Juden oder Griechen, es seien Sklaven oder Freie, und sind alle mit einem Geist getränkt worden." (1Kor 12,13 ELB)**

„Viele Menschen zitieren diesen Vers und sagen: ‚Ich bin im Leib Christi, also habe ich den Heiligen Geist empfangen. Ich wurde im Geist getauft.' Wenn sie wiedergeboren werden, macht der Heilige Geist ihre neue Geburt in ihrem Inneren zur Realität. Und natürlich ist auch Gottes Gegenwart in ihnen. Aber das ist nicht dasselbe, wie im Heiligen Geist getauft zu werden oder bis zum Überfließen mit dem Heiligen Geist erfüllt zu werden. Bei jeder Taufe müssen drei Voraussetzungen erfüllt werden: Erstens braucht man einen Täufer, zweitens jemanden, der getauft werden soll und drittens ein Element, in dem er getauft werden kann. [...]"[491]

Conley schlussfolgert aus seinen Voraussetzungen also, dass man wie bei der Wassertaufe etwas persönlich spüren und konkret erfahren müsse. Die einzige Bibelstelle zur Geistestaufe ist für ihn keine Realität der Einheit im Leib Christi, die für jeden Gläubigen gilt, sondern eine Erfahrung, die jeder Gläubige nach der Bekehrung noch suchen müsse. Die Geistestaufe, die von Paulus nur in diesem einen Vers erwähnt wird, hat keinen Erlebnischarakter, sondern eine soteriologische Bedeutung. Der Apostel will deutlich machen, dass alle, die gerettet sind, auch alle zu dem einen Leib Christi gehören. Die Geistestaufe weist also auf einen heilsrelevanten Zustand hin und nicht auf eine spürbare Erfahrung, ein Erlebnissoll.

Die klassische Auslegung dieses Verses lautet, dass jeder Gläubige *durch* den Heiligen Geist in den Leib Christi getauft wurde. Die pfingstlich-charismatische Auslegung besagt, dass der Gläubige *mit* dem Heiligen Geist getauft wird, sozusagen als zweite Erfahrung nach der Bekehrung. Demnach gäbe es Christen mit Geistestaufe und Christen noch ohne Geistestaufe, Christen erster Klasse und Christen zweiter Klasse.

Conley widerspricht jedoch auch seinen eigenen Denkvoraussetzungen, wenn er seine Bekehrung erwähnt:

„Als ich in jener Nacht, in der kleinen Missionsstation Jesus mein Leben anvertraute, versetzte der Heilige Geist mich in Gottes Gemeinde, in den Leib Christi. [...]"[492]

Mit dieser Aussage vertritt Conley auf einmal die klassische Auslegung.

Zum Ende seines Vortrags versucht Conley jedoch einen weiteren Hinweis für die Geistestaufe als zweite Erfahrung zu konstruieren. Es geht hierbei um Joh 14,16-17:

„Und ich werde den Vater bitten, und er wird euch einen anderen Beistand geben, dass er bei euch sei in Ewigkeit, den Geist der Wahrheit, den die Welt nicht empfangen kann, weil sie ihn nicht sieht noch ihn

kennt. Ihr kennt ihn, denn er bleibt bei euch und wird in euch sein." (ELB)

„Jesus bezieht sich hier auf die Taufe im Heiligen Geist. Zuerst müssen wir Christus annehmen; das qualifiziert uns für den Himmel und für die Taufe im Heiligen Geist. [...] Die Welt kann den Heiligen Geist nicht empfangen, aber die Welt kann Christus empfangen. [...] Derselbe Heilige Geist – zwei verschiedene Erfahrungen."[493]

Auch in seinem zweiten Vortrag erklärt Conley, dass die Erfüllung mit dem Heiligen Geist eine zweite, von der Wiedergeburt zu unterscheidende Erfahrung ist. Er zitiert Apg 1,4-5.8:

> *„Und als er mit ihnen versammelt war, befahl er ihnen, sich nicht von Jerusalem zu entfernen, sondern auf die Verheißung des Vaters zu warten - die ihr, sagte er, von mir gehört habt; denn Johannes taufte mit Wasser, ihr aber werdet mit Heiligem Geist getauft werden nach diesen wenigen Tagen.*
> *Aber ihr werdet Kraft empfangen, wenn der Heilige Geist auf euch gekommen ist; und ihr werdet meine Zeugen sein, sowohl in Jerusalem als auch in ganz Judäa und Samaria und bis an das Ende der Erde." (ELB)*

„Beachten Sie, dass er nicht sagte, ihr werdet wiedergeboren werden, wenn der Heilige Geist auf euch kommt, sondern ihr werdet Kraft empfangen. Und er sagte, zieht nicht einfach los und fangt an, zu predigen und der Welt von mir zu erzählen; ihr müsst dafür ausgestattet sein. [...]"[494]

Auch in seinem dritten Vortrag wiederholt Conley:

„Die Erfahrung, mit dem Geist erfüllt zu werden, erfolgt nach der Errettung. [...]"[495]

Mit dieser Lehre der Geistestaufe als zweite Erfahrung vertritt Conley eine klassische pfingstlich-charismatische Sonderlehre, die zu zahlreichen Spaltungen geführt hat, da es zwei Arten von Christen gäbe. Es ist fatal, dass ausgerechnet ein Bibelvers, der die Einheit im Leib Christi betonen will, so missverstanden wird, dass dadurch die erwähnte Trennung und Unterscheidung vorgenommen wurde.[496]

Conley wiederholt häufiger diese umstrittene Unterscheidung:

„[...] Vielleicht haben sie den Heiligen Geist noch nicht empfangen, seit sie gläubig wurden?! Natürlich ist die Wiedergeburt vom Heiligen Geist gewirkt, aber der Heilige Geist hat mehr für uns. Es ist eine Sache, vom Heiligen Geist berührt worden zu sein, aus dem Geist geboren zu sein und eine andere, vom Heiligen Geist erfüllt zu sein."[497]

Die zeichenhaften Geistesgaben

Bei den zeichenhaften Gaben aus Mk 16 nimmt Conley keine heilsgeschichtliche Unterscheidung vor.

> *„Diese Zeichen aber werden die begleiten, die gläubig geworden sind: In meinem Namen werden sie Dämonen austreiben, sie werden in neuen Sprachen reden, Schlangen werden sie aufheben, und wenn sie etwas Tödliches trinken, wird es ihnen nichts schaden; Kranken werden sie die Hände auflegen, und sie werden sich wohl befinden." (Mk 16,17-18)*

Die erwähnten Zeichen scheinen für Conley allgemein und zu allen Zeiten zu gelten und keine besondere Bewandtnis zu haben.

„Sie aber gingen hinaus und verkündigten überall; und der Herr wirkte mit ihnen und bekräftigte das Wort durch die begleitenden Zeichen. Amen." (Mk 16,20)

Die Zeichen hatten also keinen Selbstzweck, sondern waren eben spezifische Zeichen für die Wahrheit des Evangeliums. Gott bestätigte die Verkündigung der Apostel durch diese Zeichen, die zuvor schon den Herrn Jesus und auch schon Moses bestätigt hatten.

Conley beansprucht diese apostolischen Zeichen auch für die Christen heute:

„[...] Menschen kommen zum Glauben, und diese Zeichen folgen ihnen unmittelbar. Vielleicht sind sie noch keine 48 Stunden Christen, dann gelten diese Worte von Jesus genau ihnen. Sie gelten gläubigen Christen, ganz gleich, ob sie 5 Minuten oder 50 Jahre Christ sind."[498]

Es ist nicht ungefährlich, Christen von heute mit diesen Wunderzeichen unter Druck zu setzen. Conley fordert:

„Wenn sie Christ sind und Hände haben, sind sie für diesen Vers zuständig."[499]

An anderer Stelle wiederholt Conley zu Mk 16:

„Dieser Auftrag, den Jesus den Jüngern gab, gilt allen Christen in jeder Generation."[500]

Conley trennt den Heiligen Geist vom Wort Gottes, obwohl biblisch bezeugt ist, dass der Geist im Wort und auch nicht unabhängig davon ist:

„Wir brauchen eine frische Salbung vom Heiligen Geist. Wir lieben das Wort Gottes, und es steht in unserem Leben im Mittelpunkt, aber Freunde: Sie brauchen eine frische Berührung vom Geist Gottes. Nur mit dem Wort und ohne Geist trocknen sie aus. Nur mit dem Geist und ohne Wort werden sie aufgebläht. Mit Geist und Wort zusammen werden sie wachsen. Wir lieben das Wort Gottes, aber Freunde, wir lieben auch den Heiligen Geist. Sie müssen einige Zeit in seiner Gegenwart verbringen und einfach warten! Empfangen sie eine frische Salbung und eine frische Taufe im Heiligen Geist! [...]"[501]

Bayless Conley beansprucht auch Krankenheilung für die heutige Zeit. Die in Jesaja 53,5 prophetisch angekündigte Erlösung deutet Conley in einem Vortrag wie folgt:

„Das ist eine dreifache Erlösung für einen dreiteiligen Menschen. Sie sind ein geistliches Wesen. Sie haben eine Seele, einen Verstand, einen Willen und Emotionen. Und sie leben in einem irdischen Körper. Im ersten Teil von Vers 5 heißt es: ‚Doch er war durchbohrt um unserer Vergehen Willen, zerschlagen um unserer Sünden Willen.' Hier geht es um die Sünde. Das setzt unseren Geist frei, das bringt Reinigung, das bedeutet, dass unser Geist von Neuem geboren wird. ‚Die Strafe lag auf ihm zu unserem Frieden.' Freunde, hierin liegt die Erlösung für ihren Geist, für ihre Seele. ‚Durch seine Striemen ist uns Heilung geworden.' Darin liegt Erlösung für unseren Körper. Was Jesus am Kreuz tat, war für die Gesamtheit unserer Existenz. Bitte lassen sie sich das einen Moment lang durch den Kopf gehen. Es beginnt in Vers 4, und ich habe sie das Wort ‚jedoch' sagen lassen. Das bedeutet ‚dennoch', ‚gleich wohl'. Absolut, vollkommen sicher und ohne jeden Zweifel hat er unsere Krankheiten getragen und unsere Schmerzen auf sich genommen. Gott hätte ihn auch sagen lassen können: ‚Jedoch, für unsere Vergehen wurde er durchbohrt. Jedoch für unsere Sünden wurde er zerschlagen.' Und die Gemeinde wäre aufgestanden und hätte Beifall gerufen. Der Herr hätte sagen können: ‚Jedoch die Strafe zu unserem Frieden lag auf ihm.' Aber Gott hat in seiner Weisheit beschlossen, den Teil seines Werks zur Erlösung zu betonen, indem es heißt, dass er unsere Krankheiten getragen hat. Ich will nicht, dass sie diesen Teil versäumen. Das ist so interessant. Der Teil, den Gott betont, ist der Teil, den die Gemeinde oft unberücksichtigt lässt. Von den anderen Teilen sind die wichtigsten sicher die Vergebung für unsere Sünden und die Reinigung unseres Lebens. Aber ich glaube, Gott versteht die menschliche Natur. Der Heilige Geist veranlasste Paulus, den Korinthern zu sagen: ‚Was aber die geistlichen Gaben betrifft, Brüder, so will ich nicht, dass ihr ohne Kenntnis seid. Und genau in dem Punkt, in dem Gott will, dass wir nicht ohne Kenntnis sind, scheinen die Menschen alles dran zu setzen, keine Kenntnis zu erlangen. […] "502

Conley lässt bei diesem Thema völlig außen vor, dass die Erlösung des Leibes von allen Krankheiten und Leiden noch aussteht, wie es der Apostel Paulus betont. Er erwartete und beanspruchte nicht die Heilung aller Krankheiten im irdischen Leben:

„Auch wir erwarten seufzend die Sohnesstellung, die Erlösung unseres Leibes." (Röm 8,23b)

In einem weiteren Vortrag stellt Conley noch deutlicher heraus, dass körperliche Heilung eben doch zum Erlösungswerk Christi gehöre. Für ihn spräche Jesaja 53,4-5 so deutlich, dass er klar feststellt:

„Wissen Sie was? Sie müssen diese Verse falsch zitieren, um sich davon auszugrenzen. Sie handeln von unserer wunderbaren Erlösung in Jesus Christus, die Geist, Seele und Körper einschließt. [...] Das ist die vollkommene Erlösung für den ganzen Menschen."[503]

Conley will diese Erlösung für den Körper auch jetzt schon im irdischen Leben beanspruchen. Diese Erlösung sei ja schon vollbracht und müsste daher schon jetzt wirksam sein. Warum aber selbst die Apostel Krankheit erleiden mussten und die vollbrachte Heilung nicht beansprucht haben, übergeht Conley ebenso wie die oben genannte Erklärung des Apostels Paulus in Röm 8,23b.

Conley vergleicht das Erlösungswerk mit einem Buffet:

„Ich weiß, dass die Vergebung der Hauptgang ist – Gott sei Dank! Sie allein wäre schon genug. Aber wenn der Preis, der dafür bezahlt wurde, auch den Salat des Friedens und das Dessert der Heilung beinhaltet, warum sollten wir uns das nicht holen?"[504]

Das Wohlstandsevangelium

Eine weitere Sonderlehre, die vor allem in der extrem charismatischen Wort-des-Glaubens-Bewegung etabliert ist, ist das sogenannte Wohlstandsevangelium. Demnach würde Gott wie im Alten Bund auch im Neuen Bund die Gläubigen mit materiellem Wohlstand segnen. Auch für Bayless Conley ist Reichtum ein Zeichen für den Segen Gottes. Noch mehr:
„Jedes Kind Gottes hat ein Recht auf Segen und Wohlergehen."[505], verkündet Conley in einem Vortrag.
Als Bibelstellen dazu nennt er sowohl alttestamentliche, als auch neutestamentliche Stellen:

> *„Der Segen des Herrn, der macht reich, und eigenes Abmühen fügt neben ihm nichts hinzu." (Spr 10,22 ELB)*

„Gott wird uns segnen, und alle Enden der Erde werden ihn fürchten." (Ps 67,8 ELB)

„Gepriesen sei der Gott und Vater unseres Herrn Jesus Christus! Er hat uns gesegnet mit jeder geistlichen Segnung in der Himmelswelt in Christus." (Eph 1,3 ELB)

„Gott hat bereits Ja zu jedem geistlichen Segen gesagt. Und jeder geistliche und materielle Segen kommt durch den Heiligen Geist. Es geht nicht nur um den geistlichen Segen, den wir haben. [...]"[506]

Conley unterscheidet nicht zwischen äußerlichem Segen im Alten Bund und innerlichem Segen im Neuen Bund, zwischen materiellem und geistlichem Segen. Er kennt scheinbar kein heilsgeschichtliches Denken.

Das Reich Gottes im Neuen Bund ist nicht an Äußerlichem (Essen, Trinken usw.) festzumachen, sondern an einem gehorsamen Glaubensleben (Gerechtigkeit), an die Versöhnung mit Gott (Frieden) und an eine Haltung des fröhlichen Dankens und Lobens (Freude):

„Denn das Reich Gottes ist nicht Essen und Trinken, sondern Gerechtigkeit, Friede und Freude im Heiligen Geist." (Röm 14,17)

Doch Conley bleibt dabei: Wenn im Alten Bund materieller Reichtum als Segen Gottes erwähnt ist, dann gilt das auch den Gläubigen heute.

„Der Herr macht arm und macht reich; er erniedrigt, aber er erhöht auch." (1Sam 2,7)

Conley zitiert diese Schriftstelle und versucht, den christlichen Glauben für seine Zuhörer attraktiv zu machen:

„Ihr Geschäftsleute: Gott möchte sie führen und zukünftige Trends und Entwicklungen zeigen. Sie können ihrer Zeit voraus sein, wenn Gott sie leitet. Und das wird er tun. Ich sage ihnen, es ist wunderbar, im Geschäftsleben vom Heiligen Geist erfüllt zu sein. [...]"[507]

Zu Beginn eines Vortrags über Wohlstand versucht Conley moderat sich von Extremlehren abzugrenzen:

„Leider ist die Frage des Wohlstands in einigen Kreisen in ein unbiblisches Extrem abgeglitten."[508]

Er verspricht, allein nach dem biblischen Befund zu dem Thema zu fragen und stellt fest:

„Gott ist an mehr interessiert, als an unserem geistlichen Leben, liebe Freunde! Wir sind geistliche Wesen, wir haben eine Seele, leben in einem physischen Körper und existieren in einer materiellen Welt. Und das Leben im Überfluss, das Jesus gebracht hat, betrifft nicht nur unseren geistlichen Zustand, sondern auch unsere Beziehungen. Jesus will, dass wir reiche, lebendige, gesunde Ehen und Familien und Freundschaften haben. Er will auch, dass wir in emotionaler Hinsicht, aber auch materiell und physisch Leben im Überfluss haben. Das ist Gottes Plan. [...]"[509]

Conley erklärt, dass dieser Wohlstand vor dem Sündenfall vorhanden war und durch Jesus wieder hergestellt wurde:

„Er will für sie immer noch Fülle und Gesundheit und die Stillung all ihrer Bedürfnisse. Jesus, den das Neue Testament ‚letzter Adam' nennt, kam, um das in Ordnung zu bringen, was der erste Adam zerstört hatte. Er kam, um uns wieder Leben im Überfluss zu ermöglichen. Er will unsere Bedürfnisse so reichlich stillen, dass wir noch anderen etwas abgeben können. [...]"[510]

In einem Rundbrief zum Thema „Wie erlangen wir Wohlstand?" findet Conley ohne Ausschweifungen deutliche Worte. Im Untertitel heißt es zunächst rhetorisch:

„Ist Wohlstand etwas Schlechtes? Will Gott Wohlstand für mich?"[511]
Die Antwort ist klar: Conley zitiert Joh 10,10 nach der Amplified Bible:
„Ich bin gekommen, damit sie ihr Leben genießen und es in aller Fülle bis zum Überfluss haben."[512]

„Das ist es, was Jesus Ihnen und mir geben will."[513], erklärt Conley. Dass Gott Wohlstand will, stellt Conley bei dem persönlichen Gruß des Apostels Johannes an Gajus in 3Joh 2 fest:

> *„Geliebter, ich wünsche, dass es dir in allem wohl geht und du gesund bist, wie es deiner Seele wohl geht."*
> *(3Joh 2 ELB)*

Conley erklärt:
„Das ist ein dreifacher Segen – ein dreifacher Wohlstand. Das griechische Wort, das hier verwendet wird, bedeutet Erfolg in geschäftlichen Angelegenheiten, materiellen Wohlstand und ‚Gesundheit, wie es unserer Seele wohl geht'. Hier geht es also um materiellen, körperlichen und geistlichen Segen! Die ganze Bibel hindurch wird uns immer wieder Gottes Herzenshaltung gegenüber seinen Kindern offenbart. Er möchte, dass es seinen Kindern gut geht, dass sie erfolgreich und an Körper und Seele gesund sind und ihr Leben in Ganzheit und aller Fülle genießen. [...]"[514]

Conley ist vom Wohlstandsevangelium überzeugt und verkündet, dass „der Gehorsam immer mit Segen verknüpft ist"[515], nämlich mit materiellem Segen:

„In Jesaja 1,19 heißt es bei Luther: ‚Wollt ihr mir gehorchen, so sollt ihr des Landes Gut genießen.' Dahinter steckt ein Prinzip: Wenn wir bereitwillig und gehorsam sind, werden wir gesegnet."[516]
Glaube und Gehorsam hat demnach automatisch Segen und Wohlstand zur Folge.

„Ehre den Herrn mit deinem Besitz und mit den Erstlingen all deines Einkommens, so werden sich deine Scheunen mit Überfluss füllen und deine Keltern von Most überlaufen." (Spr 3,9-10)

Hierzu erklärt Conley:
„Diese Segensverheißungen waren natürlich damals an Menschen gerichtet, die in einer Agrargesellschaft lebten. Das Maß für ihren Wohlstand waren Trauben und Weizen und Viehherden. Und Gott sagt: ‚Wenn ihr mich ehrt, indem ihr mir euer Erstes und Bestes bringt, wird dadurch Segen in eurem Leben möglich.' Und dieses Prinzip lässt sich auch heute anwenden, selbst wenn wir keine Schafherden haben oder Korn anbauen. Übertragen sie das Prinzip einfach auf ihre Lebenssituation. Gott sagt: ‚Ich werde dein Bankkonto überfließen lassen.' [...]"[517]

Conley verdeutlicht wiederholt Wohlstand als Normalität im Leben eines gehorsamen Gläubigen:

„Wenn wir innerhalb seiner Grenzen leben, werden wir Gottes reichen Segen erfahren, ob es nun um unsere Sexualität, unsere Finanzen oder unsere Beziehungen geht. [...] Wir alle wollen Gottes Segen in unserem Leben. Die Bibel sagt in Sprüche 10,22: ‚Der Segen des Herrn, der macht reich und eigenes Abmühen fügt neben ihm nichts hinzu.' Gottes Segen macht uns reich, und das wirkt sich auf unser ganzes Leben aus: Auf unsere Gesundheit, unsere Beziehungen, unseren Frieden, unser Wohlergehen. Die Bibel spricht von all diesen Dingen als den Früchten von Gottes Segen. Wir sollten nie vergessen, dass Gott mehr Segen für uns im Sinn hat, als wir uns vorstellen können. Gott ist ein Gott des Überflusses. Kürzlich las ich von dem Sabbatjahr, das Gott für Israel festgesetzt hatte. [...]"[518]

An dieser Stelle nimmt Conley folgende Bibelstelle zum Anlass, um materiellen Wohlstand als Segen Gottes zu verdeutlichen:

„So [sollt ihr wissen:] Ich will im sechsten Jahr meinem Segen gebieten, dass [das Land] den Ertrag für drei Jahre liefern soll." (Lev 25,21)

Gott gab dem Volk Israel nicht das Doppelte, sondern sogar das Dreifache an materiellen Segen. Für Conley ist das erstaunlich:

„Aber so ist Gott: Er gibt uns mehr als genug. [...] Sehen wir uns 5. Mose 28 an! Die Segnungen, die hier aufgelistet sind, gelten sowohl für Abraham und seinen direkten Nachkommen, als auch für uns. Im Neuen Testament heißt es:,Wenn ihr aber des Christus seid, so seid ihr damit Abrahams Nachkommenschaft und nach der Verheißung Erben.' [...]"[519]

Conley überträgt damit die materiellen Segnungen aus dem Alten Bund direkt in den Neuen Bund.

In einem Vortrag zu dem Gruß an Gajus im 3Joh erklärt Conley, dass materieller Wohlstand auch den Gläubigen heutzutage gilt:

„Doch wenn wir sagen, das gilt nur für Gajus – für ihn hat Johannes gebetet, dass es ihm körperlich, seelisch und wirtschaftlich gut geht, auf uns lässt sich das nicht übertragen – dann können wir ebenso gut auch den Rest des Briefes ignorieren. Nein, dieses Prinzip gilt uns allen. Gott ist an jedem Bereich unseres Lebens interessiert. Hier ist von einem dreifachen Wohlergehen die Rede. [...]"[520]

Schließlich gehöre dieser auch zum Werk der Erlösung:

„Christus hat etwas getan, das sich auf alle Bereiche unseres Lebens auswirkt. In Jesaja 53 heißt es: ‚Die Strafe lag auf ihm zu unserem Frieden.‘ Meine Strafe! Wissen Sie, wie hier das Wort für Frieden lautet? Shalom – innerliches und äußerliches Wohlergehen. [...]"[521]

Zweifellos ist im Neuen Testament bezeugt, dass Gott die notwendigen Grundbedürfnisse des Gläubigen erfüllen will. Echter materieller Wohlstand, Überfluss und Reichtum dagegen widerspricht sowohl der Lehre der Kreuzesnachfolge, als auch des Lebensstils der Apostel. Diese waren eben nicht wohlhabend und genossen ihr Leben, sondern erlitten Verfolgung, Not und Mangel:

> **„Bis zu dieser Stunde leiden wir Hunger und Durst und Blöße, werden geschlagen und haben keine Bleibe."**
> **(1Kor 4,11)**

War dieser Zustand ein Ausrutscher oder eine Ausnahme, die nicht der Rede wert ist? Ganz im Gegenteil: Für den Apostel Paulus entsprachen diese Umstände den Forderungen des Kreuzes. Seine Hingabe in der Kreuzesnachfolge gibt er den Korinthern und letztendlich allen Bibellesern als Vorbild:

„So ermahne ich euch nun: Werdet meine Nachahmer!"
(1Kor 4,16)

Nicht Wohlstand und Genuss sind der Normalzustand eines Christen, sondern Verfolgung, Entbehrung und Leid:

„Und alle, die gottesfürchtig leben wollen in Christus Jesus, werden Verfolgung erleiden." (2Tim 3,12)

„So lasst uns nun zu ihm hinausgehen, außerhalb des Lagers, und seine Schmach tragen!" (Hebr 13,13)

D.R. McConnell schlussfolgert als Charismatiker dazu:

„Jesus hat nicht das Kreuz auf sich genommen, damit die, die ihm nachfolgen, sich den Lüsten dieser Welt hingeben. Ganz im Gegenteil können nur diejenigen, die Jesu Kreuz zum eigenen Kreuz machen, sich überhaupt ‚Nachfolger' nennen. Jene aber, die lehren, Ziel und Weck des Kreuzes sei gewesen, die Gläubigen mit weltlichem Reichtum auszustatten, sollten sich noch einmal die Worte des gekreuzigten Messias vergegenwärtigen: ‚Wer mein Jünger sein will, der verleugne sich selbst, nehme sein Kreuz auf sich und folge mir nach' (Markus 8,34). [...] Die Glaubenslehrer sehen im Kreuz in erster Linie den Nutzen, den es dem Gläubigen bringt, wie z.B. den Wohlstand. Mit dieser Predigt geben sie ihren Anhängern eine Denkrichtung, die der wahren Bedeutung des Kreuzes total zuwiderläuft."[522]

Conley überträgt das biblische Prinzip von Saat und Ernte nicht nur auf das Wort Gottes bzw. Geistliches, sondern auch auf Materielles:

„In 1. Korinther 15,38 steht, dass Gott jedem Samen seine eigene Beschaffenheit gibt. Das heißt, es gibt verschiedene Arten von Samen, und je nach Art werden sie Frucht bringen. Wenn man Weizen sät, wird man Weizen ernten, wenn man Apfelsamen sät, dann wächst ein Apfelbaum. Wenn man Mais sät, wächst Mais. Im Natürlichen verstehen wir das, aber es gilt auch im Geistlichen, für den Umgang mit Gottes Wort. Jede Verheißung sagt uns, welche Ernte wir daraus bekommen werden. Verheißungen der Heilung werden Heilung bringen. Verheißungen des Friedens bringen Frieden. Verheißungen der Errettung bringen Errettung. Verheißungen der materiellen Versorgung bringen Versorgung. [...]"[523]

Conley hat hierbei nicht nur bloße Versorgung im Blick, sondern grundsätzlich die Überwindung jedes finanziellen Problems:

„Manchmal scheint es, als ob der Teufel die Oberhand in ihrem Leben hat. Vielleicht haben sie eine schlimme Krankheit oder ihnen geht es finanziell sehr schlecht. Vielleicht haben sie familiäre Probleme oder eine Sucht. Auf jeden Fall scheint es so, als lägen sie in Ketten. Ich versichere ihnen: Wenn sie zulassen, dass der Same von Gottes Wort in ihr Leben kommt und sie ihn beschützen und wachsen lassen, dass wird er schon bald Sieg bringen in ihrem Leben, im Namen Jesu. [...]"[524]

Energisch ruft Conley diese Worte seiner Gemeinde und seinen Fernsehzuschauern zu. Diese lernen, dass ihr Leben noch erfolgreicher ist und noch mehr Sieg bringt, wenn sie ein Leben mit Gott führen. Diese Verschiebung eines Lebens mit geistlichen Segnungen zu einem Leben mit irdischen Segnungen einschließlich materiellen Wohlstands, ist aufgrund der Beifallbekundungen von Conleys Zuhörern sehr attraktiv. Sie brauchen bloß Glauben investieren, um das Leben genießen und auch finanziell ohne jegliche Notlage sein können.

Biblischer Glaube hingegen lebt in der Abhängigkeit von Gott und seines Reiches, und in der Unabhängigkeit eigener Bedürfnisse. Der Glaube scheint bei Conley eine Investition zu sein, wie der Mensch sein irdisches Leben erfolgreicher und siegreicher führen kann – und das alles unter Einbeziehung von Gott und seinem Wort. Gott lässt sich jedoch nicht einfach einbeziehen, sondern will der Herr des menschlichen Lebens sein. Gott verfügt über den Glaubenden und nicht der Glaubende über Gott. Der Glaubende dient Gott und folgt seinem Willen. Gott dient nicht dem Glaubenden und folgt dessen menschlichen Willen. Der Glaubende trachtet nach Gottes Reich und nicht Gott nach den irdischen Wünschen des Glaubenden. Letztendlich ist Conleys Botschaft attraktiv und erfolgreich aufgrund seiner wachsenden Zuhörerschaft, weil sie, die Zuhörer, selbst im Mittelpunkt zu stehen scheinen. Es geht um ihre eigenen, individuellen und persönlichen Bedürfnisse und Problemlösungen, auch materieller Art. Conley verspricht auch materielles Wohlergehen. Dies macht er jedoch nicht plump und direkt, sondern eher unauffällig, indem er zunächst Bibelstellen erklärt und geistliche Prinzipien verdeutlicht. Das ist vielen Zuhörern durchaus eine echte geistliche Hilfe, besonders bei ethischen Themen.[525]

Jedes Mal, wo aber die heilsgeschichtlichen Zusammenhänge nicht beachtet werden, kommt Conley im Verlauf seiner Verkündigung zur Sonderlehre aus der extrem charismatischen Wort-des-Glaubens-Bewegung: Materieller Wohlstand und irdisches Wohlergehen. Diese scheint das Ziel vieler seiner Botschaften zu sein und bleibt daher stärker im Bewusstsein hängen und richtet die Zuhörer entsprechend aus.

Direkte Kommunikation mit dem Teufel

Bekannt ist in der charismatischen Bewegung auch eine direkte Kommunikation mit dem Teufel, auch wenn diese biblisch nicht geboten ist. Bei bestimmten Problemen empfiehlt Conley:

„[...] Sagen sie einfach: ‚Teufel, wenn du unbedingt willst, dann verhandle mit Gott darüber, denn ich habe die Sache ihm gegeben.'"[526]

Für diese Aussage erntet Conley in seiner Gemeinde Applaus.
Da Conley sich beim Beten vom Teufel abgelenkt fühlte, schrieb er alles auf, was nach dem Beten noch zu erledigen wäre. Er beschreibt folgende Konversation:

„Ich schrieb alles auf und sagte dann: ‚Okay, Teufel, gibt es noch etwas? Du hilfst mir. Ich werde erst eine Stunde lang beten und dann werde ich das alles erledigen. Fällt dir noch etwas ein, an das du mich erinnern willst, damit ich es nicht vergesse?' Nach einiger Zeit half er mir nicht mehr. [...]"[527]

An anderer Stelle demonstriert Conley energisch eine ausführlichere Auseinandersetzung mit dem Teufel:

„Manche von ihnen sollten einfach aufstehen und sagen: Teufel, genug ist genug! Ich widerstehe dir in Jesu Namen! Du wirst mich nicht mehr unterdrücken oder in Depression stürzen!' Stehen sie auf und schütteln sie es ab. Sagen sie: ‚Teufel, du wirst weder meine Familie spalten noch meine Ehe zerstören! In meinem Leben regiert die Liebe. Meine Ehe und meine Kinder sind gesegnet. Auf meinem Haus liegt die Gnade Gottes und du hast hier keinen Platz. Ich werde freundlich reden und meine Frau lieben wie

Christus die Gemeinde geliebt hat. Ich werde mich meinem Mann unterordnen wie es in der Bibel steht und dir, Teufel, werde ich jede Tür vor der Nase zuschlagen!' Stehen sie auf und schütteln sie es ab! Heh, wann haben sie zum letzten Mal ein energisches Gebet gesprochen? Der Teufel hat sich an ihre Kinder herangemacht und sie haben nichts dagegen unternommen. Gehen sie ins Gebet! Führen sie einen kleinen Kriegstanz auf! Übernehmen sie in Jesu Namen Autorität über den Teufel! Und sagen sie: ,Finger weg von meinen Kindern!' [...]"[528]

„Logos" und „Rhema"

Conley plädiert für das sogenannte Rhema-Wort, dessen Lehre ebenfalls wie das Wohlstandsevangelium aus der extrem charismatischen Wort-des-Glaubens-Bewegung stammt. Dabei wird unterschieden zwischen dem geschriebenen Wort der Bibel, dem Logos, und dem sich „ereignenden" Rhema-Wort. Dieses Wort kommt nicht vom Verstehen und Erkennen, sondern vom Hören und Spüren; es kommt nicht (nur) vom Buchstaben, sondern vom Geist. Der Heilige Geist würde dies spontan dem Gläubigen eingeben. Das Wort Gottes wird damit nicht (nur) verstanden, sondern erfahren, es wird nicht erarbeitet, sondern gespürt – und das mit sichtbaren Auswirkungen auf eigene, spezielle Lebensumstände. Während die Bibel als Logos-Wort eher nur die theoretische Grundlage bedeutet, wird vom Rhema als besonders gesalbtes Wort mehr Vollmacht erwartet. Dieser eher schwärmerische Umgang mit Gottes Wort ist selbst innerhalb der charismatischen Bewegung umstritten.[529]
Eine inhaltliche Unterscheidung der beiden griechischen Begriffe Logos und Rhema ist in der Bibel nicht auszumachen. Es ist daher eine charismatische Sonderlehre.[530]

Auch Bayless Conley leitet seine Gemeindeglieder und Fernsehzuschauer zur Anwendung des Rhema-Wortes an:

„So werden sie am bösen Tag siegen, indem sie sich mit dem Logos Gottes füllen, und dann wird ihnen der Heilige Geist das Rhema-Wort geben."[531]

Zur Versuchung Jesu in der Wüste (Mt 4) warnt Conley zu Recht vor dem Missbrauch des Wortes Gottes durch die Strategie des Teufels:

„Wenn sie das Wort Gottes nicht kennen, dann wird er sie täuschen. Er wird es verdrehen und den Kontext verändern, genau wie mit Jesus. [...]"[532]

Beachtet man manche Schwerpunkte in der Verkündigung von Bayless Conley, scheint er aber selbst der Gefahr zu erliegen, das Wort Gottes zu missbrauchen und wegen Missachtung der heilsgeschichtlichen Zusammenhänge den Kontext zu verlassen. Dies führt zu charismatischen Lehren vom sogenannten Rhema-Wort, Visualisierung und materiellen Wohlstand.

Das Leben genießen mit Joyce Meyer

4.741.155 „Gefällt mir"-Angaben[533] bei Facebook erhält „Joyce Meyer Ministries", der Dienst der bekanntesten, erfolgreichsten, einflussreichsten und beliebtesten Predigerin der Welt. Damit stellt sie sogar den erfolgreichsten Komponisten populärer Musik aller Zeiten, Ex-Beatle Paul McCartney, in den Schatten, der sich „nur" über 4.709.767 „Gefällt mir"-Angaben[534] freuen darf.

117 Bücher der Predigerin haben sich mehr als 21 Millionen Mal verkauft.[535] Sie wurden in über 100 Sprachen übersetzt.[536]

Pauline Joyce Hutchison Meyer (geb. 1943), die nachfolgend kurz Joyce genannt wird, strahlt ihre Sendung „Das Leben genießen" in über 60 Sprachen aus.[537]

Ihr Missionswerk „Joyce Meyer Ministries" mit Hauptsitz in Fenton/Missouri (USA) beschäftigt 500 Angestellte.[538] 800 sind es in 14 Büros weltweit.[539] 2012 wurden vom deutschen Büro in Hamburg 550.000 Magazine und Monatsbriefe versendet.[540]

Ihre Artikel, Bücher und Predigten beinhalten oft Erfahrungen aus ihrem eigenen Leben, dass sie zum Beispiel als Kind von ihrem Vater mehrfach sexuell missbraucht wurde. Ihre Hauptbotschaft ist, dass Gott jeden Menschen ändern und auch alte Verletzungen heilen kann. Ihre Vorträge kreisen sich zumeist um ihr Hauptthema: „Das Leben genießen". Sie leitet an zu einem glücklichen und geistlich sowie finanziell erfolgreichen Leben. Mit zahlreichen Alltagsbeispielen will sie zur Bewältigung von persönlichen Krisen, charakterlichem Fehlverhalten und Selbstmitleid verhelfen. Ein Aufruf zu Umkehr und Buße, um gerettet zu werden, gehört nicht zum Repertoire ihrer Lebenshilfen.

Joyce hat keine theologische Ausbildung, beruft sich aber auf eine direkte Schule durch den Heiligen Geist:

„Ich hatte nicht das Vorrecht, eine theologische Ausbildung zu bekommen, da ich bereits einen Mann und drei Kinder hatte, als ich mich von Gott dazu beauftragt fühlte, über die Bibel zu lehren. Aber ich kann euch sagen: Ich bin durch die Ausbildung des Heiligen Geistes gegangen und habe mir die Aufgabe gestellt, in jeder Situation etwas von Gott zu lernen. [...] Ich konnte nicht einem Professor auf einem theologischen Seminar lauschen, aber ich hatte die Gelegenheit, dem Heiligen Geist im Supermarkt zu lauschen. In vielerlei Hinsicht halte ich das sogar für die bessere Ausbildung. [...]"[541]

Joyce fühlt sich von Gelehrten unabhängig und verrät: „Für Theologen bin ich ein Alptraum."[542]
Karsten Huhn, Redakteur beim evangelischen Nachrichtenmagazin „ideaSpektrum", ergänzt in einer Analyse zu Joyce:

„Theologen mit 12 Abschlüssen würden bei ihr Hautausschlag kriegen. Manchmal müsse sie im Inhaltsverzeichnis der Bibel suchen, um die Bücher zu finden, sagt sie, aber das mache nichts."[543]

Im Anschluss an ihre Vorträge wird in den TV-Sendungen Werbung für Hilfsprojekte und Medien von Joyce gesendet. Für ihr Buch „Powergedanken" wirbt Joyce voller Stolz: „Ich bin begeistert von dem neuen Buch, das ich geschrieben habe. [...]"[544] In ihrem Rundbrief „Das Leben genießen" werden ihre Bücher stets als Bestseller angepriesen:

„Tu dir was Gutes. ‚Gut aussehen. Gut fühlen. 12 Schlüssel für ein gesundes, erfülltes Leben'"[545]

„100 Dinge, die das Leben leichter machen. [...] Joyce Meyer erklärt, wie man Stressfaktoren reduzieren oder

beseitigen kann, die ansonsten unseren Tagesablauf ver-
komplizieren, vollstopfen und verhindern, dass wir unser
Leben wirklich genießen."[546]

„Ja, es geht! Du bekommst, was du denkst. Also denk positiv! Powergedanken. 12 Strategien für einen Sieg auf
dem Schlachtfeld der Gedanken."[547]

Markus Spieker, ARD-Hauptstadtkorrespondent, hat diese Strategien untersucht und kommt zu einer eindeutigen Beurteilung:

„Zu den von ihr aufgelisteten ‚Power-Gedanken' gehören:
– ‚Ich werde nicht in Angst leben.' – ‚Ich lasse mich nur selten beleidigen.' – ‚Ich bin zufrieden und emotional stabil.'
– ‚Ich bin selbstdiszipliniert und kontrolliert.' Klingt gut.
Leider ist Joyce Meyer auf dem Holzweg. Denn Autosuggestion funktioniert – wie zahllose wissenschaftliche Ex-
perimente beweisen – nur sehr begrenzt. Tatsächlich wird
unser Bewusstsein vor allem von unserem Unbewussten
gesteuert, von Prägungen und unserem Umfeld. Und um
das alles zu verändern, reichen keine Ansagen an sich
selbst."[548]

Joyce und ihr Publikum

Joyce geht selbstbewusst auf der Bühne auf und ab. An
einem Pult startet sie oft mit einem Bibelvers, den sie jedoch nicht wirklich auslegt, sondern als Sprungbrett für
ihre lebenspraktischen Ratschläge dient. Auf humorvolle
Weise stellt sie mit starker Mimik, Grimassen und Gebärden immer wieder Selbstmitleid bloß oder illustriert damit Heuchelei und anderes Fehlverhalten. Dies führt nicht
selten zu regelrechten Begeisterungsstürmen. Bleibt die
Begeisterung im Publikum schon mal aus, spornt Joyce

ihre Zuhörer an, ihr Beifall zu klatschen mit Worten wie:
„Ich lehre besser als ihr reagiert!"[549] und:
„Ich lehre besser als ihr applaudiert!"[550] und:
„Nun kommt, ich lehre besser als ihr reagiert!"[551] und:
„Nun kommt schon, ich predige besser als ihr euch verhaltet!"[552]
„Nun, ich mag meine Botschaft. Ich weiß nicht, ob ihr sie mögt, aber ich mag sie! [...]"[553] – Eine weitere Aussage, die entsprechenden Beifall auslöst.
„Kommt schon! Das ist eine gute Predigt heute Abend!"[554], heißt es selbstbewusst bei einer weiteren Konferenz. Am Ende eines Vortrags versetzt sich Joyce in eine kritische Zuhörerin:

„[...] ‚Ich weiß nicht, ob mir dieser Vortrag gefällt!' Wisst ihr was? Ich bin glücklich, denn selbst, wenn er euch nicht gefällt, Gott gefällt er. Der Himmel tobt heute."[555]

Joyce weiß sich im Willen Gottes:
„Ich weiß nicht, was ich als Nächstes sagen werde. Aber was immer ich sagen werde: Es wird richtig sein, weil ich mit dem Heiligen Geist gesalbt bin!"[556]

„[...] Ich weiß nicht, wie es euch geht, aber in mir brennt heute das Feuer des Heiligen Geistes."[557]

„[...] Ich weiß nicht, wie es euch ergeht, aber ich fühl' mich, als sei das Feuer Gottes in meinem Bauch. Ich predige viel und mach' das schon seit langem an vielen Orten und ich sage euch: Das hier ist keine Predigt von Joyce Meyer, sondern ein Wort von Gott! Das ist ein Wort von Gott!"[558]

„Seht mich an, ich will euch etwas sagen: Ihr verschwendet viel zu viel Zeit mit viel zu vielen Dingen, die ihr nie verstehen werdet. Also warum hört ihr nicht auf, Zeit zu verschwenden und beginnt damit, euer Leben zu genießen und Gott Gott sein zu lassen? Amen? Wuh! Halleluja! Ich spüre heute den Kick des Heiligen Geistes. [...]"559

Joyce ist äußerst selbstbewusst und verkündet:
„Manchmal wünschte ich, ich könnte bei den Leuten einen Reißverschluss aufmachen und sie mit meinen Einsichten voll stopfen [sic!]. Ich fühle heute Abend das Feuer Gottes in meinen Knochen!"560

Selbstbewusstsein kommt auch in ihren Büchern zum Ausdruck:
„Betrachten Sie dieses Buch als Gebrauchsanweisung, die Ihnen zeigt, wie Sie das Beste aus jedem Lebensbereich herausholen können."561

Joyce' Hauptbotschaft: Das Leben genießen

Nahezu jeder Vortrag von Joyce enthält einen Hinweis oder eine Aufforderung, das irdische Leben zu genießen:

„Genießt euer Leben! Genießt euch selbst! [...] Ich will, dass ihr euer Leben genießt und dass ihr euch selbst genießt!"562

„Ihr werdet niemals glücklich sein, wenn ihr euch selbst nicht genießen könnt. Ihr müsst lernen, gerne mit Gott, aber auch mit euch selbst zusammen zu sein. [...]"563

Wohl im Wissen, dass die Bibel von Selbstverleugnung spricht, erklärt Joyce dagegen:
„Ich erlaube euch, euch selbst zu mögen! Habt ihr gehört? Ich erlaube euch, euch selbst zu mögen! [...]"564

„Ich will euch heute Abend etwas klar machen: Gott wird euch nie dabei helfen, jemand anders zu sein. Also beruhigt euch und beschließt, euch selbst zu mögen, denn Gott wird euch nie dabei helfen, jemand anderer zu sein. [...]"565

„Wir sollen davon überzeugt sein, dass uns nichts von Gottes Liebe trennen kann. Als zweites müssen wir lernen, uns selbst zu lieben. Wer sich nicht selbst liebt, kann auch keinen anderen lieben. [...] Ich liebte mich nicht selbst. Ich mochte mich nicht. Jetzt hört mir zu: Ihr könnt nicht etwas weitergeben, was ihr selbst nicht habt. [...]"566

Joyce scheint ihren Zuhörern ein genussvolles, problemfreies, entspanntes und leichtes Leben vorzustellen:

„Alle sind von ganzem Herzen dabei, wenn es um das ‚Gib mir' geht. ‚Gib mir, gib mir, gib mir mehr, mehr, mehr, mehr. Gib mir, gib mir mehr, mehr, mehr.' Und Gott möchte das. Er möchte euch all diese Dinge geben, die ihr euch wünscht. [...]"567

„[...] Doch wisst ihr was?! Wenn ihr euer Vertrauen auf Gott setzt, könnt ihr euer Leben genießen, während er eure Probleme löst. Na, hört sich das nicht gut an? Ich sagte, ihr dürft euer Leben genießen, während Gott eure Probleme löst. So ist das! [...]"568

In einem Vortrag erklärt Joyce, wie man den Feiertag heiligen soll:

„[...] Nehmt euch wenigstens einen von sieben Tagen Zeit, um eine langsamere Gangart einzulegen und Gott zu ehren an dem Tag. Arbeitet nicht, sondern verbringt Zeit mit der Familie! Und jetzt kommt etwas Schockierendes – seid ihr bereit? Tut etwas für euch selbst, das ihr wirklich genießt! Seht ihr, ihr wisst nicht einmal, ob es geistlich ist, wenn ihr jetzt klatscht!,Ich soll etwas für mich tun, das ich genieße?'"[569]

Joyce erklärt, für welchen Zweck Gott den Menschen noch auf der Erde belässt und ihn noch nicht in den Himmel nimmt:
„Ja, er lässt euch hier, damit ihr das Leben genießen könnt, aber für noch viel mehr als das. Es geht darum, seine Hände und Füße auf der Erde zu sein, seine Augen und seine Stimme. [...]"[570]

„Du bist total wichtig für Gott, und er will, dass du dein Leben genießt; er liebt dich. Es gibt etwas, dass niemand sonst auf genau dieselbe Weise tun kann wie du. Deshalb liebe dein Leben! [...]"[571]
„Entwickle dir selbst gegenüber gesunden Respekt und liebe dich auf eine wertschätzende Art und Weise. Ja, schätz' das wert, was Gott geschaffen hat. Meine Güte, ihr seid so großartig. Ihr solltet euch jeden Tag feiern! [...]"[572]

Ohne es biblisch zu belegen, meint Joyce:
„Ich denke, die Bibel zeigt uns immer wieder, dass wir unser Leben lieben sollen. [...]"[573]

In der Tat zeigt die Bibel immer wieder etwas über Selbstliebe. Die Richtung dieser Aussagen ist jedoch zur Hauptbotschaft und zum Motto von Joyce völlig konträr:

„Er sprach aber zu allen: Wenn jemand mir nachkommen will, so verleugne er sich selbst und nehme sein Kreuz auf sich täglich und folge mir nach." (Lk 9,23; vgl. Mt 16,24; Mk 8,34)

„Wer sein Leben liebt, der wird es verlieren; wer aber sein Leben in dieser Welt hasst, wird es zum ewigen Leben bewahren." (Joh 12,25)

„Und sie haben ihn überwunden um des Blutes des Lammes und um des Wortes ihres Zeugnisses willen und haben ihr Leben nicht geliebt bis in den Tod!" (Offb 12,11)

Ohne es konkret zu belegen, erklärt Joyce auch, wie man biblisch mit Geld umgeht:

„Ihr müsst mit euren Finanzen tun, was das Wort sagt, nämlich einen Teil davon geben, einen Teil sparen und einen Teil ausgeben. Gott will, dass ihr genießt, was ihr habt. [...]"[574]

Außerdem behauptet Joyce, ohne es biblisch zu belegen, es gäbe eine Aussage Jesu, man solle das Geld genießen:

„Jesus hatte kein Problem damit, über Geld zu sprechen. Er sprach viel darüber. Er wies die Menschen an, es zu geben. Er sagte ihnen, dass sie es nicht lieben und vorsichtig damit umgehen sollten. Er sagte ihnen, sie sollten es genießen. [...]"[575]

Materieller Wohlstand durch Jesu Erlösungswerk?

Joyce bekennt sich indirekt zum Wohlstandsevangelium:

„Ich werde immer wieder gefragt: ‚Sind sie eine Wohlstandspredigerin?' Und ich sage dann: ‚Na, ja, eine Armutspredigerin bin ich jedenfalls nicht. Dann bin ich wohl eine Wohlstandspredigerin.' [...]"[576]

In einem kurzen Rückblick über ihren Verkündigungsdienst erwähnt Joyce, wofür Jesus Christus gestorben ist:

„Ich wusste nicht viel, weil ich nicht viele Predigten gehört hatte. Ich war unglücklich, obwohl ich wiedergeboren war. Deshalb will ich unbedingt Menschen helfen, das Leben zu genießen, denn dafür ist Jesus gestorben. [...]"[577]

Immer wieder begründet Joyce, dass Wohlergehen zum Ziel und Zweck der Erlösung gehöre:

„Jesus ist nicht gestorben, damit wir es schwer haben. [...]"[578]

Jesu Erlösungswerk schließt für Joyce materiellen Wohlstand mit ein:

„Jesus ist schon für euch gestorben, damit ihr das Beste haben könnt: Gerechtigkeit steht bereit, Friede steht bereit, Freude, Wohlstand, Gunst. [...]"[579]

Ausführlicher erklärt Joyce noch in einem weiteren Vortrag, wofür Christus gestorben ist:

„Er ist gestorben, damit wir wiederhergestellt werden und ganz entspannt mit dem Vater zusammen sein können, also von ihm vollkommen und bedingungslos angenommen sind und unser Leben genießen, damit wir Freude an uns selbst haben können und an Gott, an unserer Familie, der Welt um uns und an der von Gott gegebenen Arbeit. Jesus sagte, der Dieb kommt, zu stehlen, zu töten und zu zerstören. ‚Aber ich bin gekommen.' – Halleluja, er ist gekommen! ‚Aber ich bin gekommen, damit ihr euer Leben habt und genießt.' [...]"[580]

Für Joyce gehört nicht nur die Sündenvergebung zum Erlösungswerk Jesu, sondern auch die Möglichkeit, ein gutes Leben auf Erden genießen zu können:

„Er kam, um für uns zu sterben, damit unsere Sünden vergeben werden und wir in den Himmel kommen können. Aber das ist nicht alles, wofür er gekommen ist. Natürlich ist das das Wichtigste, denn die Ewigkeit ist erheblich länger als die Zeit, die wir hier auf der Erde verbringen, aber er starb auch, damit wir hier ein gutes Leben haben können. [...]"[581]

Sagte der Herr Jesus: „Genießt euer Leben!"?

Das Ziel zu haben, das Leben zu genießen, legt Joyce dem Herrn Jesus in den Mund, indem sie Joh 10,10 ausweitet:

„Jesus hat gesagt: ‚Ich bin gekommen, damit ihr Leben habt, es genießt und es im Überfluss habt.' Jesus starb, damit wir leben, ein schönes, wahrhaftiges und gutes Leben. Oder? Und als Letztes will ich euch sagen: Ihr müsst anfangen, Freude an euch selbst zu haben, denn ihr könnt euer Leben nicht genießen, wenn ihr euch selbst nicht leiden könnt. [...]"[582]

Einleitend schreibt Joyce in ihrem Andachtsbuch „Der richtige Start in den Tag":

„Gott möchte, dass Sie Ihr Leben genießen. Jesus sagte: ‚Ich bin gekommen, damit sie das Leben haben *und* genießen und es im Überfluss haben (in Fülle, bis es überfließt)' (Johannes 10,10). [...]"[583]

Joyce behauptet sogar, dass derjenige sündigt, wenn er sein Leben nicht genießt:

„‚Ich bin gekommen, damit ihr euch am Leben freut!' Ich gehe sogar soweit zu behaupten, dass wir sündigen, wenn wir unser Leben nicht genießen. [...] ‚Ich bin gekommen, damit ihr überfließendes Leben habt und es genießen könnt!' [...] Lasst mich mit einer Hausaufgabe schließen, die jeder tun kann und die nicht so schwer ist: Soll ich euch ein Geheimnis verraten? Ihr werdet euer Leben nie genießen können, wenn ihr nicht anfangt, euch selbst zu genießen! Fangt also am besten gleich damit an, euch selbst zu mögen! [...] Trefft die Entscheidung euer Leben zu genießen! Genießt euch selbst! Genießt Gott! [...]"[584]

Die Lehre der Selbstliebe soll auch Auswirkungen auf die Hölle haben:

„Immer wenn ich diese Botschaft predige, liebe ich es, die Hölle zum Zittern zu bringen, wenn ich sage: ‚Ich mag mich! Ich mag mich wirklich!' [...]"[585]

„Vor ein paar Jahren habe ich beschlossen, mein Leben zu genießen, meinen Dienst zu genießen und mich selbst zu genießen. Ich mag mich! Und es macht den Teufel verrückt, wenn ich das sage. [...]"[586]

Joyce möchte nicht mehr tote Religion befolgen, sondern das Leben genießen, was Jesus angeboten hätte:

„[...] Aber ich sage euch eines: Vor etwa fünfzehn Jahren hatte ich den toten, trockenen, gesetzlich-religiösen Müll satt! Und ich habe in der Bibel gelesen, dass der Dieb nur kommt, um zu töten, zu stehlen und zu zerstören. Aber Jesus sagt: ‚Ich bin gekommen, damit ihr das Leben habt und genießt, ein Leben in Fülle, so voll, dass es überfließt.'"[587]

In einem weiteren Vortrag begründet sie ausführlicher ihre Version zu Joh 10,10:

„‚Ich bin gekommen, damit sie Leben haben und es genießen ...' – Ich liebe das! – ‚... und es im Überfluss haben.'
– in der Fülle, bis es überfließt. Genießt ihr euer Leben?
Genießt ihr euer Leben?"[588], fragt Joyce energischer. Sie
wünscht, dass jeder nach einer Zeit der Klärung von Problemen in seinem Leben folgendes Ziel erreicht:

„Aber dann kommt ihr endlich an den Punkt, an dem ihr
morgens aufwacht und euer erster Gedanke ist: Ich liebe
mein Leben! Liebt ihr euer Leben? Ich möchte, dass ihr
euer Leben liebt und es nicht nur ertragt, auch nicht das
Leben eines Anderen führen wollt, sondern euer Leben
liebt. Liebt ihr euch selbst? Habt ihr eine gute Beziehung
zu euch selbst? Oder seid ihr sehr kritisch und verurteilt
euch selbst? Bringt ihr einen Großteil eurer Zeit damit zu,
euch schuldig zu fühlen? Jesus sagt: ‚Der Dieb kommt nur,
um zu stehlen. Aber ich bin gekommen, damit ihr das Leben haben und es genießen könnt.' Wow! [...]"[589]

In einem weiteren Vortrag verschränkt Joyce ihre Arme
und sagt:

„Ich erinnere mich noch an den ersten Morgen, an dem
ich sagen konnte: Ich liebe mein Leben! [...] Doch ich habe
mich entschieden vor ungefähr zwanzig Jahren, alles daran zu setzen, um das Leben lieben zu lernen. Ich sage
euch, es war ein ziemlicher Kampf, denn mir fehlte da
die Routine. Es ist eine lange Geschichte, aber manchmal
beginnt alles einfach mit dem Wunsch: Ich möchte mein
Leben genießen! [...]"[590]

„Wir üben das mal, sagt: Ich liebe mein Leben! [...]"[591]

Das erfüllte Leben, welches der Herr Jesus anbietet, ist
ein Leben mit geistlicher Qualität und nicht nur mit weltlichen und damit vergänglichen Freuden. Er betont an

anderer Stelle, dass er eben nicht das gibt, was die Welt bloß geben kann:

„Frieden hinterlasse ich euch; meinen Frieden gebe ich euch. Nicht wie die Welt gibt, gebe ich euch."
(Joh 14,27a)

„Ganz gleich, wie viele Verheißungen Gott euch gegeben hat; ich verspreche euch heute: Wenn ihr eine negative Einstellung habt, dann werdet ihr (und auch ich) nie das genießen können, was Jesus uns durch seinen Tod geben möchte. [...]"[592]

Joyce und der Teufel

Joyce macht sich viele Gedanken um den Teufel:

„Du kriegst mich nicht, Teufel! [...] Und ich glaube an jedem Tag in meinem Leben, dass es dem Teufel leid tut, mich jemals belästigt zu haben. An jedem Tag. Ich glaube, dass er in der Hölle jeden Tag sagt: ‚Ich wünschte, wir hätten sie in Ruhe gelassen.' Und dasselbe kann auch bei dir geschehen. [...] Fordere deine Belohnung ein: ‚Gott, ich erwarte eine zweifache Wiedergutmachung für meine Schwierigkeiten!' [...]"[593]
„Ich bin nur eine Einzelperson, du bist eine Einzelperson. Aber ich sag' euch: Eine Person, die Gott vollkommen hingegeben und unterworfen ist, bringt die Hölle zum Zittern. Jeden Tag, wenn du deine Füße auf den Boden stellst, zittert die Hölle. Ich habe gebetet, dass wenn ich meine Füße morgens auf den Boden stelle, die Dämonen schreien: ‚Sie ist wieder aus dem Bett!' [...]"[594]

Joyce hat von der extrem charismatischen „Wort-des-Glaubens-Bewegung" die JDS-Lehre („Jesus died spiritually", zu Deutsch: „Jesus starb geistlich") übernommen, die auch „Lehre von der Identifikation" genannt wird.[595]

Demnach hätte Christus erst in der Hölle den Sieg über den Teufel vollbracht und den Preis bezahlt:

„Er ist ans Kreuz gegangen, er hat für unsere Sünden bezahlt, er ist gestorben. In jenen drei Tagen ist er in die Hölle gegangen, hat Satan die Schlüssel der Hölle und des Todes weggenommen, ist zurückgekommen [...]"[596]

In einem Buch erklärt sie über Jesu Tod:

„In dieser Zeit ging er in die Hölle, wo du und ich aufgrund unserer Sünde eigentlich rechtmäßig hingehören. Hier bezahlte er den Preis. [...] Jesus bezahlte für uns am Kreuz und in der Hölle. [...]"[597]

Im gleichen Buch heißt es einleitend sogar:

„Du kannst nicht in den Himmel kommen, es sei denn, du glaubst, dass Jesus deinen Platz in der Hölle eingenommen hat."[598]

Die JDS-Lehre geht davon aus, Christus hätte in der Hölle die Natur Satans angenommen. Joyce erklärt schließlich, wie Gott eingriff:

„Die Auferstehungskraft des allmächtigen Gottes ging durch die Hölle und erfüllte Jesus."[599]

Biblisch belegt dagegen ist nicht, dass der Herr Jesus dem Schächer am Kreuz verhieß: „Heute wirst du mit mir in der Hölle sein!", sondern:

„Und Jesus sprach zu ihm: Wahrlich, ich sage dir: Heute wirst du mit mir im Paradies sein!" (Lk 23,43)

Joyce verkündet auch einige Anweisungen, wie der Teufel zu besiegen sei, allerdings ohne biblischen Beleg:

„[...] Zwei weitere geistliche Waffen, die uns zur Verfügung stehen, sind Lobpreis und Gebet. Lobpreis schlägt den Teufel rascher in die Flucht als jede andere Taktik, aber es sollte echter Herzenslobpreis sein [...]"[600]

„Gott hat uns geboten, die ganze Waffenrüstung Gottes anzulegen, damit wir den Teufel besiegen können [...]"[601]

Ihre Anweisungen gehen scheinbar in die Richtung, den Sieg noch zu erringen und nicht vom Sieg her zu leben, den Jesus Christus selbst bereits errungen hat.

Ihren Zuhörern vermittelt sie folgende drastische Konfrontation:
„Greift zur Waffe! Erschießt Satan! Erwürgt ihn! Fesselt ihn! Kerkert ihn ein! Wir können ihn besiegen. [...]"[602]

„[...] Huh! Kommt schon: Wir versetzen dem Teufel heute einen Tritt!"[603]

Joyce rät ihren Zuhörern, sich nicht von „verdrehter Religiösität"[604] die Freude an allem rauben zu lassen und gibt folgende Anleitung:

„[...] Da heißt es, standhaft sein und kraftvoll sagen: Hör zu, Teufel: Ich werde mein Leben genießen!"[605]

Joyce schreckt auch nicht davor zurück, den Teufel auszulachen:

„[...] Ich bin noch nicht am Ziel, aber haha, Teufel, ich werde die Reise dorthin genießen. Habt ihr mich verstanden?

Ich bin noch nicht am Ziel, aber haha, haha, haha, Teufel, ich werde die Reise dorthin genießen."[606]

Joyce rät ihren Zuhörern noch einige weitere Kommunikation mit dem Teufel:

„Wisst ihr, was ich manchmal sage:,Sorry, Teufel, ich gehe dort nicht hin!' [...] Und es täte euch gut, zukünftig genauso zu handeln. Macht den Mund auf und sagt:,Sorry, Teufel, dort gehe ich nicht hin!' [...]"[607]

„[...] Wahrscheinlich sagt ihr einfach:,Teufel, halt' die Klappe!'"[608]

„[...] Hörst du mich, Teufel? So werde ich nicht mehr leben! Hört ihr mich, ihr Dämonen? So werde ich nicht mehr leben! Ich will das empfangen, was für mich das Beste ist, denn dafür ist Jesus gestorben – in Jesu Namen und kein Teufel wird es mir wegnehmen. [...] Wenn ihr es dem Teufel heimzahlen wollt, werdet gesund und beginnt, anderen zu helfen. Ich glaube, dass der Teufel mit mir jeden Tag einen Nervenzusammenbruch bekommt."[609]

Laut Joyce kämpft der Teufel dagegen, dass Christen ihr Leben genießen können:

„[...] Er will, dass wir sauer sind, frustriert, besorgt und immer völlig gestresst. Denn solange wir so sind, können wir unser Leben nicht genießen – selbst wenn wir gerettet und auf dem Weg zum Himmel sind. Und wenn ihr euer Leben hier nicht genießt, verspreche ich euch, werdet ihr das Leben eines Anderen niemals positiv beeinflussen. Habe ich recht?"[610]

Joyce geht nicht zimperlich mit dem Teufel um. Ein direkter Umgang und Kommunikation ist biblisch zwar bezeugt, aber an keiner Stelle geboten, auch kein lästerndes Wort:

> *„Michael aber, der Erzengel, wagte nicht, als er mit dem Teufel stritt und Wortwechsel um den Leib Moses hatte, ein lästerndes Urteil zu fällen, sondern sprach: Der Herr schelte dich!" (Jud 9)*

Über die Schrift hinaus geht Joyce auch in weiteren Vorträgen, indem sie biblischen Personen respektlose Worte in den Mund legt:

„Zum Beispiel König David; er war immer sehr ehrlich mit Gott. Er sagte Sachen wie: ,Ich hab' das alles so satt! Wann bequemst du dich endlich mal was zu unternehmen, Gott?' Er hat es zwar nicht so ausgedrückt, aber in der heutigen Sprache hätte er das so gesagt. [...]"[611]

Dem Herrn Jesus unterstellt sie:
„[...] Er liebt es, religiöse Leute zu ärgern. Yeah!"[612]

Auch respektlose Äußerungen bringen Joyce' Publikum zum Lachen:
„[...] Jesus hat die nervige Angewohnheit, sich Zeit für Menschen zu nehmen."[613]

Joyce' Erwartungen an den Himmel

„Wenn wir hier fertig sind, ziehen wir woanders hin. Und ich möchte da nicht sozusagen in der Sandkiste anfangen. Ich möchte mindestens schon auf der Highschool sein. Ich möchte geistlich gesehen nicht noch im Vorschulalter sein, wenn ich da ankomme. Ich würde im Himmel gerne Vorträge zusammen mit Mose und Elia und Abraham und

Jesus halten. Ich würde da gern eine richtige Konferenz abhalten können. [...]"[614]

Joyce glaubt an Wohlstand im Himmel und möchte diesen auch bereits auf der Erde erleben:

„Ich glaube, Christen haben zu lange geglaubt, wenn ich nur durchhalte bis zum Himmel, dann werde ich eine herrliche Wohnung bekommen. Nun, das ist toll. Ich bin froh, dass ich dort eine haben werde, aber ich möchte auch hier eine schöne Wohnung haben. Ich werde sicher dort oben einen Wagen bekommen, und ich vertraue dem Herrn bereits jetzt, dass Dave dort nicht fahren darf, sondern ich und er der Beifahrer ist. Ich glaube daran; ich weiß, dass ich einen Wagen im Himmel haben werde, aber ich möchte auch hier unten ein nettes Auto fahren. Ich will nicht bis zum Himmel auf alles warten und glaube, das ist auch biblisch. [...]"[615]

Etwas flapsig erklärt Joyce das Ziel der Errettung und betont die Wiederherstellung paradiesischer Zustände für die Zwischenzeit, das irdische Leben:

„Jesus ist nicht nur für uns gestorben, damit unsere Sünden vergeben werden und wir irgendwann im süßen Jenseits sein können, unseren Himmelspalast bekommen, auf einer Wolke schweben und mit den Engeln Lieder singen. Zwar ist das schon der wichtigste Teil, dass unsere Sünden vergeben sind und wir ewig bei ihm sein dürfen, aber davor gibt es noch eine Zwischenzeit. Und ihm ist diese Zwischenzeit wichtig. Er ist auch für diese Zwischenzeit gestorben. Er ist nicht nur gestorben, damit ich und du errettet werden, sondern damit alles, was wir verloren haben, durch den Sündenfall, durch Unwissenheit, durch Missbrauch, durch Ablehnung , durch Schmerz – damit alles, was wir verloren haben, wiederhergestellt werden kann. [...]"[616]

Probleme unter Christen scheint Joyce nicht in der mangelnden Hingabe und Dienstbereitschaft zu sehen, sondern darin, wenn sie ihr Leben nicht genießen:

„Ich glaube, einer der größten Tragödien unter Christen ist es, wenn jemand seine Reise nicht genießt. [...]"[617]

Wohlergehen von Gott erwarten und beanspruchen

Anhand des Alten Testaments, wo äußerliches Wohlergehen ein Zeichen des Segens Gottes war, erklärt Joyce, dass man dieses irdische Wohlergehen auch heute von Gott erwarten und beanspruchen sollte:

„[...] Jetzt will ich euch einige Bibelstellen zeigen, die mich begeistern, denn sie sagen uns, was immer wir durchmachen, wie schwer es auch sein mag, wir können einen doppelten Segen für unsere Schwierigkeiten erwarten. Wie hört sich das an? Ein doppelter Segen für unsere Schwierigkeiten!"[618]

Joyce nennt hier Sach 9,12 nach einer Mischung von Elberfelder Übersetzung und Amplified Bible:

„Kehrt zur Festung (der Sicherheit und des Wohlstands) zurück, ihr auf Hoffnung Gefangenen! Auch heute verkündige ich: Das Doppelte (deines früheren Wohlstands) erstatte ich dir."[619]

Außerdem nennt Joyce mit Jes 61,7-8 eine Verheißung, die ihre Zuhörer für ihr irdisches Leben erwarten sollen:

„Die erlittene Schmach wird euch doppelt vergolten, und zum Ausgleich für die Schande werden sie frohlocken über ihr Teil; denn sie werden in ihrem Land – nicht wenn sie sterben und in den Himmel kommen – in ihrem Land ein doppeltes Erbteil erlangen, und ewige Freude wird ihnen zuteil werden."[620]

Aufgrund dieser Schriftstellen beansprucht Joyce sichtbare Auswirkungen in ihrem Leben:

„[...] Ich beschloss, das Doppelte dessen zu beanspruchen, was ich verloren hatte. Ich sagte: ‚Okay, Herr, ich durfte kein Kind sein.' – Ich glaube, als ich diese Entscheidung traf, war ich um die 45. Ich sagte: ‚Ich bin bereits 45, aber ich will jetzt beginnen, Kind zu sein. Und ich will doppelt so viel Spass haben wie ich gehabt hätte, wenn mir eine normale Kindheit vergönnt gewesen wäre!' [...] Ihr könnt diese Verheißungen für euch beanspruchen und sagen: ‚Gott, ich will das Doppelte dessen, was ich verloren habe und ich will die ewige Freude haben!'"[621]

Eine weitere Stelle als Beweis für irdisches Wohlergehen findet Joyce bei Hiob:

„In Hiob 42,10 ist die Rede von Hiob und von allem, was er durchmachte. Aber am Ende des Buches heißt es: ‚Und der Herr vermehrte alles, was Hiob gehabt hatte auf das Doppelte.' Gott gab ihm zweimal so viel wie er gehabt hatte. Könnte ich hier also jemand davon überzeugen, nicht mehr wütend darüber zu sein, was er verloren hat und sich stattdessen dafür zu begeistern, was er bekommen wird?! [...]"[622]

Nicht Entbehrung und Verzicht von irdischen Freuden scheinen nach Joyce den schmalen Weg der Nachfolge Gottes auszumachen, sondern die Breite von irdischen

Freuden und Wohlergehen. Damit macht sie ihren Zuhörern diese Nachfolge nach weltlichen Maßstäben attraktiv und begehrenswert:

„[...] Gott hält nicht nur einen Lohn im Himmel für uns bereit. Die Bibel spricht zwar von einem Lohn, den wir bekommen wenn wir auf dem Weg dorthin gewissenhaft sind. Aber das ist nicht alles. Er hat auch eine Belohnung für uns, während wir noch hier auf Erden sind. Das ist so wunderbar, in Gottes Gunst zu leben."[623]

Was macht das Christsein aus?

„Denn das Reich Gottes ist nicht Essen und Trinken, sondern Gerechtigkeit, Friede und Freude im Heiligen Geist." (Röm 14,17)

Zu diesem Vers meint Joyce:„Ihr müsst euch selbst fragen: Habe ich Frieden? Habe ich Freude? Genieße ich mein Leben wirklich? [...]"[624]
Wie bereits bei Bayless Conley erwähnt, ist das Reich Gottes im Neuen Bund nicht an Äußerlichem (Essen, Trinken usw.) festzumachen, sondern an einem gehorsamen Glaubensleben (Gerechtigkeit), an der Versöhnung mit Gott (Frieden) und an eine Haltung des fröhlichen Dankens und Lobens (Freude). Joyce dagegen fügt zu diesen geistlichen Aspekten des Reiches Gottes noch den Genuss des eigenen Lebens hinzu.
Bei der Frage des Gesetzesgelehrten aus Lk 10,28b, wer der Nächste sei, zitiert Joyce aus der Amplified Bible:

„Do this, and you will live [enjoy active, blessed, endless life in the kingdom of God]."[625]

Ins Deutsche übersetzt wird dieser Vers allerdings wie folgt:

„Tu das, und du wirst leben (ein aktives, gesegnetes und ewiges Leben im Reich Gottes genießen).“[626]

Joyce ergänzt:

„Er sagt quasi: ‚Wenn ihr ein besseres Leben haben möchtet, …‘ Ist hier jemand, der gerne ein besseres Leben hätte? Und der sagt: ‚Ja, ich würde mir ein Leben mit mehr Qualität wünschen.‘? […]“[627]
Auch den Singles unter ihren Zuhörern rät sie, das Leben zu genießen:
„Ich meine, ich bin sehr gern verheiratet. Ich bin für die Ehe. Aber ihr müsst lernen, jede Zeit eures Lebens zu genießen. Genießt die Zeit, die ihr gerade erlebt. […]“[628]

Joyce lenkt mit ihrem Thema „Das Leben genießen“ die Aufmerksamkeit ihrer Zuhörer auf das Leben in dieser Welt. Bibeltreue Christen setzen jedoch nicht ihre Aufmerksamkeit auf irdische Dinge, sondern auf himmlische Werte, da sie ihr Bürgerrecht im Himmel haben. Sie sind im irdischen Leben so gesehen nur auf der Durchreise und streben nicht nach weltlichen Vergnügen, materiellem Wohlstand oder danach, das Leben zu genießen.

„Unser Bürgerrecht aber ist im Himmel, von woher wir auch den Herrn Jesus Christus erwarten als den Retter.“ (Phil 3,20)

Joyce kennt scheinbar kein heilsgeschichtliches Denken.[629] Die zeichenhaften Gaben aus Mk 16 wären nicht nur eine Autorisierung der Apostel, sondern würden auch heute gelten. Eine Einordnung in Heilsepochen hält sie für „blödsinnig“:

„Jemand sagt, ich darf mit dir nichts zu tun haben, denn du sprichst in Zungen und ich glaube, das war nur etwas für die erste Gemeinde. Wie blödsinnig ist das eigentlich? Wisst ihr was? Wir müssen uns das gar nicht antun. Lest die Bibel! Hört auf, euer Leben von Menschenlehre bestimmen zu lassen und lest die Bibel! [...]"[630]

Ohne ein heilsgeschichtliches Denken ist Joyce natürlich in der Lage alle möglichen Bibelstellen eins zu eins auf heute zu übertragen.

100 Prozent charismatisch

Joyce bekennt sich auch in ihren Vorträgen offen zur pfingstlich-charismatischen Frömmigkeit:

„Ich meine, wenn ihr ein bisschen Pfingstbegeisterung nicht ertragt, weiß ich nicht, wie ihr mit Gottes Gegenwart umgehen wollt. [...]"[631]

Zu ihrem charismatischen Hintergrund gehört neben dem bereits erwähnten Wohlstandsevangelium, die Geistestaufe als zweite Erfahrung und die zeichenhaften Geistesgaben inklusive der Heilungsgabe für die heutige Zeit. Bei ihren zahlreichen Berichten, wie Gott ihr etwas persönlich gesagt und erklärt hätte, gewinnt man den Eindruck, dass diese persönlichen Erfahrungen für sie gleichwertig neben der Bibel stünden. Bibelverse dienen ihr als Sprungbrett in ihre psychologisch populären Weisheiten, werden aber nicht wirklich ausgelegt. Bei ihren Auftritten ist von Jesus Christus sehr selten die Rede. Sein Erlösungswerk, Bekehrung und Jüngerschaft werden zwar angedeutet, aber durch ihr eigentliches Anliegen, das Leben zu genießen, überlagert.

Karsten Huhn berichtet, wie Joyce bei einer Konferenz in Basel 2009 für die Anwesenden um die Geistestaufe betete:

„‚Egal, ob ihr dieses Gebet wollt oder nicht, ich werde dieses Gebet über euch beten.' – ‚Ich fühle mich vom Heiligen Geist geführt, dies zu tun.' Die Menge jubelt. Dann ruft Joyce Meyer das Feuer des Heiligen Geistes über der Menge aus. ‚Sei gefüllt! In Jesu Namen! Von Kopf bis zu den Füßen! Von innen nach außen! Sei gefüllt mit dem Heiligen Geist!' Die Halle braust und summt, auch Joyce Meyer brabbelt Unverständliches. Die Übersetzerin hat vorübergehend ihre Arbeit eingestellt und brabbelt ebenfalls. ‚Das ist Durchbruch! Durchbruch!' Dann gibt sie wieder unverständliche Silben von sich. Meyer steht mit ausgebreiteten Armen am Bühnenrand und ruft: ‚Wunderbar! Wunderbar! Wunderbar!' ‚Wir haben eine gute Dosis des Heiligen Geistes bekommen. Ihr hattet viel Spaß hier! Meine Güte! Ihr seid richtig radikal hier!"[632]

Joyce bekennt, sich auch einmal nach gehaltvolleren Büchern aus der Reformationszeit gesehnt zu haben, da die charismatischen Lehren ihr anscheinend nicht mehr ausreichten. Dennoch stellt sie sich weiterhin zu ihnen:

„Gott führte mich zu Büchern, die im sechzehnten Jahrhundert geschrieben wurden, denn überall hieß es immer nur: Heilung, Wohlstand, geistliche Kampfführung und Erfolg. Gut, diese Dinge entsprechen schon dem Willen Gottes für euch; das bestreite ich gar nicht. [...]"[633]

Das Leben zu genießen und sich gut zu fühlen entspricht der charismatischen Sicht vom irdischen Leben aufgrund des Segens Gottes, den Joyce auch beanspruchen möchte. Zu dieser irdischen Gesinnung kommt hinzu, für sich selbst zu sorgen. Joyce verkündet:

„[...] Aber man kann definitiv haben, was Gott einem zugesagt hat, und das sind nicht lauter Besitztümer. Eins der
Dinge, die er sich für euch wünscht, ist Gesundheit. Ihr
habt ein durch Blut bezahltes Recht, euch gut zu fühlen.
Habt ihr mich gehört? Ich sagte: Ihr habt ein durch Blut
bezahltes Recht, euch gut zu fühlen. [...] Wer von euch
sorgt nicht angemessen für sich selbst? [...] Jetzt aber mal
aufgepasst: Schaut mich alle an! Wenn Gott dich genug
schätzt, um seinen Sohn zu senden, um solch einen grausamen Tod sterben zu lassen, damit du ein wunderbares
Leben haben kannst, dann ist doch das Mindeste, was du
tun kannst, dich genug wertzuschätzen und dich selbst
gut zu behandeln. ‚Ahaha, ich muss mir doch um diesen
Kram keine Gedanken machen. Ich fühl' mich gut.' Seid
nicht dumm! Wenn du jetzt nicht in dich investierst, gehst
du später bankrott. [...]"[634]

Soll der Gläubige wirklich für sich selbst sorgen, sich
selbst wertschätzen, sich gut behandeln und in sich selbst
investieren? Und dies noch aus der Befürchtung, sonst
„später bankrott" zu gehen?
Das Wort Gottes lehrt das genaue Gegenteil:

> *„Darum sollt ihr nicht sorgen und sagen: Was werden*
> *wir essen? oder: Was werden wir trinken? oder: Womit*
> *werden wir uns kleiden? Denn nach allen diesen Dingen*
> *trachten die Heiden, aber euer himmlischer Vater weiß,*
> *dass ihr das alles benötigt. Trachtet vielmehr zuerst*
> *nach dem Reich Gottes und nach seiner Gerechtigkeit,*
> *so wird euch dies alles hinzugefügt werden!"*
> (Mt 6,31-33)

Der Gläubige soll also nicht für sich selbst sorgen, sondern
für das Reich Gottes. Er soll nicht, wie Joyce rät, in sich
selbst investieren, sondern nach dem Reich Gottes trachten. Dann gilt die Verheißung, dass Gott ihn versorgen

wird. Gott sorgt sich um den Gläubigen, und der Gläubige kann sich auf Gott verlassen. Das ist eine komplett andere Ausrichtung als die Selbstfürsorge und Selbstverwirklichung von Joyce.

Joyce und der Heilige Geist

In ihrem Themenheft „Erfüllt mit dem Heiligen Geist" erklärt Joyce, „was es mit der Taufe im Heiligen Geist auf sich hat und wie man die Gaben des Heiligen Geistes einsetzen und genießen kann."[635]
Auch hier liegt, wie bei vielen anderen Themen von Joyce, der Fokus wiederum auf dem „Genießen" anstatt auf dem „Dienen", das man bei diesem Thema eher erwarten würde.

„Seine Hilfe befähigt uns, die Dinge, die sonst sehr schwer oder gar unmöglich für uns waren, mit Leichtigkeit zu bewältigen."[636]

Dies suggeriert wohl eher, dass der Heilige Geist als Helfer in allen Lebenslagen verfügbar ist und nicht, dass es vor allem um den Dienst für Gott geht, zu dem der Heilige Geist hilft. Die Frage ist jedoch nicht nur, wer hilft wem, sondern auch, ob der Heilige Geist wirklich dazu befähigt, Unmögliches „mit Leichtigkeit zu bewältigen". Der Apostel Paulus, obwohl er voll Heiligen Geistes war (Apg 13,9), musste jedoch mehrfach das Gegenteil bezeugen:

„Sie sind Diener des Christus? Ich rede unsinnig: Ich bin's noch mehr! Ich habe weit mehr Mühsal, über die Maßen viele Schläge ausgestanden, war weit mehr in Gefängnissen, öfters in Todesgefahren. Von den Juden habe ich fünfmal 40 Schläge weniger einen empfangen; dreimal bin ich mit Ruten geschlagen, einmal ge-

steinigt worden; dreimal habe ich Schiffbruch erlitten; einen Tag und eine Nacht habe ich in der Tiefe zuge-bracht. Ich bin oftmals auf Reisen gewesen, in Gefah-ren auf Flüssen, in Gefahren durch Räuber, in Gefahren vom eigenen Volk, in Gefahren von Heiden, in Gefahren in der Stadt, in Gefahren in der Wüste, in Gefahren auf dem Meer, in Gefahren unter falschen Brüdern; in Ar-beit und Mühe, oftmals in Nachtwachen, in Hunger und Durst; oftmals in Fasten, in Kälte und Blöße; zu alledem der tägliche Andrang zu mir, die Sorge für alle Gemein-den." (2Kor 11,23-28)

Warum hat Paulus diese negativen Umstände nicht ein-fach „mit Leichtigkeit bewältigt"? Weil er sich nicht den Heiligen Geist verfügbar machte, sondern Gottes Willen tat. Er war ganz von Gott abhängig und auf seine Gnade angewiesen:

„Und er hat zu mir gesagt: Lass dir an meiner Gnade genügen, denn meine Kraft wird in der Schwachheit vollkommen! Darum will ich mich am liebsten vielmehr meiner Schwachheiten rühmen, damit die Kraft des Christus bei mir wohne." (2Kor 12,9)

Der Heilige Geist war sogar in der Lage, einen geplanten Dienst zu verhindern:

„Als sie aber Phrygien und das Gebiet Galatiens durch-zogen, wurde ihnen vom Heiligen Geist gewehrt, das Wort in [der Provinz] Asia zu verkündigen. Als sie nach Mysien kamen, versuchten sie, nach Bithynien zu rei-sen; und der Geist ließ es ihnen nicht zu."
(Apg 16,6-7)

Wer hilft wem? Der Heilige Geist lässt sich nicht benutzen,

sondern ist souverän und bestimmt vielmehr selbst, welcher Dienst der richtige ist:

> *„Als sie nun dem Herrn dienten und fasteten, sprach der Heilige Geist: Sondert mir Barnabas und Saulus aus zu dem Werk, zu dem ich sie berufen habe!"*
> (Apg 13,2)

Paulus gilt als Vorbild im Dienst für Gott und fordert mehrfach auf:

> *„Werdet (bzw. seid) meine Nachahmer!"*
> (1Kor 4,16.11,1; Phil 3,17; 1Thess 1,6)

Hat Paulus aber immer alles siegreich überwunden? Aufgrund seiner Verfolgungen in 2Kor 11 eher nicht. Vielmehr kann er seine Treue am Ende seines Lebens bezeugen:

> *„Ich habe den guten Kampf gekämpft, den Lauf vollendet, den Glauben bewahrt."* (2Tim 4,7)

Laut Joyce verhilft der Heilige Geist aber zu einem „siegreichen Leben":

> „Ich glaube, dass wir nur dann ein siegreiches Leben führen können, wenn wir die Taufe im Heiligen Geist verstehen und annehmen."[637]

Auch hier scheint der Heilige Geist wiederum dem Menschen selbst zu dienen, damit dieser zum einen „mit Leichtigkeit" und zum anderen siegreich leben kann. Dies hängt auch mit Joyce' grundsätzlichem Menschenbild zusammen. Der Mensch und auch der Christ soll sein Leben genießen, sich wohlfühlen, erfolgreich sein, sich selbst lieben, für sich selbst sorgen und letztlich sich selbst verwirklichen. Wie wichtig ist man sich dabei eigentlich selbst? Das Selbstbild des Apostels Paulus scheint einen ganz anderen Ansatz zu haben, wenn er sich selbst als „Geringster von den Aposteln" bezeichnet (1Kor 15,9). Auch bezeichnete sich Paulus mehrfach als Knecht bzw. Sklave seines Herrn (Röm 1,1; Phil 1,1; Tit 1,1). Das zeugt eher von einem demütigen, unterwürfigen Selbstbild, das bei Joyce nicht zu finden ist. Ihr geht es eher um die Stärkung des eigenen Selbst, Paulus um den Zerbruch des eigenen Selbst.

> *„Ich bin mit Christus gekreuzigt; und nun lebe ich, aber nicht mehr ich [selbst], sondern Christus lebt in mir. Was ich aber jetzt im Fleisch lebe, das lebe ich im Glauben an den Sohn Gottes, der mich geliebt und sich selbst für mich hingegeben hat." (Gal 2,20)*

Dieses „mit Christus gekreuzigt" ist der entscheidende Unterschied zwischen einem Leben, das zuerst nach Gottes Willen fragt (Mt 6,33) und ihm allein dient oder das sich selbst verwirklicht und seine eigenen Bedürfnisse fokussiert. Joyce wäre an Paulus schier verzweifelt, wenn dieser sich selbst so gering macht (1Kor 15,9), sich selbst schwach macht (2Kor 12,9), negative Umstände einfach hinnimmt (2Kor 11,23-28) und nicht siegreich, sondern lediglich treu lebt (2Tim 4,7). Für Joyce ist es wahrscheinlich unvorstellbar, wie man dann noch als Vorbild, nachahmenswert und voll des Heiligen Geistes bezeichnet werden kann.

In der Christologie ist nicht bekannt, dass angezweifelt wird, dass der Herr Jesus bei seiner Taufe von seinem himmlischen Vater öffentlich bestätigt wurde. Er wurde als Sohn Gottes bestätigt und nicht erst dazu gemacht. Auch empfing er nicht erst bei seiner Taufe den Heiligen Geist, den er zuvor noch nicht gehabt hätte. Für Joyce dagegen empfing der Herr Jesus zum ersten Mal den Heiligen Geist bzw. die Taufe im Heiligen Geist. Damit scheint er zuvor noch nicht der Sohn Gottes gewesen zu sein. Das ist jedoch abwegig, da der Sohn Gottes auch vor seiner Taufe ein sündloser Mensch war, was ohne den Heiligen Geist nicht vorstellbar ist. Seine Weisheit als Zwölfjähriger im Tempel lässt zum Beispiel schon auf den innenwohnenden Heiligen Geist und seine Gottessohnschaft schließen:

> *„Es erstaunten aber alle, die ihn hörten, über sein Verständnis und seine Antworten. [...] Und er sprach zu ihnen: Weshalb habt ihr mich gesucht? Wusstet ihr nicht, dass ich in dem sein muss, was meines Vaters ist?"* (Lk 2,47.49)

„Jesus versuchte nicht, seinen Dienst aus eigener Kraft zu tun. Als Erstes wurde er im Heiligen Geist getauft."[638]

Joyce zitiert Jesu Taufe in Mk 1,9-11 und erklärt:

„In diesem Abschnitt sehen wir, dass Jesus die Taufe im Heiligen Geist gleichzeitig mit seiner Wassertaufe empfing."[639]

Bei der Aufzählung unterschiedlicher Ansichten über den Geistempfang nennt Joyce auch die klassisch reformatorische Ansicht:

„Andere vertreten die Meinung, dass jeder im Heiligen Geist getauft wird, wenn er wiedergeboren wird oder Jesus als seinen Retter annimmt."[640]

Doch diese Auffassung sei wie andere widerbiblische Lehren nicht maßgeblich:

„Wir sollten uns davor hüten, Gott in eine Schublade von menschlichen Glaubenslehren zu stecken. [...]"[641]

Joyce selbst erzählt kurz ihre eigene Erfahrung, die die klassisch pfingstlich-charismatische Lehre von einer zweiten, zusätzlichen Erfahrung bestätigt:

„Als ich die Taufe im Heiligen Geist empfing, saß ich gerade in meinem Auto und hatte keine Ahnung, was da mit mir passierte, geschweige denn, dass es einen Namen dafür gab."[642]

Bei keiner biblischen Person wird bezeugt, dass der Heilige Geist als eine unvorhergesehene Überraschung in ihr Leben trat. Überraschend ist auch die Auffassung, der Heilige Geist habe die Aufgabe, dem Menschen zu helfen, das irdische Leben zu genießen:

„Eine wesentliche Aufgabe des Heiligen Geistes besteht darin, uns zu helfen und uns zu stärken, damit wir ein wahrhaft siegreiches Leben führen und das ‚Leben im Überfluss' (siehe Johannes 10,10) genießen können, das Jesus uns durch seinen Tod ermöglicht hat."[643]

Joyce beschreibt schließlich, wie sie mit dem Heiligen Geist getauft wurde:

„[...] Das war an einem Freitag. Freitags ging ich immer zum Frisör und abends gingen Dave und ich zum Bowling. Als ich an jenem Tag nach Hause fuhr, wartete ich – nicht weit von unserem Haus entfernt – gerade an einer roten Ampel, als ich plötzlich von Heiligen Geist überflutet wurde. Ich fühlte mich, als hätte jemand eine Luke geöffnet und einen ganzen Eimer Liebe in mich hineingegossen."[644]

Einige Zeit später empfing Joyce die Gabe der Zungenrede, ebenfalls im Auto:

„Eines Tages auf dem Weg zur Arbeit bekam ich dann plötzlich eine neue Sprache von Gott. Ich war so berührt, dass ich am Straßenrand anhielt und einfach im Auto saß, weinte und in Zungen betete."[645]

Dave Meyer, der Ehemann von Joyce, hat wegen der Geistestaufe Gott sogar ein Ultimatum gestellt:

„‚Gott, ich werde diesen Raum nicht verlassen, bis du in meinem Leben etwas tust. Ich weiß nicht, was du tun musst, aber ich gehe hier nicht raus, bis du es getan hast.' Daraufhin wurde Dave nicht nur mit dem Heiligen Geist getauft, sondern auch von einem Augenleiden geheilt."[646]

Nach weiteren Erklärungen zur Geistestaufe und den Geistesgaben schließt Joyce ihr Themenheft mit Worten, die ihr Hauptmotto ausmachen:

„Beginnen Sie jetzt damit, Ihre neuen Erkenntnisse umzusetzen und *genießen Sie Ihr neues Leben im Geist!*"[647]

Gott hören und spüren

In ihrem Buch „Wie man Gottes Reden hört" geht Joyce auf ihre Geistestaufe im Auto ein und erwähnt, dass sie Gott akustisch gehört habe:

„Ich vernahm Gottes Stimme laut und hörbar im Februar 1976 an dem Tag, an dem ich mit dem Heiligen Geist erfüllt wurde. [...] Seine Stimme erfüllte den gesamten Innenraum meines Wagens, als er ganz einfach sagte: ‚Joyce, ich habe dich gelehrt, geduldig zu sein.' Ich war außer mir vor Freude und gleichermaßen geschockt, denn nie zuvor hatte ich so etwas Kraftvolles gehört. [...] Am gleichen Abend, als ich dann von der Arbeit in meinem Auto nach

Hause fuhr, berührte mich Gottes Geist auf eine besondere Weise und erfüllte mich mit seiner Gegenwart. [...]"[648]

„Wir reden ständig mit unseren Kindern. Warum sollte unser himmlischer Vater nicht auch mit seinen Kindern sprechen? Wir würden von unseren Kindern nicht erwarten, dass sie wissen, was wir von ihnen wollen, wenn wir nicht mit ihnen reden würden. Warum sollte Gott hier anders sein?"[649]

Ja, warum sollte Gott hier anders sein? Die Antwort zu dieser Frage findet sich in Hebr 1,1-2a:

> *„Nachdem Gott in vergangenen Zeiten vielfältig und auf vielerlei Weise zu den Vätern geredet hat durch die Propheten, hat er in diesen letzten Tagen zu uns geredet durch den Sohn."*

Gott offenbarte sich in seinem Heilsplan in den verschiedenen Zeiten und Situationen nicht immer gleich. Die Unterschiede sind in der Bibel deutlich erkennbar. Ein direktes, unmittelbares Reden Gottes ereignete sich nach dem Sündenfall nur vereinzelt zu bestimmten Menschen, die im Dienst für Gott standen wie zum Beispiel Abraham, Mose, Samuel oder die Propheten. Das direkte Reden Gottes fand in seinem Sohn den Abschluss und ist nunmehr vollständig, autorisiert und endgültig. Daher gibt es keine Ergänzungen oder gar neuen Offenbarungen. Vielmehr wird vor diesen zum Schluss der Bibel gewarnt:

> *„Fürwahr, ich bezeuge jedem, der die Worte der Weissagung dieses Buches hört: Wenn jemand etwas zu diesen Dingen hinzufügt, so wird Gott ihm die Plagen zufügen, von denen in diesem Buch geschrieben steht."*
> *(Offb 22,18)*

Es ist außerdem zu bedenken, dass Reden Gottes nach dem Sündenfall immer heilsgeschichtliche Bedeutung hatte. Es war kein belangloses, lockeres Plaudern, sondern zielte immer auf Erlösung hin, dem Thema, das die gesamte Bibel durchzieht. Dadurch, dass Joyce erwartet, dass Gottes Reden sich auch heute ereignen könne oder gar müsse, verkennt sie die heilsgeschichtliche Bedeutung und den hohen Wert von Gottes Reden. Die Offenbarungserkenntnis durch die Heilige Schrift wird damit gewissermaßen abgewertet.

Für Joyce scheint dieses Hören auf Gott ganz einfach „zu funktionieren":

„[...] Menschen nehmen sich dann Zeit, nach Gottes Reden zu suchen, wenn sie etwas haben, wofür sie seine Antwort brauchen. Wenn sie ein Problem auf ihrer Arbeitsstelle haben oder besser finanziell dastehen wollen oder auch wissen wollen, wie sie mit ihrem Kind umgehen sollen, dann wollen sie unbedingt hören, was Gott zu sagen hat. Reden Sie doch nicht nur mit Gott, wenn Sie etwas wollen oder brauchen. Verbringen Sie auch Zeiten mit ihm, in denen Sie nur zuhören. Er wird Ihnen vieles zeigen, wenn Sie einfach still vor ihm werden und zuhören."[650]

In der Tat will Gott dem Menschen vieles zeigen, allerdings nicht durch neue Offenbarungen, sondern in seinem Wort. Der wiedergeborene Christ hat einen durch den Heiligen Geist erneuerten Verstand. Er erforscht Gottes Willen *aktiv* in seinem Wort und vertraut darauf, dass er im Glauben das Richtige tut. Er erwartet nicht *passiv* neue, direkte und persönliche Offenbarungen, sondern handelt im Glauben.

> **„Alles aber, was nicht aus Glauben geschieht, ist Sünde." (Röm 14,23b)**

Joyce führt ihre Leser nicht zur Bibel, um Gottes Willen zu erkennen, sondern stellt eigene Übungen und Bedingungen vor, Gottes Willen (auch) außerhalb der Bibel zu erkennen:

„[...] Ich werde Ihnen auch aufzeigen, in welcher Atmosphäre wir Gottes Reden gut hören können und so unsere Erwartung schüren, seine Stimme tatsächlich zu hören."[651]

Dies kann und soll der Leser selber einüben:

„[...] Wir sagen, Übung macht den Meister. Das heißt, unser Vertrauen wächst mit den Erfahrungen. Man braucht viele praktische Erfahrungen, um ganz der Führung Gottes zu vertrauen."[652]

Der Bibelleser dagegen vertraut Gottes Verheißungen und nicht seinen eigenen Erfahrungen. Er vertraut gemäß Hebr 11,1 auf etwas, was er nicht sieht oder hört.

„Es gibt eine großartige Übung dafür, Gottes Stimme zu hören: Fragen Sie ihn, ob es jemanden gibt, den Sie ermutigen oder segnen sollen. Dann werden Sie still und hören Sie zu. Sie werden erstaunt sein, wie schnell er antworten wird. Er wird Ihr Herz mit göttlichen Gedanken und Zielen füllen. Er wird Ihnen Personen nennen, die Sie einfach durch Ihre Zuwendung segnen können und vielleicht wird er Ihnen auch Dinge sagen, die Sie tun können, um diese Personen zu ermutigen. Er wird Ihnen Ideen geben, an die Sie noch nicht einmal gedacht haben. Hören Sie ihm gut zu. [...]"[653]

Joyce geht davon aus, dass die Gedanken keine eigenen Gedanken sind, sondern direkt von Gott kommen, weil es sich so anfühlt:

„Vielleicht wollen Sie wissen: ,Joyce, woher sind Sie sich so sicher, dass Gott mit Ihnen geredet hat und Sie sich das nicht nur ausgedacht haben?' Die Antwort ist, ich hatte Frieden über das, was ich empfangen hatte. Es fühlte sich in mir so richtig an. [...]"[654]

Die aus der Wort-des-Glaubens-Bewegung stammende Lehre von „Logos" und „Rhema" (näher erklärt im Kapitel über Bayless Conley) übernimmt auch Joyce als Grundlage für neue und direkte Offenbarungen:

„Das geschriebene Wort Gottes, das *Logos*, gibt uns keinen Aufschluss darüber, wenn wir uns ein neues Auto kaufen sollen oder was für ein Auto das sein soll. Dafür brauchen wir eher sein gesprochenes Wort oder seine Offenbarung (ein *Rhema*). [...]"[655]

Joyce scheint die Bibel nicht auszureichen. Sie will „lebendige" und persönliche Worte:

„Er spricht zu uns lebendige Worte (sein Rhema) und das sind persönliche Worte für unser Leben. [...]"[656]

Die Heilige Schrift aber sollte ein Christ nicht unterschätzen. Sie ist das geistlich Lebendigste, was er haben kann:

> **„Die Worte, die ich zu euch rede, sind Geist und sind Leben." *(Joh 6,63b)***

> **„Denn das Wort Gottes ist lebendig und wirksam und schärfer als jedes zweischneidige Schwert, und es dringt durch, bis es scheidet sowohl Seele als auch Geist, sowohl Mark als auch Bein, und es ist ein Richter der Gedanken und Gesinnungen des Herzens."**
> **(Hebr 4,12)**

Joyce berichtet in ihrem Buch „Wie man Gottes Reden hört" immer wieder, dass sie Gottes Reden persönlich und direkt vernommen habe und vertraute diesen Erfahrungen:

„[...] Ich wusste sofort, was Gott mir sagen wollte und ich habe diesem Wort oft vertraut, wenn ich durch Schwierigkeiten hindurchmusste und die Dinge mir schwer erschienen."[657]

Joyce weiß auch von persönlichen Träumen und Visionen zu berichten.[658]
Sie denkt, Gott würde sich den Menschen außerhalb der Bibel auf diese Weise mitteilen:

„[...] Ich glaube, dass Gott auf solch eine spektakuläre Art und Weise in den Zeiten unseres Lebens spricht, wenn wir eine genaue Wegweisung brauchen. Es scheint auch so, als ob solche Menschen Visionen haben, die Gott besonders suchen."[659]

Persönliche Jesus-Erscheinungen hält sie ebenfalls für möglich:

„[...] Ich kenne Menschen, denen Jesus mehrere Male erschienen ist, bei denen Jesus auf dem Bett saß und sich mit ihnen für eine längere Zeit unterhalten hat. Mir ist das noch nie passiert."[660]

Dass Gott auch heute übernatürlich und unmittelbar spricht, ist für Joyce normal:

„Wenn Gott ein Wort für uns hat, dann wird er es uns auf übernatürliche Weise wissen lassen, ohne dass wir uns darum kümmern müssen. [...]"[661]

Joyce zielt bei ihren Lesern darauf hin, dieses übernatürliche und außerbiblische Reden Gottes selbst zu erleben:

„[...] Gott möchte mit uns über fast alles reden, was uns jeden Tag passiert. Es ist schade, wenn Menschen sich einsam fühlen, obwohl Gott voller Sehnsucht darauf wartet, mit ihnen zu reden und mit ihnen Gemeinschaft zu haben. Sie müssen nur bereit sein, zuzuhören."[662]

Joyce ist regelrecht süchtig danach, Gott zu spüren:

„Ich frage mich oft, wie ein Mensch ohne Gott auch nur einen einzigen Tag meistern kann. Wenn ich Gottes Gegenwart nur für einen Tag nicht ganz nahe spüre, kann ich es schon fast nicht aushalten. [...]"[663]

Die übernatürlichen Reden Gottes, die Joyce vernimmt, erfüllen auch ihren Wunsch, ein einfaches und schönes Leben zu genießen:

„Ich habe mit der Zeit gelernt, einfach Gott zu bitten, mir zu zeigen, wenn ich etwas falsch mache. Ganz oft sagt der Herr: ‚Tu das, was in deinem Herzen ist. Ich bin mit dir, bei allem, was du tust. Genieß die Zeit. Hab einen schönen Tag. Die Arbeit wird immer noch da sein, wenn du zurückkommst.'"[664]

„Befassen Sie sich mit der Liebe Gottes und erfahren Sie, wie sehr der Herr möchte, dass Sie Ihr Leben so richtig genießen. [...]"[665]

Welche Rolle spielt Gott im Leben eines Christen? Spielt er überhaupt „nur" eine Rolle oder will und sollte er der Herr sein? Joyce schreibt zu Beginn des Buches:

„Gott möchte in jedes kleine Detail unseres Lebens mit einbezogen werden. [...]"[666]

Sie meint, „[...] dass es zu seinem göttlichen Plan gehört, ganz eng in alles, was Sie betrifft, mit einbezogen zu werden".[667]

Diese Formulierung „mit einbezogen werden" braucht man sicherlich nicht überbewerten. Wenn jedoch Jesus wirklich Herr ist, verfügt er über das Leben des Menschen. Von daher ist ein „mit einbezogen werden" eher eine fragwürdige Formulierung. Sie ist in Anbetracht eines Diener- bzw. Sklavenverhältnisses sogar schlichtweg unzutreffend. Diese Thematik wird ausführlicher im Kapitel „Genießer oder Sklave? – Die wahre Identität in Christus" behandelt.

Ohne einen biblischen Beleg zu nennen, erklärt Joyce, was „ganz eindeutig" in der Bibel stünde:

„In der Bibel lesen wir ganz eindeutig, dass wir auf seine Stimme hören sollen und unsere Ohren dazu verpflichten müssen, auf ihn zu hören. [...]"[668]

Sicherlich sollen Christen sich Gottes Führung anvertrauen und auf seine geoffenbarten Weisungen achten. Das dies aber neben der Heiligen Schrift erfahrbar und eingeübt werden könne, ist außerhalb der charismatischen Bewegung umstritten. Auch wenn ein akustisches Hören Gottes nicht der Regelfall ist, geht Joyce davon aus, dass deren Seltenheit lediglich daran liegt, „zu beschäftigt" zu sein:

„Gott spricht zu uns nicht sehr oft mit einer für uns hörbaren Stimme. Er redet meistens mit leiser Stimme zu unserem Inneren – oder durch eine innere Gewissheit. Der Hauptgrund, warum wir ihn nicht hören, ist, weil wir einfach zu beschäftigt sind. Er sagt zu uns: *Seid still und erkennet, dass ich Gott bin* (Psalm 46,11; Schlachter)"[669]

Diese Schriftstelle wird auch von Sarah Young angeführt (siehe im vorletzten Kapitel), um auf ein Hören Gottes in Form einer Stilleübung oder Meditation hinzuweisen. Die Frage ist, ob dieses Psalmwort wirklich davon spricht, Gott akustisch hören zu sollen. Im Kontext geht es jedoch darum, dass die Ungläubigen zur Erkenntnis kommen sollen. Mit dem Stillsein wird nicht zu einer wörtlich gemeinten Übung aufgefordert, sondern zu einem Innehalten bzw. zur Einsicht kommen.
Joyce schließt ihr Buch mit den Worten:

„[...] Sie können Gottes Stimme hören – das gehört zu Ihrem Erbgut – und kommen Sie nicht auf die Idee, etwas anderes zu glauben!"[670]

Joyce ist davon überzeugt: Man kann und soll Gott nicht nur in seinem Wort suchen, sondern ganz neu, direkt und persönlich durch ein Hören in der Stille. Dadurch, dass sie die Aufmerksamkeit ihrer Leser auf dieses Hören lenkt, stehen diese in der Gefahr, das Wort Gottes geringer zu achten. Die subjektive Wahrheit einer geistlichen oder meditativen Erfahrung steht in Konkurrenz zur objektiven Wahrheit des vom Heiligen Geist inspirierten Wort der Bibel.

Joyce und das Weltliche

Joyce fühlt sich häufiger mit kritischen Anfragen zu ihrem luxuriösen Lebensstil und ihrem Äußeren konfrontiert. Dabei ist sie um eine schlagfertige Antwort jedoch nie verlegen:

„Ich frage mich, wie viele nach einer solchen Konferenz ihren Segen verlieren, weil sie denken: ‚Sie hatte bei jedem Treffen etwas Anderes an. Wie viele Kleider die bloß hat?' Viele, ich habe viele, viele, viele, viele. ‚Ähm, hmh, das finde ich aber nicht richtig.' Nun, lasst mir doch ein paar Sachen, die mir gefallen. Ich trug früher lange Ohrringe aus Bernstein. Leute sagten mir: ‚Die sind zu auffällig.' Ich dachte, ihr werdet im Himmel ziemliche Probleme mit den goldenen Straßen haben. Uh, ha, ha! Da habe ich aber eine Bibelstelle gefunden – wow! [...]"[671]

Der Apostel Petrus rät dagegen den Frauen, keine aufwendige Kleidung zu tragen:

> **„Euer Schmuck soll nicht der äußerliche sein, Haarflechten und Anlegen von Goldgeschmeide oder Kleidung."**
> **(1Petr 3,3)**

Joyce rühmt sich auch des Konsums weltlicher Musik:

„Wie steht's mit der Geistlichkeit? Kann man auch übermäßig geistlich sein? Allerdings! Es ist möglich, übermäßig geistlich zu sein. [...] Wir sind keine eindimensionalen Geschöpfe, also sollten wir auch nicht alles übertrieben geistlich sehen. Wer Gott von ganzem Herzen liebt, teilt sein Leben nicht in Heiliges und Weltliches auf. Alles ist heilig, weil man selbst geistlich ist. [...] Musik sollte schon sauber sein, aber man muss sie nicht immer im christlichen Buchladen kaufen. Ich mag auch Love-Songs und manchmal höre ich sogar Elvis Presley. Schade, dass mein Handy gerade nicht an ist. Wenn mich mein Sohn anruft, der unser amerikanisches Büro leitet, ist der Klingelton Elvis, der singt: ‚That's allright, mama. That's allright with me. That's allright, mama. Anything, you wanna do.' [...] Wenn mein Mann mich anruft, ist das ein Lied von Celine Dion: „I am your lady and you are my man." ‚Was, ein weltliches

Liebeslied? Was, du hörst kein christliches Loblied als Klingelton? Was für eine Predigerin bist du denn?',Eine, die ihr Leben geniesst!'"[672]
Joyce erntet daraufhin tosenden Beifall.

Joyce wird für ihren aufwändigen Lebensstil scharf kritisiert. Wie Joyce ihre Spendengelder investiert, gab die Zeitschrift ideaSpektrum Ende 2009 von einer Reporterin wieder, die die Zentrale des Missionswerks in Fenton, einem Vorort von St. Louis im Bundesstaat Missouri, besuchte:

„Die 20 Millionen Dollar teure Zentrale mit smaragdfarbener Glasfassade sehe wie ein Luxushotel aus, schreibt sie und zitiert aus einer Inventarliste eines Steuerschätzers: ‚Ein Paar Dresdner Vasen für 19.000 Dollar, sechs französische Kristallvasen für 18.500 Dollar, ein Dresdner Porzellan, das die Weihnachtsgeschichte darstellt. [...] In Joyce Meyers Büro steht ein Konferenztisch mit 18 Stühlen für 49.000 Dollar. Die Holzarbeiten in dem Büro von Meyer und ihrem Ehemann kosteten ihre Organisation 44.000 Dollar.' Alles in allem ermittelte der Steuerschätzer für Möbel, Kunstwerke sowie die neuesten Geräte und Maschinen einen Wert von etwa 5,7 Millionen Dollar. Das unternehmenseigene Flugzeug kostete 10 Millionen Dollar. Erwähnen könnte man noch das zwei Millionen Dollar teure Haus der Meyers mit beheizbarer Garage und acht Stellplätzen."[673]

Joyce scheint das zu leben, was sie predigt: Materiellen Wohlstand. Das zeigt sich auch in ihrem Gehalt:
„Dem Bericht der ‚St. Louis Post' zufolge betrug ihre Vergütung in den Jahren 2002 und 2003 900.000 Dollar, ihr Mann bekam 450.000 Dollar. Nach öffentlicher Kritik reduzierte Meyer ab dem Jahr 2004 ihr Jahresgehalt auf

250.000 Dollar; so weist es auch der Geschäftsbericht für 2008 aus."[674]

Joyce selbst rechtfertigt sich, ihr Wohlstand sei ein Beweis für ihre göttliche Sendung und Segnung.

Konfrontiert wurde und wird Joyce auch immer wieder damit, dass sie ein Amt ausübt, dass einer Frau biblisch nicht geboten ist:

„Ich erlaube aber einer Frau nicht, zu lehren."
(1Tim 2,12a)

Joyce hat dagegen ein anderes Argument:

„Maria, eine Frau, war die erste, die das Evangelium verkündete. Erzählt mir bloß nicht, dass Frauen nicht predigen sollten. Der Engel sagte zu ihr: ‚Gehe und erzähle den Jüngern, dass er auferstanden ist.‘ Das ist Verkündigung! [...]"[675]

Joyce scheint hier ein spontanes und persönliches Evangeliumszeugnis mit dem Amt des Predigers und Verkündigers in der Gemeinde gleichzusetzen.

Joyce erklärt: „Wie man die Bibel studiert"

Im April 2007 gab Joyce die DVD heraus „Wie man die Bibel studiert". Die insgesamt 62 minütigen Vortragseinheiten sollen helfen, „diesen Schatz zu öffnen und Gottes Wort im täglichen Leben anzuwenden".[676]

Außerdem soll man „die eigentliche Bedeutung des Bibelstudiums"[677] erfahren. Das hört sich vielversprechend an. Zu Beginn erklärt Joyce:

„Seit etwa 26, 27 Jahren studiere ich die Bibel nun schon ziemlich gründlich. [...]"[678]

Dann beansprucht sie: „Beinahe alles, was ich euch heute erzählen werde, hat mir der Heilige Geist in meinem persönlichen Bibelstudium gezeigt. [...]"[679]

Bereits im ersten Teil der DVD kommt Joyce auf eine aus der Wort-des-Glaubens-Bewegung kommende Lehre des Proklamierens zu sprechen.[680]

Ein Schlüsselvers dazu ist Spr 18,21:

„Tod und Leben steht in der Gewalt der Zunge."

Aufgrund des Berichtes über das Tal der Totengebeine in Hesekiel 37 schlussfolgert Joyce:

„Es ist möglich, das Wort Gottes in eine tote Situation hineinzusprechen und dann dabei zuzusehen, wie sie sich Stück für Stück verändert. [...]"[681]

Wozu dient die Bibel? Offenbart sie Gottes Heilsplan, der zur Anbetung und zu seiner Ehre führt? Joyce erwähnt im zweiten Kapitel (Abschnitt) der DVD: „Die Bibel ist unser Handbuch für ein erfolgreiches Leben. [...]"[682]

Im vierten Kapitel erklärt Joyce:

„Geht es dir manchmal so, dass du vor deiner Bibel sitzt und dich fragst, was du eigentlich studieren sollst? Du hast dir Zeit genommen, möchtest von Gott lernen, hast aber keine Ahnung, wo du anfangen könntest. Eigentlich ist es ganz leicht: In welchen Bereichen deines Lebens hast du die meisten Schwierigkeiten? [...] In welchem Bereich brauchst du Hilfe? [...] Wir wissen nicht, wie man das Wort Gottes anwendet."[683]

Joyce bestätigt hier den Zweck der Bibel als Hilfsmittel für das eigene Leben.

Mittendrin macht Joyce auf einmal Werbung für ihre eigenen Produkte:

„Wir haben eine umfangreiche Lehrreihe über die Frucht des Geistes, die wir allen sehr ans Herz legen. Die Frucht des Geistes ist etwas sehr Wichtiges. Ich bezeichne diese Kassettenbox oft als eine geistliche Hausapotheke. Wenn ich morgens mit dem falschen Bein aufgestanden bin, wird es mir kaum helfen, eine Predigt über Wohlstand anzuhören. Ich brauche in dem Moment keinen Wohlstand, sondern die richtige Einstellung. [...] Meinen Hörern empfehle ich gerne, je nach Problemlage die entsprechende Kassette aus der Box zu holen. Und das wird wie eine reine Medizin in dem Bereich deines Lebens für diesen Tag sein."[684]

In ihren weiteren Erklärungen erkennt der Zuschauer immer mehr „die eigentliche Bedeutung des Bibelstudiums", wie sie Joyce sieht:

„[...] Und das Tolle ist: Auf einmal fühlst du dich wieder frisch und munter, als ob du Bäume ausreißen könntest. So einfach hebt das Wort Gottes deine Probleme auf."[685]

Im fünften Kapitel rät Joyce aus eigener Erfahrung davon ab, die Bibel nach einem Jahresplan ganz durchzulesen. An einem Tag musste sie einmal sehr viele Kapitel in ihrer Bibellese aufholen und berichtet dazu Folgendes:

„[...] Als ich aufhörte, fragte mich der Heilige Geist: ‚Und, was hast du heute gelernt, Joyce?' Ich sagte: ‚Hmmmh, Ich weiß nicht. Ich habe eine ganze Menge in den Sprüchen gelesen, ein paar Psalmen, so und so viele Seiten im Alten Testament, so und so viele im Neuen.' Aber der Heilige Geist sagte nur: ‚Nein, nein, was du heute gelernt hast, wollte ich wissen.' Und stell' dir vor: Ich konnte mich nicht an eine Stelle erinnern, die ich gerade gelesen hatte. Dann sagte der Herr Folgendes: ‚Joyce, es wäre mir sehr viel lieber, du läsest eine Bibelstelle am Tag und dächtest wirklich darüber nach, als dass du die Bibel verschlingst, nur um dich dabei geistlich gut zu fühlen.'"[686]

Joyce vermittelt den Eindruck, als würde Gott akustisch und direkt mit ihr kommunizieren. Joyce rät:

„Denk' dran: Qualität ist wichtiger als Quantität. Wir sollen verstehen, was wir lesen. Das steht auch in Sprüche 1,2: ‚Um zu lernen Weisheit und Zucht und zu verstehen verständige Rede.' Wir müssen wirklich verstehen, was wir lesen."[687]

Joyce nennt dann noch einmal einen Grund, keine längere Bibellese zu machen:

„Man hat dann zwar sein Soll erfüllt, sozusagen, aber es bringt einem nichts. Es ist wirklich so, dass wir der Qualität einen viel höheren Stellenwert geben sollten als der Quantität."[688]

Es ist logisch und nachvollziehbar, warum Joyce für das intensive Lesen einzelner Verse und gegen das Lesen mehrerer Kapitel plädiert. In der Glaubensbewegung werden einzelne Bibelverse schöpferisch, proklamierend und kämpferisch gebraucht, um, wie mit magischen Formeln, gewisse Ziele zu erreichen. Das Wort Gottes wird eben gebraucht als Hilfsmittel zur Bewältigung eigener Probleme und zur Befriedigung eigener Bedürfnisse, also regelrecht als Mittel zum (meist eigenen) Zweck.
Das Lesen längerer Bibelabschnitte muss jedoch nicht automatisch bedeuten, nichts wirklich verstehen zu können. Joyce erwähnt mit keiner Silbe ein Gesamtverständnis und Gesamtsicht für die Heilige Schrift. In den meisten biblischen Berichten geht es um Gottes Geschichte mit den Menschen sowie um geistliche Prinzipien. Es geht nicht nur um einzelne, punktuelle Wahrheiten, sondern

um Erfahrungsberichte, die Gottes Handeln mit Menschen veranschaulichen und darin, in den Zusammenhängen, grundsätzliche Wahrheiten vermitteln. Wer nur einzelne Verse kennt oder danach sucht, hat keinen Blick für Gottes Geschichte über die Generationen, in denen Gottes Weg sichtbar wurde und wird. Das Grundthema der gesamten Bibel ist „Erlösung". Gott erwählte, befreite und führte sein Volk Israel im Alten Bund und erwählt und erlöst Menschen aus aller Welt im Neuen Bund.

Die Bibel nach der Übersetzung Schlachter 2000 hat 1.189 Kapitel und 31.171 Verse. Und alle Verse und damit die ganze Schrift ist „Heilige Schrift", von Gottes Geist eingegeben (2Tim 3,16) und unvergänglich (Mt 5,18; 24,35). Vielleicht würde nach dem Prinzip von Joyce ein einziges Kapitel mit einigen Versen ausreichen, über die man immer wieder meditieren und die man immer wieder für sich gebrauchen kann. Ist es zu umständlich oder gar überflüssig, so viel biblischen Lesestoff zu haben? Wohl kaum, um den Großteil zu ignorieren und sich nur um scheinbar praktische Anwendungsformeln zu widmen. Die Quantität ist also ohne Zweifel da und hat auch aus den erwähnten Gründen ihre Berechtigung. Gerade im Alten Testament erkennen Bibelleser durch Gottes Handeln mit Einzelnen und auch mit seinem Volk Israel geistlich maßgebliche Prinzipien wie zum Beispiel Vertrauen und Gehorsam. Zu allen Zeiten sollten Menschen Vertrauen in Gottes Verheißungen lernen und Glaubensgehorsam üben. Wer den größeren Zusammenhang bestimmter Berichte, also den Kontext versteht, hat einen Blick für den biblischen Rahmen, also das Ganze und ist eher in der Lage, bestimmte geistliche Wahrheiten heilsgeschichtlich richtig einzuordnen. Wer diesen Blick nicht hat, wird zum Beispiel alttestamentliche Segnungen mit denen im Neuen Bund verwechseln. Wohlstand, also materieller Segen, war im Alten Bund ein sichtbarer, eben äußerlicher Segen, während im Neuen Bund der geistliche Segen durch die

Innewohnung des Heiligen Geistes vorherrscht. Wer hier nicht heilsgeschichtlich denkt und die Zusammenhänge übersieht, macht Wohlstand und materiellen Segen auch zu einem Thema für heute, ohne den Hinweis auf Jesus Christus zu sehen. Ähnliches trifft für äußere (politische) Befreiung zu. Die Jünger Jesu fragten den Herrn Jesus in Apg 1,6, ob er sichtbar „in dieser Zeit für Israel die Königsherrschaft" wieder herstellt. Diese alttestamentliche Erwartung wurde äußerlich nicht erfüllt. Gott regiert im Neuen Bund sozusagen unsichtbar durch den Heiligen Geist in den Gläubigen auf der ganzen Welt. Hier mussten auch die Jünger, die bereits drei Jahre von ihrem Herrn unterrichtet wurden, lernen, heilsgeschichtlich zu denken.

Die Quantität beim Bibellesen ist also keineswegs ein Problem, sondern nötig zum vollständigen und lückenlosen Verständnis.

Das sechste Kapitel der DVD lautet: „Meditation ist der Schlüssel". Joyce erzählt:

„Wenn ich morgens aufwache, meditiere ich meistens als erstes über diese Stelle: ‚Dies ist der Tag, den der Herr gemacht hat. Ich will mich freuen und fröhlich sein.' Ich habe mittlerweile festgestellt, dass der Satan permanent meine Freude rauben will. Ich kann nie hundertprozentig davon ausgehen, dass er mir heute nicht irgendeine Falle stellt. Allerdings habe ich kein Interesse daran, dass er mir die Freude raubt, weil ich jeden Tag so sehr genießen möchte, wie es geht. Je älter ich werde, desto wichtiger scheint es mir, jeden Tag in vollen Zügen zu genießen. [...] Ich glaube, in meinem Leben vergeht kaum ein Tag, an dem ich mir nicht bewusst sage: ‚Dies ist der Tag, den der Herr gemacht hat. Ich will mich freuen und fröhlich sein.' Oft murmele ich das sogar halblaut: ‚Dies ist der Tag, den der Herr gemacht hat. Ich will mich freuen und fröhlich sein.' Oder ich sage es auf dem Weg ins Bad: ‚Dies ist der Tag, den der

Herr gemacht hat. Ich will mich freuen und fröhlich sein.'
Das versetzt mich in die richtige Stimmung, um das Beste
aus diesem Tag zu machen und mir von nichts die Freude
nehmen zu lassen."[689]

Diese Methode erinnert an die Autosuggestion, die Markus Spieker (oben erwähnt) bei Joyce bereits entdeckte.
Ziel dieser Methode ist für Joyce der persönliche Erfolg:

„Ich gebe dir hier nur ein paar Beispiele aus meinen Erfahrungen, aber du kannst sie auch auf andere Lebens-
bereiche übertragen, in denen du Erfolg haben möchtest.
Ich sage dir, dass das Meditieren über das Wort Gottes der
Schlüssel zum Erfolg ist, der Schlüssel zum Erfolg."[690]

Als Schlüsselvers für Erfolg beansprucht Joyce Jos 1,8:

„Jedes Mal, wenn ich mir Josua 1,8 anschaue, meditiere
ich darüber, wie man erfolgreich wird. Ich hatte genug
Versagen in meinem Leben. Ich möchte nicht mehr versagen, sondern Erfolg haben. Und hier steht das Erfolgs-
rezept: Wer über das Wort meditiert, wird zum Täter des
Wortes, und der Täter des Wortes hat Erfolg. Wie kommt
das? Wenn ich schriftgemäß lebe und weise Entscheidungen treffe, habe ich auch Erfolg."[691]

Im siebten Kapitel empfiehlt Joyce zu Studienhilfen erneut ihre eigenen Produkte:

„Was ich außerdem sehr sinnvoll finde, sind Studienhilfen. Wir haben eine Menge selbst zusammengestellt, zum
Beispiel zu meinem Buch ‚Das Schlachtfeld der Gedanken'
[...] Meine Tochter Sandra und ihr Mann benutzen gern
diese Studienhilfen. Wir haben auch eine zum Thema ‚Ich
und meine große Klappe'. Das könnte doch etwas für dich
sein, oder? Ich könnte es auf jeden Fall sehr gut gebrau-

chen. Im Moment sind wir auch dabei, eine Studienhilfe zu meinem Buch über die Gnade Gottes herauszugeben und eine zum Buch ‚Richtig mit Gefühlen umgehen'. [...] Noch etwas, das wir anbieten, sind meine Predigtnotizen in gebundener Form. Für nur 1, 2, 3, 4 oder 5 US-Dollar bekommst du meine Notizen direkt ins Haus, und du kannst sie als Leitfaden für deine eigenen Recherchen benutzen. Jetzt hast du keine Ausrede mehr: Jeder kann die Bibel studieren. [...]"[692]

Es ist erstaunlich, wie selbstsicher Joyce ihre Produkte und damit sich selbst empfiehlt. Der Apostel Paulus dagegen rät:

> **„Denn nicht der ist bewährt, der sich selbst empfiehlt, sondern der, den der Herr empfiehlt." (2Kor 10,18)**

Das Wort Gottes wird missbraucht zu einer magischen Formelsammlung und Fundgrube zur eigenen Problemlösung. Vertrauen und Gehorsam durchziehen dagegen die Heilige Schrift und begründen die Glaubensbeziehung zu Gott. Der Mensch ist dazu berufen, Gott zu dienen, nicht umgekehrt. Gottes Segen ist nicht verfügbar und durch bestimmte charismatische Techniken manipulierbar. Gottes Segen ist ein Zeichen seiner souveränen Gnade und auch Folge von Gehorsam. Daher gebührt Gott für seinen Segen und auch für seine Person an sich Lob und Ehre. Diese Haltung des Lobes und einer Gott würdigen Ehrfurcht ist eine Grundhaltung beim Thema „Wie man die Bibel studiert". Bei Joyce steht dagegen im Vordergrund, wie man mit Hilfe der Bibel sich besser fühlt, das Leben besser gelingt und man seine Probleme gelöst bekommt.

> **„In der letzten Zeit werden Spötter auftreten, die nach ihren eigenen gottlosen Lüsten wandeln. Das sind die,**

welche Trennungen verursachen, natürliche [Menschen], die den Geist nicht haben." (Jud 18-19)

Die hier erwähnten Menschen, „die nach ihren eigenen gottlosen Lüsten wandeln", fragen in erster Linie nach der Befriedigung eigener Bedürfnisse, nach der Lösung eigener Probleme. Ihr Ziel ist, wohl auch entsprechend dem Programm von Joyce, das Leben zu genießen. Sie sind, wie der Apostel Paulus beschreibt, irdisch gesinnt:

„Ihr Ende ist das Verderben, ihr Gott ist der Bauch, sie rühmen sich ihrer Schande, sie sind irdisch gesinnt." (Phil 3,19)

Diese irdisch Gesinnten, die das irdische Leben genießen wollen, sind eben nicht „himmlisch gesinnt". Sie leben nicht in konsequenter Christusnachfolge, in kompromissloser Jüngerschaft, in geistlichem Gehorsam und Disziplin. Sie verleugnen sich selbst und ihre Bedürfnisse nicht und nehmen auch nicht „ihr Kreuz auf sich" (Mt 16,24). Das Leiden um Christi Willen wird nicht als Würde und Verherrlichung Gottes angenommen (Apg 5,41; 9,16; Phil 1,29). Über diese nicht geistlichen, sondern natürlichen Menschen urteilt der Apostel Paulus: „Sie haben den Geist nicht." Sie sind also gar keine Christen. Christen sind vielmehr „auserwählte Fremdlinge" in dieser Welt, wie der Apostel Petrus es erwähnt (1Petr 1,1-2). Sie sind Fremdlinge, was diese Welt mit ihren Werten und Genüssen, mit ihren Leidenschaften und Lüsten angeht:

„Die aber Christus angehören, die haben das Fleisch gekreuzigt samt den Leidenschaften und Lüsten." (Gal 5,24)

Sie sind auserwählt, Gott und seinem himmlischen Reich zu dienen und auf Erden entsprechend zu leben:

„[...] wie er uns in ihm auserwählt hat vor Grundlegung der Welt, damit wir heilig und tadellos vor ihm seien in Liebe." (Eph 1,4)

Es wird also deutlich, dass man die Bibel auch zu Zwecken studieren kann und sie sogar wertschätzen und lieben kann, die nicht Gottes Maßstäben entsprechen. Das Gesamtkonzept von Joyce' Lehre „Wie man die Bibel studiert" entspricht ihrem Menschenbild und Programm „Das Leben genießen".

Um sich selbst kümmern?

Im Abspann einer Sendung wiederholt Joyce:
„Wir wissen, dass wir uns besser um uns selbst kümmern müssen. Aber oft denken wir, das würde so viel Zeit und Geld kosten. Aber ich möchte ihnen heute sagen, dass sie das wert sind. Sie sind es wert, in sich selbst zu investieren. Sie sind die Wohnung Gottes. Wenn sie Christ sind, wohnt er in ihnen und ihr Körper ist der Tempel des Heiligen Geistes, und sie sollten gut für Gottes Wohnung sorgen. [...]"[693]

Diesen Umkehrschluss, sich selbst zu dienen, weil man ein Tempel des Heiligen Geistes ist, gibt die Bibel jedoch nicht her.

Ist das eigene Leben wertvoller als der Herr? Wer sich um sich selbst dreht und für sich selber sorgt, ist sein eigener Herr. Beim Gleichnis vom reichen Narren wiegte sich dieser in Selbstsicherheit:

„Und will zu meiner Seele sagen: Seele, du hast einen großen Vorrat auf viele Jahre; habe nun Ruhe, iss, trink und sei guten Mutes! Aber Gott sprach zu ihm: Du Narr! In dieser Nacht wird man deine Seele von dir fordern;

und wem wird gehören, was du bereitet hast? So geht es dem, der für sich selbst Schätze sammelt und nicht reich ist für Gott!" (Lk 12,19-21)

Das Schätzesammeln kann sich auch auf Genuss und die eigenen Bedürfnisse beziehen, sozusagen auf alles Irdische und Menschliche, was eben nicht reich bei Gott macht. Solch ein Leben endet in der Verlorenheit. Damit ist ein genussvolles Leben ein vergeudetes Leben.

„Oder wisst ihr nicht, [...] dass ihr nicht euch selbst gehört?" (1Kor 6,19)

Ein erfülltes Leben in Gott kann nur in Selbstvergessenheit bestehen. David zum Beispiel strebte nicht nach einem genussvollen und komfortablen Leben. Jeder irdische Wohlstand, jede wenn auch noch so schöne Lebensform konnte bei ihm nicht mit Gottes Gnade konkurrieren.

„Denn deine Gnade ist besser als Leben." (Ps 63,4)

Auch über die Gläubigen am Ende der Zeit heißt es in der oben bereits zitierten Schriftstelle, dass sie ihr Leben nicht geliebt haben:

„Und sie haben ihn überwunden um des Blutes des Lammes und um des Wortes ihres Zeugnisses willen und haben ihr Leben nicht geliebt bis in den Tod!"
(Offb 12,11)

Der Apostel Paulus bezeugt von treuen Christusnachfolgern nicht: „Wir genießen entspannt das Leben und tragen materiellen Wohlstand umher.", sondern:

„Wir tragen allezeit das Sterben des Herrn Jesus am Leib umher, damit auch das Leben Jesu an unserem

Leib offenbar wird. Denn wir, die wir leben, werden beständig dem Tod preisgegeben um Jesu willen, damit auch das Leben Jesu offenbar wird an unserem sterblichen Fleisch." (2Kor 4,10-11)

„Das Leben genießen" ist der Titel, das Motto und das Ziel der Verkündigung von Joyce. Wie deckt sich dieses Programm aber mit dem Lebensstil der Apostel? Über den Apostel Paulus wird Ananias von Gott nicht offenbart: „Denn ich werde ihm zeigen, [...] wie er sein Leben noch mehr genießen kann.", sondern:

„[...] wie viel er leiden muss um meines Namens willen." (Apg 9,16)

Der unter konservativ Evangelikalen geschätzte Apologet Ravi Zacharias lobte im Dezember 2012 Joyce im Fernsehinterview mit ihr als eine „große Bibellehrerin"[694].

Joyce erreicht durch ihre Bücher und vor allem durch die Sendungen im Fernsehen und im Internet zig Millionen, die ihre Botschaft als gute biblische Lehre und wahres Evangelium annehmen. Sie ist sich auch ihrer Verantwortung vor Gott bewusst:

„[...] Aber ich werde eines Tages vor Gott stehen und Rechenschaft darüber ablegen, was ich mit den Leuten gemacht habe, die vor mir gesessen haben."[695]

Es bleibt hierbei zu hoffen, dass Joyce den Unterschied erkennt zwischen einem geistlich erfüllten Leben und weltlich-irdischem Wohlergehen. In den meisten Vorträgen legt sie nicht das Wort Gottes aus, mit dem sie in der Regel startet, sondern bringt allerlei gute Ratschläge für das alltägliche Leben. Diese könnten auch unabhängig vom eingangs gelesenen Bibeltext vorgetragen sein. Einen unbedingt geistlichen Bezug kann man dabei nicht ausmachen. Ihre Ratschläge klingen gewissermaßen wie eine Art Hausfrauen-Psychologie. Mit ihrem Programm „Das Leben genießen" hat Joyce eine eindeutig klare Botschaft: Selbstliebe, Selbstfürsorge, Selbstbewusstsein, Selbstverwirklichung. Anhand der oben kommentierten Zitate wird jedoch deutlich, dass diese Botschaft nicht dem biblischen Menschenbild entspricht. Der Gläubige wird nicht das Ziel haben, sich selbst zu lieben, sondern Gott zu lieben. Er wird nicht darauf achten, für sich selbst zu sorgen, sondern zuerst nach Gottes Reich trachten. Er wird sich nicht um ein starkes Selbstbewusstsein bemühen, sondern sich Gottes Kraft und Stärke bewusst sein wollen. Er wird sich nicht selbst verwirklichen, sondern selbst verleugnen. Und das alles zu Gottes Ehre und als Opfer der Hingabe aus Dankbarkeit, weil sich Gottes Sohn selbst hingegeben hat. Der Gläubige lebt also nicht für sich selbst und sein irdisches Wohlergehen, sondern in kompromissloser Jüngerschaft und Kreuzesnachfolge, so wie es der Apostel Paulus erkannt hat:

„Ich bin mit Christus gekreuzigt; und nun lebe ich, aber nicht mehr ich [selbst], sondern Christus lebt in mir. Was ich aber jetzt im Fleisch lebe, das lebe ich im Glauben an den Sohn Gottes, der mich geliebt und sich selbst für mich hingegeben hat." (Gal 2,20)

Parallelen zum „Positiven Denken" und zur Esoterik

Joyce erreicht ihre zahlreichen Anhänger mit praktischen Lebenshilfen. Sie ermutigt mit positiven und lebensbejahenden Ratschlägen zu einem ordentlichen und sorgenfreien Leben. Die meisten ihrer Erkenntnisse entstammen jedoch nicht der Heiligen Schrift, sondern finden sich vielmehr in psychologischen Ratgebern wieder. Letztendlich ist Joyce damit in erster Linie keine geistliche, sondern eine psychologische bzw. seelische Beraterin, auch wenn sie bei jeder Verkündigung auch das Wort Gottes zitiert. Statt einer geistlichen Auslegung ist es jedoch zumeist nur Mittel zum Zweck und scheint bloß als Feigenblatt für eigene Lebensweisheiten zu dienen. So wird das Wort Gottes missbraucht wie bei Norman Vincent Peale (1898-1993), dem „Vater" des positiven Denkens. Auch er nahm für seine Bücher und Vorträge bestimmte Bibelverse aus dem Zusammenhang als Sprungbrett, um dann aber in die Kraft des positiven Denkens, der positiven Phantasie und des Möglichkeitsdenkens einzutauchen. Evangelikale haben „Peales Ansatz von Anfang an als rein innerweltlich oder esoterisch bzw. okkult abgelehnt".[696]

„Lernen sie, in allem das Positive zu sehen"[697] und „Entdecke die Möglichkeiten – in allem"[698] – das sind Schlagworte im Magazin von Joyce, die zuvor Norman Vincent Peale unter den Evangelikalen bekanntmachte.

Joyce stellte fest:
„Positives Denken und Handeln wird bei zuversichtlichen Menschen zur Gewohnheit. Deshalb genießen sie das Leben und erreichen so viel."[699]

„[...] Haben wir positive Gedanken, werden wir zu positiven Menschen, die ein erfolgreiches Leben genießen."[700]

Auffällig bei Peale sowie bei Joyce ist, dass die eigentliche Botschaft und dessen Ziel gut auch ohne Bibelverse auskommen können. Das ist ein fataler Missbrauch und Betrug. Nicht weniger fatal ist, dass viele der aus dem eher konservativ evangelikalen Umfeld kommenden Anhänger von Joyce den Unterschied zwischen Geistlichem und Seelischem bzw. Psychologischem nicht bemerken und scheinbar auch nicht bemerken wollen. Zu sehr fühlen sie sich von ihr auferbaut und bestätigt. Dass eine subjektive Erfahrung des Wohlfühlens aber nicht gleichbedeutend ist mit biblischer Wahrheit, wird einfach nicht erkannt. Wer meint, dass Joyce ihm im Glauben und im Leben geholfen habe, ist davon so überzeugt, dass diese persönliche Erfahrung nicht mehr mit bestimmten biblischen Wahrheiten konkurrieren kann. Es möge auch andere biblische Erkenntniswege geben, aber sie können das selbst Erlebte nicht in Frage stellen. Damit hat die subjektive Wahrheit der persönlichen Erfahrung einen höheren Wert als die objektive Wahrheit der Offenbarung Gottes. Wahr ist, was ich selber erleben und erfahren kann. Kriterium, ob dies gut und richtig ist, ist das eigene menschliche Empfinden. Damit entscheidet der Mensch selbst, was für ihn gilt und nicht mehr das Wort Gottes als geistlich letztgültige Instanz. Diese biblisch falsche Denkvoraussetzung scheint die meisten Anhänger von Joyce zu prägen. Das Wort Gottes spielt zwar eine einführende Rolle, wird aber nicht ausgelegt, sondern durch psychologische Ratschläge in den Hintergrund gedrängt. Die Zuhörer kommen weg vom Wort der Wahrheit und hin zum Erleben und Genießen. Das Ergebnis ihrer Verkündigung ist jedoch praktische Lebenshilfe und Auferbauung. Der Zweck, den Zuhörern geistlich zu helfen, heiligt jedoch nicht die Mittel, wenn diese nicht geistlich sind.

Wie Anselm Grün und Sarah Young verkündigt Joyce letztendlich, dass ihren Zuhörern ein höherer Psychotherapeut Selbstwert und Wohlergehen vermittelt. Gott spielt nur die Rolle des Dieners und Wohltäters statt sozusagen der Regisseur im Lebensfilm zu sein. Dies ist eine totale Verdrehung geistlicher Tatbestände, wie sie zum Beispiel Merlin Carothers (1933-2003) beschrieb. Er hatte folgende Vision mit einem auffälligen Rollentausch:
„Plötzlich sah ich im Geiste Jesu vor mir knien. Er hielt meine Füße und legte seinen Kopf auf meine Knie. Er sag-

te: ‚Ich möchte nicht dich gebrauchen. Ich möchte, dass du mich gebrauchst!'"[701]

Jahrzehnte vor dem Wirken von Sarah Young und Joyce Meyer erkannte der US-amerikanische Pastor Aiden Wilson Tozer (1897-1963) bereits:

„Wenn Gott darauf aus ist, einen ungewöhnlichen Christen aus dir zu machen, wird Er höchstwahrscheinlich nicht so sanft mit dir verfahren, wie Er von gern gehörten Predigern dargestellt wird. Ein Bildhauer benutzt keine Manikürgeräte, um den rohen, ungestalten Marmorblock auf eine schöne Gestalt zu reduzieren. Steinsäge, Hammer und Meißel sind raue Werkzeuge; aber ohne sie bleibt der rohe Stein für immer formlos und unschön."[702]

Jeder Leser sollte einmal prüfen, ob sich biblische Jüngerschaft und Kreuzesnachfolge mit der Botschaft der „gern gehörten Prediger" deckt. Oder deckt sich die Botschaft, das Leben zu genießen, Gott zu spüren und zu fühlen sowie des Wohlstandsevangeliums eher mit den Sehnsüchten der Postmoderne? Deckt sie sich mit neuen Trends der Zeit oder mit dem ewig gültigen Wort Gottes? Deckt sie sich mit dem Zeitgeist oder dem Heiligen Geist?
Im nichtevangelikalen Bereich sind Programme des Wohlergehens, des Wohlfühlens und das Leben zu genießen als psychologische oder esoterische Lebenshilfen fest etabliert. Der katholische Herder-Verlag brachte 2009 zum Beispiel folgendes Buch heraus:
„Happy Hour für die Seele. 99 Wohlfühlrezepte für alle Sinne sorgen für innere Balance, indem sie den Stress wegzaubern und die Stimmung heben: kleine Fluchten aus dem Alltag, schnelle Entspannungsübungen, Wege zu einer positiven Einstellung – wunderbare Verwöhn-Ideen im praktischen Kartenfächer, zusammengestellt von Tania Konnerth."[703]

Sogar in einem esoterischen Kundenmagazin finden sich die werbewirksamen Schlagworte von Joyce wie „Unbeschwertheit", „Gelassenheit", „das Leben genießen", nur eben bei mystischen und okkulten Anbietern mit dem Hintergrund von Selbstheilung und Erleuchtung:

– „Unbeschwert. Wer schwere Gedanken und Schuldgefühle loslässt, kann seine Selbstheilungskräfte aktivieren."[704]

– „Die Macht von Worten und Gedanken"[705]

– „Wie finde ich zu mehr Selbstbewusstsein?"[706]

– „55 Übungen, die Ihr Leben radikal verändern können"[707]

– „Entdecke Deine Bestimmung und lebe sie"[708]

– „Was Sie wirklich wollen und wie Sie es bekommen können."[709]

– „Achte Dich selbst!"[710]

– „Durch Freude und Gelassenheit zu Bewusstheit und Selbsterkenntnis. Erleuchtung und das Leben genießen – das passt nicht zusammen? Und ob, [...]"[711]

Die Heilerin Vianna Stibal hat mit „ThetaHealing" eine esoterische Methode entwickelt, mit der sie Kranke heilt. Voraussetzung ist die (wenn auch unpersönliche) „Verbindung zum Schöpfer":

„Wir versetzen uns geistig in eine Kugel aus weißem Licht über unserem Kopf und sagen oder denken ‚Gott' oder ‚Schöpfer von allem, was ist'. Dies bringt uns unmittelbar in einen tiefen meditativen und für das Göttliche offenen Bewusstseinszustand. [...]"[712]

Hier wird deutlich, dass auch die Esoterik eine direkte Verbindung zu Gott sucht und mittels bestimmter Übungen eine Gottesunmittelbarkeit herstellen will. Stibal erklärt, dass die religiöse Herkunft des Behandelten unerheblich sei. Man müsse nur „aufrichtig an Gott oder an die Schöpferische Macht glauben"[713].

Für Stibal gibt es einen Gott, der nicht zwangsläufig der Gott der Bibel sein muss. Es ist ein nicht auf eine einzige und bestimmte Religion festzulegender Schöpfergott:

„[...] Mir ist schon klar, dass der Schöpfer unter verschiedenen Namen bekannt ist, aber Gott, Buddha, Shiva, Göttin, Jesus, Jahwe oder Allah, das sind gleichsam Strömungen, die uns zur Siebten Ebene der Existenz und zur Schöpferischen Energie Allen Seins tragen."[714]

In Ebene Fünf wird Jesus Christus als einer von mehreren Energiespendern gedeutet und damit missbraucht:

„[...] Der Mensch wird sich seiner selbst und seiner Verbindung zu Gott bewusst. Auf der fünften Ebene finden wir alle großen Seelen und Aufgestiegenen Meister – wie Christus – jenseits von Zeit und Raum. Sie alle sind in diesem Moment präsent und können kontaktiert werden. Die sechste Ebene präsentiert die universale Kraft der Liebe. Und schließlich die für das ThetaHealing so wichtige siebte Ebene. Es ist die des Schöpfers von allem was ist. Von dieser Ebene aus, die alles erschafft und verbindet, was überhaupt ist, geschieht auch die Heilung."[715]

Anselm Grün und Joyce Meyer berufen sich in ähnlicher Weise auf göttliche Ressourcen bzw. Energien und machen sich diese verfügbar für das Wohlergehen ihrer Kundschaft. Norman Vincent Peale war bereits dafür bekannt, esoterische Lebenshilfen und Denkmodelle mit Bibelversen zu verbinden. Der Glaube an die Wirksamkeit der Bibelstellen entspringt jedoch nicht einem christlichen, sondern magischen Verständnis. Dieses sich Verfügbarmachen von Gottes Wort für eigene Bedürfnisse ohne Bekehrung und Jüngerschaft kann daher aus biblischer Sicht nur als neuheidnisch abgelehnt werden.

Genießer oder Sklave? – Die wahre Identität in Christus

Ein neuer Trend führt zu konträren Positionen

Unzählige Ratgeber, das Leben zu gestalten, überschwemmen den christlichen Büchermarkt. Dabei fällt auf, dass ein neuer Schwerpunkt aus dem säkularen Wellness-Bereich übernommen wird, nämlich das Leben zu genießen, lustvoll und mit allen Sinnen. Auch Evangelikale werden jetzt dazu angeleitet, sich selbst zu verwöhnen, sich etwas Gutes zu tun und eben das Leben so richtig zu genießen. Nachfolgend sei zunächst vom Neuen Testament her untersucht, was dem Gläubigen zu seinem eigenen Leben bezüglich Selbstversorgung und Genuss geboten und verheißen ist. Welche Identität hat der Gläubige in Christus? Ist er ein Genießer seines Glaubens und Lebens oder ein Sklave seines Herrn? Diese beiden konträren Identitäten werden anschließend anhand zweier Publikationen untersucht, was zu aufschlussreichen Ergebnissen führt. Je weiter die Zeit vor der Wiederkunft Christi voranschreitet, desto schneller wird der christliche Glaube offenbar von Trends und Strömungen des Zeitgeistes beeinflusst und verändert. Diese pessimistische Grundsicht bezüglich der Endzeit teilen die meisten Bibelleser. Dazu nur zwei grundlegende Schriftstellen:

„Der Geist aber sagt ausdrücklich, dass in späteren Zeiten etliche vom Glauben abfallen und sich irreführenden Geistern und Lehren der Dämonen zuwenden werden." (1Tim 4,1)

„Lasst euch von niemand in irgendeiner Weise verführen! Denn es muss unbedingt zuerst der Abfall kommen

und der Mensch der Sünde geoffenbart werden, der Sohn des Verderbens." (2Thess 2,3)

Was lehrt die Bibel zu Selbstversorgung und Genuss?

Aufgrund dieser warnenden Aussichten werden die Gläubigen in den Briefen der Apostel mehrfach zur Nüchternheit und Wachsamkeit gerufen. Doch bereits in den Evangelien wird vom Herrn Jesus selbst der Grund gelegt, was einen Christen bezüglich seiner Prioritäten und seiner Selbstsicht einschließlich Versorgung und Genuss ausmacht.

> *„Habt aber acht auf euch selbst, dass eure Herzen nicht beschwert werden durch Rausch und Trunkenheit und Sorgen des Lebens, und jener Tag unversehens über euch kommt! Denn wie ein Fallstrick wird er über alle kommen, die auf dem ganzen Erdboden wohnen. Darum wacht jederzeit und bittet, dass ihr gewürdigt werdet, diesem allem zu entfliehen, was geschehen soll, und vor dem Sohn des Menschen zu stehen!"*
> *(Lk 21,34-36)*

Dieses Achthaben auf sich selbst ist dem Gläubigen für die Endzeit geboten. Es ist nicht geboten, das Leben zu genießen, sondern – ganz im Gegenteil – sich nicht zum einen durch übermäßigen Genuss und zum anderen durch Sorgen beherrschen zu lassen. Stattdessen ist nüchterne Wachsamkeit geboten. Dieses Wachen lenkt die Aufmerksamkeit auf geistliche Belange, während das Genießen auf irdische Belange zielt. Der Gläubige steht vor der Frage: Wem will ich dienen? Gott und seinem Reich oder mir selbst und der Welt?

„Niemand kann zwei Herren dienen, denn entweder wird er den einen hassen und den anderen lieben, oder er wird dem einen anhängen und den anderen verachten. Ihr könnt nicht Gott dienen und dem Mammon!" (Mt 6,24)

Das hier erwähnte „dienen" (altgr.: δουλευω) impliziert nicht die Möglichkeit einer freien Wahl, wofür man sich entscheiden kann, sondern deutet auf Unterwerfung hin. Wer dem Mammon dient, tut dies als Gebundener, wie ein Knecht oder Sklave. Er wird von ihm beherrscht. Der nach Genuss Strebende dient seinen Lüsten und Vergnügungen. Der Apostel Paulus greift diesen Zustand auf in Tit 3,3a:

„Denn auch wir waren einst unverständig, ungehorsam, gingen in die Irre, dienten mannigfachen Lüsten und Vergnügungen."

Es fällt auf, dass Paulus hier die Vergangenheit so negativ beschreibt, dass die ganze Lebensweise abzulehnen ist, denn damit „gingen (wir) in die Irre". Auch werden keine konkreten sündhaften Vergnügungen genannt; es wird vielmehr allgemein gehalten, da der ganze Lebensstil ungeistlich ist.
In Joh 8,34 wird festgestellt:

„Jeder, der die Sünde tut, ist ein Knecht der Sünde."

Es ist daher ein sehr ernstes Thema mit deutlichen Konsequenzen, wonach der Mensch sein Leben ausrichtet. Nicht nur Geld und Besitz wollen als Götze mit dem wahren Gott konkurrieren, sondern auch der Egoismus will seine irdischen Belange nach Genuss und Wohlstand vor die Belange Gottes stellen. Entweder bin ich himmlisch gesinnt oder irdisch gesinnt. Entweder bin ich ein Sklave Jesu Christi oder ein Sklave des weltlichen Systems. Zu diesem weltlichen System, das durch den Fürst dieser Welt beherrscht und beeinflusst wird, gehört auch das Streben nach Genuss. Streben nach eigenen Bedürfnissen dient nicht dem Herrn, sondern ist weltlich, irdisch und egoistisch. In Mt 6,32 wird deutlich, dass dies das Kennzeichen der Ungläubigen ist:

„Denn nach allen diesen Dingen trachten die Heiden, aber euer himmlischer Vater weiß, dass ihr das alles benötigt."

Sicherlich benötigen auch Gläubige eine irdische und materielle Versorgung, aber sie sollen nicht selber dafür sorgen, sondern sich versorgen lassen.

„Trachtet vielmehr zuerst nach dem Reich Gottes und nach seiner Gerechtigkeit, so wird euch dies alles hinzugefügt werden!" (Mt 6,33)

Das bedeutet in letzter Konsequenz, dass ich entweder dem Herrn diene oder mir selbst. Auch der Apostel Paulus kennt nur dieses Entweder-Oder und befiehlt in Kol 3,2:

„Trachtet nach dem, was droben ist, nicht nach dem, was auf Erden ist."

Eine persönliche Frage: Habe ich es mir als Erdenbürger gemütlich eingerichtet oder bin ich ein Himmelsbürger, der sich auf der Erde nur als Fremder sieht und einem himmlischen Auftrag nachgeht?

„Unser Bürgerrecht aber ist im Himmel, von woher wir auch den Herrn Jesus Christus erwarten als den Retter." (Phil 3,20)

„Denn wir haben hier keine bleibende Stadt, sondern die zukünftige suchen wir." (Hebr 13,14)

Diese überaus deutlichen Kontraste zwischen Irdischem und Himmlischem, Fleischlichem und Geistlichem sowie Seele und Geist sind natürlich und normal. Das Wort Gottes deckt das natürliche, sündhafte Wesen des Menschen auf.

„Der natürliche Mensch aber nimmt nicht an, was vom Geist Gottes ist; denn es ist ihm eine Torheit, und er kann es nicht erkennen, weil es geistlich beurteilt werden muss." (1Kor 2,14)

Wer geistlich gesinnt sein will, erlebt nicht Genuss seines natürlichen Lebens, sondern oft Schmerz und den Kampf der Überwindung, weil Gottes Wort seine egoistischen Absichten offenbart und die natürlichen Gedanken und Gesinnungen des Herzens richtet.

„Denn das Wort Gottes ist lebendig und wirksam und schärfer als jedes zweischneidige Schwert, und es dringt durch, bis es scheidet sowohl Seele als auch Geist, sowohl Mark als auch Bein, und es ist ein Richter der Gedanken und Gesinnungen des Herzens."
(Hebr 4,12)

Wer dagegen sein Leben genießen will, wird es nicht verleugnen, sondern alle irdischen Bedürfnisse beachten und versorgen.

„Er sprach aber zu allen: Wenn jemand mir nachkommen will, so verleugne er sich selbst und nehme sein Kreuz auf sich täglich und folge mir nach." (Lk 9,23)

Nach dem „Auf sich selbst achthaben" in Lk 21,34 ist hier zum zweiten Mal die Blickrichtung auf „sich selbst" zu finden, nämlich sich selbst zu verleugnen. Es ist überdeutlich, dass diese Blickrichtung ausschließlich dazu dient, letztendlich außerhalb seiner Selbst Erfüllung zu finden, anstatt eigene Bedürfnisse zu pflegen und Genüsse zu befriedigen. Wer jedoch sein Leben genießen will, wird es nicht hassen – im Gegenteil: Er wird in erster Linie sich selbst Gutes tun, um sich das Leben zu erleichtern. Er wird sich selbst belohnen, um das Leben zu genießen.

„Wer sein Leben liebt, der wird es verlieren; wer aber sein Leben in dieser Welt hasst, wird es zum ewigen Leben bewahren." (Joh 12,25)

Das Leben genießen zu wollen, ist eine irdische Gesinnung. Resultiert ein Genießen aus dem Dienst für Gott, ist es eine besondere Gnade, auf die aber kein Anspruch besteht. Grundsätzlich reicht uns Gott alle guten Gaben zum Genuss dar (1Tim 6,17), es dürfen aber nicht die Prioritäten verschoben werden. Ansonsten gilt die Ermahnung in Jak 5,5a:

„Ihr habt euch dem Genuss hingegeben."

Paulus ermahnt auch die Witwen gottesfürchtig zu leben und tadelt in 1Tim 5,6:

„Eine genusssüchtige jedoch ist lebendig tot."

Das Leben zu genießen ist weder vom Herrn, den Aposteln und Propheten vorgelebt, noch geboten. Wer als Himmelsbürger sich selbst verleugnet, sein Fleisch gekreuzigt hat, nach Gottes Reich trachtet, im Glaubenskampf steht und dennoch sein Leben in der antichristlich beeinflussten Welt als Licht mitten in der Finsternis genießen will, stellt das biblische Weltbild komplett auf den Kopf und offenbart damit nur, dass er nicht geistlich, sondern fleischlich gesinnt ist.

„Denn diejenigen, die gemäß [der Wesensart] des Fleisches sind, trachten nach dem, was dem Fleisch entspricht; diejenigen aber, die gemäß [der Wesensart] des Geistes sind, [trachten] nach dem, was dem Geist entspricht. Denn das Trachten des Fleisches ist Tod, das Trachten des Geistes aber Leben und Frieden, weil nämlich das Trachten des Fleisches Feindschaft gegen Gott ist; denn es unterwirft sich dem Gesetz Gottes nicht, und kann es auch nicht; und die im Fleisch sind, können Gott nicht gefallen." (Röm 8,5-8)

Wer nicht geistlich gesinnt ist, wird letztendlich auch ernten, was er gesät hat.

„Denn wer auf sein Fleisch sät, der wird vom Fleisch Verderben ernten; wer aber auf den Geist sät, der wird vom Geist ewiges Leben ernten." (Gal 6,8)

Christof Lenzen: „Glauben genießen"

Nachfolgend ein Beispiel eines Plädoyers für ein genussorientiertes Christsein.
Christof Lenzen ist Pastor der Freien Evangelischen Gemeinde Eschweiler und schrieb 2008 das Buch „Glauben genießen. Eine kulinarische Reise zu einem authentischen Christsein". Darin behandelt er folgendes Problem:

„Statt mit allen Sinnen zu glauben, denken viele Christen, das Leben mit Jesus bestehe vor allem aus Entbehrung, Leid und mühevoller Disziplin. Doch der Glaube an Jesus Christus ist das Beste, was einem Menschen passieren kann. Er ist eine Bereicherung unseres Alltags und führt zu mehr Lebensgenuss."[716]

Das, was Lenzen beschreibt, woraus „das Leben mit Jesus bestehe", ist eigentlich eine nachvollziehbare Zusammenfassung bekannter Schriftstellen zu Kreuzesnachfolge und Jüngerschaft beim Apostel Paulus und beim Herrn Jesus selbst. Aber es stellt für Lenzen ein Problem dar, denn eigentlich führe der Glaube „zu mehr Lebensgenuss". Der Autor versäumt es leider von Anfang an, seine Thesen biblisch zu belegen oder zu begründen.

„Aber auch die Ewigkeit mit dem Herrn beginnt mit einem gigantischen Festmahl. Das ist ein starkes Bild, das in mir große Vorfreude auslöst. Da wird gefeiert und gejubelt, geschmaust und getrunken. Für den Juden Jesus und seine jüdischen Jünger war und ist es eindeutig: Ewigkeit ist sinnlich und durchaus körperlich."[717]

Hier scheint Lenzen ein fleischlich-seelisches Schlemmen und Schmausen zu verwechseln mit der geistlichen Erfüllung, die in der Ewigkeit auch mit einem gigantischen Festmahl nicht konkurrieren kann. Der Gläubige wird im Himmel seine Erfüllung allein im Herrn selbst haben, so dass alles Äußerliche wie ein Festmahl nur noch nebensächlich sein kann, wie gigantisch es auch immer sein mag. Lenzen scheint zu übersehen, dass zwischen dem menschlichen Empfinden auf der Erde und dem Empfinden im Himmel ein entscheidender Unterschied besteht. Dort werden alle Bedürfnisse und Sehnsüchte gestillt sein und die Erwartungshaltung verändern. Alles dort Vorhandene ist zwar eine exzellente Beigabe in der Vollkommenheit, aber eben nur eine Beigabe, auf die man sich nicht mehr konzentrieren wird in Form eines üppigen Schlemmens oder Schmausens.

„Trotzdem gibt es bis heute im Christentum und in der christlichen Szene von katholisch bis freikirchlich eine seltsame Zuneigung zu solchen bedauernswerten Figuren und vor allem zu deren Lebenshaltung, die zusammengefasst in einigen Schlagworten lauten könnte: Die Welt ist ein Jammertal, alles ist schlecht und böse, Leiden ist wichtig, Verfolgtwerden noch besser, Lebensfreude ist verdächtig und entspricht bloß dem Zeitgeist. Da werden eindeutige Kategorien aufgebaut: schwarz – weiß, böse – gut, Lachen – Ernsthaftigkeit usw."[718]

Der FeG-Pastor beschreibt wiederum die Lebensrealität eines Christen. Auch der Dualismus von gut und böse ist biblisch. Allerdings verwechselt er diese Realität mit einem verkrampften, selbstkasteienden Christsein, dass unausgewogen und unnatürlich Leid der Freude vorzieht. Es ist nicht zu bemängeln oder zu verurteilen, wenn Christen noch „eindeutige Kategorien" haben, sondern wenn diese in ungeistlicher Weise gebraucht werden.
„Das Evangelium als Botschaft der Weite und Freiheit ist stets und immer wieder aufs Neue bedroht durch das Pharisäertum [...]"[719]
Wenn diese Weite und Freiheit biblisch begründet ist, ist dagegen natürlich nichts einzuwenden. Lenzen scheint jedoch eher eine Art von Großzügigkeit und Offenheit einem gesetzlichen Pharisäertum gegenüberzustellen. Das bereits erwähnte Denken in „eindeutigen Kategorien" ist für Christof Lenzen bereits gesetzlich. Es ist jedoch nur eine falsche, ungeistliche Gesetzlichkeit unbiblisch und pharisäisch. Überdies ist das Kennzeichen der Endzeit nicht Gesetzlichkeit, sondern zunehmende Gesetzlosigkeit.

„Und weil die Gesetzlosigkeit überhandnimmt, wird die Liebe in vielen erkalten." (Mt 24,12)

„Sie, lieber Leser, und ich, wir als ganz normale Durch-schnittschristen [...]"[720]

Diese „ganz normalen Durchschnittschristen" sind kein biblisch erstrebenswertes Kriterium. Stattdessen werden biblisch eben wieder „eindeutige Kategorien" beschrie-ben, die Lenzen jedoch als gesetzlich ablehnen wird, nämlich „heiß" und „kalt" bzw. „lau".

> *„Ich kenne deine Werke, dass du weder kalt noch heiß bist. Ach, dass du kalt oder heiß wärst! So aber, weil du lau bist und weder kalt noch heiß, werde ich dich aus-speien aus meinem Mund." (Offb 3,15-16)*

Auch der Apostel Paulus fordert in „eindeutigen Kategori-en" auf, wie Christen sein sollten.

> *„Seid brennend im Geist, dient dem Herrn!"*
> *(Röm 12,11b)*

„Ganz normale Durchschnittschristen" sind nicht der Maßstab, sondern geistliche und reife statt fleischliche und unmündige Christen:

> *„Und ich, meine Brüder, konnte nicht zu euch reden als zu geistlichen, sondern als zu fleischlichen [Menschen], als zu Unmündigen in Christus." (1Kor 3,1)*

Desweiteren moniert Lenzen Sprüche wie:
„Ich zwinge mich zum Gebet, weil es gut für mich ist. Ge-bet ist ein Opfer!"[721]

Investitionen im Glaubensgehorsam sind für Lenzen wie-derum gesetzlich. Wer sich zu etwas zwingt, macht es ja nicht, weil es ihm in erster Linie Spaß oder Freude macht und er dazu gerade Laune hat. Es ist eben ein Opfer, das auch biblisch geboten ist:

„Durch ihn lasst uns nun Gott beständig ein Opfer des Lobes darbringen, das ist die Frucht der Lippen, die seinen Namen bekennen!" (Hebr 13,15)

„Wenn es Freude macht, ist es durchaus okay, [...]"[722]

Hier stellt sich die Frage, was eigentlich die Grundlage des Christseins ist. Der Gehorsam dem Wort Gottes gegenüber oder mein Gefühl, dass mir selber etwas auch Freude macht. Andere Motive wie Gehorsam, Treue und Disziplin, die zum Wachstum im Glauben führen sollen, sind biblisch gesehen normale Kennzeichen von Christusnachfolge und Jüngerschaft, für Christof Lenzen aber bloß gesetzlich.

„[...] Mich allerdings versklavt dieser Anspruch und ich frage mich dann: Wo bleibt die Gnade, wenn ich doch wieder in meiner persönlichen Spiritualität angewiesen bin auf bestimmte eingeschränkte Gesetze und Formen, auch wenn mir diese überhaupt nicht liegen?"[723]

Diese Erkenntnis, dass ein Anspruch versklaven kann, ist durchaus richtig. Darf mein Herr etwas beanspruchen, darf er mich als sein Eigentum sogar versklaven? Diese Frage beantwortet hier eine zweite Publikation einige Seiten weiter. Lenzen bleibt auch hier seiner Linie treu: Was ihn einengt oder einschränkt, ist gesetzlich. Und wenn Gesetze und Formen ihm „überhaupt nicht liegen", fühlt er sich frei, selbst zu bestimmen, was wie zu tun ist und erkennt darin noch die Gnade Gottes. So entsteht ein Glaube und auch ein Gottesbild nach eigenen subjektiven Vorstellungen.

Die Erkenntnis ist für Lenzen bei allen Glaubensrichtungen gleich groß oder eher gleich klein. Über Charismatiker schreibt er:

„[...] Die haben ein schmales Stückchen Kuchen, wir haben ein anderes schmales Stückchen Kuchen, und der Rest bleibt unentdeckt."[724]

Damit ist es eigentlich beliebig, welche Prägung Christen mitbringen und ob der Hintergrund geistlich ist. Eine bibeltreue Überzeugung ist auch nur „ein schmales Stückchen Kuchen" wie bei den anderen, die vielleicht ganz andere und auch von der Bibel abweichende Überzeugungen haben.

„Wir können voneinander lernen, aber niemand ‚hat es drauf'!"[725]

Hier sollte die Bereitschaft sein, aus Quellen lernen zu können und zu wollen, die geistlich klar und nicht verunreinigt sind. Lenzen geht in seiner Einschätzung der charismatischen Bewegung aber noch weiter:

„Es ist wichtig, Gottes Geist wahrzunehmen und sich von ihm (immer wieder neu) füllen zu lassen – das dürfen wir nicht wieder aus den Händen geben. Diese neue Sensibilität für das Thema und die Wirkung des Heiligen Geistes ist ein Verdienst der charismatischen und pfingstlichen Bewegung. Das ist ein wertvolles Erbe."[726]

Zum Heiligen Geist bedarf es klarer biblischer Lehre, aber nicht einer unausgewogenen und schwärmerischen Bewegung, die trotz fehlendem biblischen Beispiel oder Gebot den Heiligen Geist direkt anbetet. Eine Bewegung, die die heilsgeschichtliche Einordnung und Bedeutung der

Geistesgaben ausblendet, ist wohl kaum „ein wertvolles Erbe".

„Das Neue Testament schildert die Ewigkeit bei Gott als Hochzeitsfest, als sinnliches Bankett voller Lachen, Tanzen, Feiern und Freuen, Schmausen und Trinken – kurz: bunt, fröhlich, lecker."[727]

Wiederum beschreibt Lenzen, wenn auch noch deutlicher, himmlische Ereignisse mit irdischen Sinnen und Gefühlen. Wo sich das von ihm beschriebene „Bankett voller Lachen, Tanzen und Schmausen" in der Bibel wiederfindet, bleibt unerwähnt.

„Wir malen uns den Himmel viel zu blass aus. Eine öde Wolkensitzerei. Harfengezupfe. Wer will das denn?"[728]

Mit „öder Wolkensitzerei und Harfengezupfe" gebraucht Lenzen abfällig Vokabeln, die scheinbar Langeweile ausdrücken sollen. Die Frage, ob man das will, stellt sich keinem, der die Ewigkeit bei seinem Herrn verbringen wird. Vom biblischen Zeugnis her geht es dort weder um öde Sitzerei und Zupferei, noch um eine Fete mit Lachen, Tanzen und Schmausen, sondern um würdige und heilige Anbetung im Geist und in der Wahrheit.

„So darf auch dieses Leben ein Leben in Fülle sein, voller Freude und Genuss. Das sollten wir dann aber auch anstreben und erforschen und nicht eher lockerlassen, bis wir unseren Weg gefunden haben."[729]

Die Konsequenz seines Denkens ist klar: Genuss im Himmel rechtfertigt auch Genuss auf Erden. Sollte ein geistlicher Christ danach streben und trachten? Sollte er seinen eigenen Weg suchen und finden? Die einleitend erwähnten Bibelstellen dürften die Antworten mehr als deutlich klar machen. Der hier vorliegende Kontrast illustriert unzweideutig, was fleischlich und was geistlich ist.

„Die aber Christus angehören, die haben das Fleisch gekreuzigt samt den Leidenschaften und Lüsten."
(Gal 5,24)

Wie kann jemand, dessen *eigenes Ich mit Christus gestorben ist, Genuss* anstreben? Dient man dann nicht nur seinem eigenen Bauch?

„Denn solche dienen nicht unserem Herrn Jesus Christus, sondern ihrem eigenen Bauch, und durch wohlklingende Reden und schöne Worte verführen sie die Herzen der Arglosen." (Röm 16,18)

Für Lenzen gilt es, „[...] Gewohntes hinter sich zu lassen. Nicht auf den ausgetretenen Pfaden zu verharren, sondern den Sprung in eine andere, weniger befahrene Spur zu wagen oder vielleicht sogar eine eigene Spur aufzumachen."[730]

Das Verharren oder Festhalten ist biblisch immer wieder geboten, nämlich an dem, was geschrieben steht (Offb 3,11), was man gehört und gelernt hat (2Petr 1,19), worin man unterwiesen ist (2Thess 2,15). Unabhängigkeit vom Überlieferten und Bewährten ist biblisch nicht geboten, erst recht nicht von zeitlos gültigen Wahrheiten.

„Das Sabbatgebot verschafft uns eine Atempause, außerdem bekommt man Zeit geschenkt, um sie mit Freunden und der Familie zu verbringen, und nicht zuletzt, um sich einmal bewusst Zeit zu nehmen für die Beziehung zu Gott."[731]

Sollte man sich nur einmal in der Woche, am Sonntag, bewusst Zeit nehmen für die Beziehung zu Gott oder eher täglich? Sicherlich will Lenzen deutlich machen, dass der freie Sonntag besonders genutzt werden sollte. Eine „besondere" Zeit mit Gott sollte aber auch im Alltag freigehalten und damit nicht unerwähnt bleiben.

„Immer wieder erzählen mir Menschen, wie sie in ihrer Kirche oder in ihrer Freikirche mit religiösen Gesetzen und Grenzen gequält worden sind: kein Alkohol, kein Tanzen, keine Hosen, keine böse Rockmusik – was auch immer. Im 19. Jahrhundert kämpften die Christen in Köln gegen die Gasbeleuchtung der Straßen – Straßenlaternen verstießen gegen die göttliche Ordnung von Tag und Nacht. Kaum vorstellbar – und aus heutiger Sicht abstrus und abwegig."[732]

Lenzen nimmt hier einen nicht nachvollziehbaren Vergleich von ethischen und technischen Entscheidungen vor. Sicherlich ist die Straßenbeleuchtung seinerzeit auch ein ethisches Thema gewesen. Dass es heute als „abstrus und abwegig" gilt, kann aber nicht rechtfertigen, dass auch alle anderen ethischen Themen nicht diskutiert werden könnten oder sollten. Lenzen plädiert für völlige Freiheit. Niemand soll wegen „was auch immer" mit ethischen Leitlinien „gequält" werden. Doch gerade in Zeiten vermehrter endzeitlicher Verführung und auch Anfechtung ethischer Art sollte es möglich sein, vorbildliche Hilfen zur Orientierung zu geben, nicht als qualvolle Gesetze und Grenzen, sondern als Anregungen zum Glaubenswachstum und auch Glaubensgehorsam. Derjenige, der jedoch Gehorsam als einengend oder gesetzlich ablehnt, dem haben die vielen Imperative in den neutestamentlichen Briefen letztlich auch nichts mehr zu sagen.
Desweiteren relativiert Lenzen das Verbot der Tätowierung in Lev 19,28 und 21,5. Er fragt:

„Gilt das noch heute? Wenn wir als Rechtsgelehrte denken, dann ja. Wenn wir als Christen denken, dann folgt ein klares Nein! Tätowierungen waren in der Religion der Kanaaniter ein heidnisches Ritual bei Trauer. Genau von dieser heidnischen und grausamen Religion sollten sich die Israeliten abgrenzen. Das Problem war also nicht die Tätowierung selbst, sondern die Gesinnung hinter der Tätowierung – ein fremder, dunkler Kult."[733]

Konsequenterweise müsste Lenzen auch das Verbot der Homosexualität in Röm 1,27 relativieren und zwischen einer damaligen Kulthandlung und so genannter „echter Liebe" unterscheiden. Nein, Tätowierungen sind grundsätzlich verboten. Sie sind Entstellungen, die ihren Ursprung in heidnischen Kulthandlungen haben und daher nicht zur Ehre Gottes umfunktioniert werden können. Entstellungen am eigenen Körper sind schöpfungswidrig und ausschließlich heidnisch. Sie können daher nicht biblisch geboten und von Gott gewünscht sein. [734]

Im Bezug auf den Umgang mit dem Wort Gottes geht es Lenzen um eine beziehungsmäßige statt juristische bzw. wörtliche Auslegung:

„Wer möchte schon mit einem Erbsenzähler verheiratet sein? Ich nicht! Gut, dass Gott anders ist."[735]

Hier wird erneut deutlich, dass für Lenzen wohl alle persönlich herausfordernden Imperative im Wort Gottes zum Glaubensgehorsam, zur Disziplin, Ermahnung und Warnung als einengend und gesetzlich abzulehnen sind. Er möchte unabhängig von solchen Vorgaben selbst entscheiden, ob ihm dies oder jenes liegt und etwas bringt.

„Wo ein solches Gebot nicht mehr dem Menschen dient, sondern Gehorsam fordert und damit die Menschen versklavt, da sagt uns Jesus Christus ganz deutlich: Überspring diese Grenze, es entspricht nicht meinem Denken und damit nicht dem Denken Gottes im Neuen Bund."[736]

An dieser Stelle wird wiederholt aber auch ganz besonders deutlich, in welcher Beziehung der Gläubige zu Gottes und seinem Wort steht:

Darf Gott Gehorsam fordern?

Dies ist eine entscheidende Frage zur Klärung, auf welcher Ebene die Beziehung zwischen Gott und Mensch besteht. Ist es eine Beziehung auf Augenhöhe mit Gott als bloßem Freund, Kumpel oder Partner? Oder ist Gott wirklich höher als der Mensch, der als Herr über ihm steht, Anbetung verdient und auch Gehorsam fordern darf?

„Wenn jemand behauptet, Sie müssten jeden Morgen beten und Bibel lesen, und Sie quält das und es raubt Ihnen die Freude, weil Sie ständig daran scheitern, dann streifen Sie dieses Gebot ab, es dient nicht der Beziehung zu Jesus, sondern behindert sie."[737]

Herausforderungen zu geistlichem Gehorsam und Disziplin gilt es also abzulehnen. Wenn alle Gebote nur dem Menschen zu dienen haben, dienen sie damit lediglich seinen eigenen Bedürfnissen und Wünschen, so wie er sich eben selber Christsein vorstellt. Wenn der Mensch Gott keinen Gehorsam mehr leistet, dient er letztendlich nicht mehr einem Herrn, sondern Gott dient dem Menschen. Er ist nun selber Herr, weil es nach seinen Vorstellungen geht und gebraucht bzw. missbraucht Gott für ein angenehmes Leben. Gott wird nicht zum Herrn des Menschen, sondern der Mensch wird zum Herrn über Gott – eine völlige Umkehrung der biblischen Grundlagen. Das erste der

Zehn Gebote „Ich bin der Herr, dein Gott." (Ex 20,2a) wird so zum „Ich bin der Herr, *mein* Gott." pervertiert.

„Wenn dann noch einer kommt, der ein Rezept verkaufen will, wie der Glaube wieder funktionieren kann, dann sollte man schnell nachschauen, ob derjenige einen roten Pelz hat und zwei Hörnchen auf dem Kopf. Denn das ist Verführung in die falsche Richtung, in die Richtung eines toten, kalten und verzweifelten Glaubens."[738]

An dieser Stelle geht Lenzen noch einen Schritt weiter. Ließ er bisher verlauten, dass ermahnende und herausfordernde Glaubenshilfen gesetzlich seien, sieht er sie nunmehr satanischen Ursprungs und kennzeichnet sie als Verführung. Solch ein ernstes Thema abfällig mit plumpen und verniedlichenden Beschreibungen zu behandeln, lässt Zweifel aufkommen, ob der Autor wirklich versteht, um welche geistlichen Dimensionen es hier geht. In Anbetracht der bisher beschriebenen biblischen Vorgaben zu Glaubenswachstum und Glaubensgehorsam stellt sich hier die Frage: Welche Sicht ist hier eigentlich wirklich Verführung? Lenzen fasst seine Sicht zusammen:

„Das ist keine frohe Botschaft, sondern eine einzige Sklaverei."[739]
„Versuchen wir dennoch wieder, durch Glauben gegenüber irgendwelchen Gesetzen Gott zu gefallen, riskieren wir es, aus dem Glauben herauszufallen und zwar christlich zu reden, aber eigentlich jüdisch zu handeln. Für diese geistliche Schizophrenie gibt es nur ein Urteil: Das ist Sklaverei."[740]

Lenzen scheint nicht zu verstehen, dass biblischer Glaube nicht in einem freien, luftleeren Raum existiert, sondern eingebunden ist in Ordnungen und Gebote. Diese biblischen Vorgaben kann man nicht weichspülen oder gar verleugnen. Bei diesen geht es auch nicht darum, sie einfach nur zu befolgen, um Gott etwas zu beweisen oder zu gefallen, sich also sein Ansehen zu verdienen, sondern um im Glauben zu leben und zu wachsen. Für Lenzen scheint nur diese eine pharisäische Variante möglich zu sein, wenn man äußere Vorgaben gehorsam befolgt. Ein geistlich gesinnter und gesunder Glaube bleibt bei ihm völlig unerwähnt. Kompromisslose Jüngerschaft durch gehorsame Christusnachfolge und Hingabe ist bei ihm jedoch „toter, kalter und verzweifelter Glaube". Es gibt für ihn entweder nur eine gesetzliche Bindung und Sklaverei oder totale individuelle Freiheit und Unabhängigkeit.

Zum Schluss zeigt Lenzen praktische Alternativen, die den Glauben fördern und bereichern sollen:

„Eine weitere Übung kann uns helfen: Man setzt sich für eine Minute ruhig hin und denkt beim Einatmen: ‚Herr Jesus Christus', und beim Ausatmen: ‚Du bist da!' Ganz wichtig ist, dass man in der Pause vor dem Wiedereinatmen die Ohren des Herzens spitzt, ob Gott reden möchte. So schult man die Konzentration auf das Wesentliche, die Gegenwart Gottes, und öffnet sich gleichzeitig für sein Reden im Alltag. Mir persönlich hilft es oft auch, kurz aufzumerken, mitten in dem, was ich gerade tue. Ich unterbreche für ein paar Sekunden und denke: ‚Herr, du bist gerade da, du willst handeln und reden, ich bin bereit.' Und dann werde ich wieder still für ein paar Sekunden und lausche auf Gottes leises Reden."[741] ·

Welcher Weg bleibt noch übrig, wenn man sich im Glauben nicht an die Heilige Schrift hält, die Gott offenbart hat? Der Weg der Mystik. Kontemplative Stilleübungen und fernöstliche Atemtechniken mit mantraartigen Formeln sind keineswegs Alternativen zu einem biblisch orientierten Glauben auf dem schmalen Weg. Dieser Weg lässt sich nicht esoterisch verbreitern. Gerade das ist nämlich „Verführung in die falsche Richtung", vor der Christof Lenzen für ein authentisches Christsein eigentlich warnen will.

„Halte inne, lausch in dich hinein, werde ruhig. Und in dieser ungefähren Region, von der unser Körper diese Signale sendet, wohnt auch die Stimme Gottes und spricht uns an."[742]

Wer Gottes Stimme vernehmen will, ist auf seine Offenbarung in der Heiligen Schrift angewiesen. Durch außerbiblische Übungen und Techniken kann man nicht auf Gottes leises Reden lauschen, sondern wird verführt und betrogen. Wer nicht akzeptiert, wie Gott sich offenbart hat bzw. offenbaren will, macht ihn, den man eigentlich sucht, zum Götzen seiner eigenen Vorstellungen. Bei all diesen egozentrischen, genusssüchtigen und mystischen Ausführungen dieses FeG-Pastors verwundert es nicht, wenn man bei den „literarischen Inspiratoren"[743], bei denen er sich am Schluss des Buches bedankt, eben auf lauter mystische Autoren und Vertreter der emergenten „Neuen Spiritualität" stößt wie Rob Bell, Christian A. Schwarz, Eugene Peterson und Henri Nouwen.

John MacArthur: „Sklave Christi"

In eine ganz andere Richtung geht John MacArthur, Pastor der Grace Community Church in Sun Valley, Kalifornien (USA), mit seinem Buch „**Sklave Christi.** Die unterschlagene Wahrheit über deine Identität in Christus".
Dem Autor fiel auf, dass das griechische Wort für „Sklave" seit Jahrhunderten lediglich mit „Diener" oder „Knecht" übersetzt wurde. Der Grund lag darin, dass mit einem Sklaven ein in Ketten oder im Gefängnis Gefangener assoziiert wurde, der in einem ungerechten System unter-

drückt wurde. Die mildere Bezeichnung hatte jedoch zur Folge, dass ein falsches Verständnis vorliegt, das die Beziehung des Gläubigen zu Gott beeinträchtigt. MacArthur beschreibt den Missstand und seine Auswirkungen treffend:

„Heute hören wir in den Gemeinden nicht mehr viel von diesem Begriff und seiner Bedeutung. Die heutige Christenheit benutzt Ausdrücke wie ‚Sklave' nicht mehr. Stattdessen wird von Erfolg, Gesundheit, Wohlstand und Glück geredet. Oft hören wir, dass Gott die Menschen bedingungslos liebt und sie so haben will, wie *sie* sein wollen. Er möchte ihnen angeblich jeden Wunsch, jede Hoffnung und jeden Traum erfüllen. *Persönliche* Ambitionen, *persönliche* Erfüllung, *persönliche* Zufriedenheit – all das gehört zum Sprachgebrauch der evangelikalen Christenheit und zu einer ‚persönlichen Beziehung zu Jesus Christus'. Statt das neutestamentliche Evangelium zu lehren – welches Sünder aufruft, sich Christus unterzuordnen –, ist die aktuelle Botschaft das genaue Gegenteil: Jesus ist da, um all *deine* Wünsche zu erfüllen. Viele Evangelikale vergleichen ihn mit einem persönlichen Assistenten oder Trainer oder reden von einem *persönlichen* Erlöser, der ihnen bei ihrem Streben nach Selbstzufriedenheit oder individuellen Zielen bereitwillig hilft. Das neutestamentliche Verständnis von der Beziehung des Gläubigen zu Christus könnte nicht gegensätzlicher sein."[744]

Die Frage ist nun natürlich, ob das Bild eines Sklaven wirklich die biblische Wahrheit ausdrückt? Welche Bedeutung hat dieses Bild eines Sklaven?
Dabei ist zu bedenken, dass der Herr Jesus den Gläubigen von der Macht und auch Sklaverei der Sünde losgekauft hat – und das für einen Preis, den er mit seinem eigenen Blut selbst bezahlt hat. Durch diesen Loskauf ist der Gläubige das Eigentum seines Herrn geworden. Hier liegt ge-

wissermaßen Leibeigenschaft vor. In diesem Verhältnis ist der Gläubige von seinem Herrn abhängig in allen Belangen und kann sich ihm nur völlig unterwerfen. Auch kann er sich nur selbst verleugnen, da er unabhängig von seinem Herrn über keinerlei eigene Rechte verfügt. Damit ist auch ein Verlust der Selbstbestimmung verbunden. Diese Tatbestände wirken für die meisten Gläubigen unattraktiv, wenn sie versäumen, zu bedenken, dass sie nicht einem ungerechten Despoten, sondern dem mächtigsten und allein anbetungswürdigen Herrn aller Herren gehören.

MacArthur stellt fest:

„Und wenn wir all das verstehen, ändert sich alles bei uns, angefangen bei unserer Perspektive und unseren Prioritäten."[745]

Der Autor ist überzeugt: „Ein Sklave Christi zu sein, ist der größte vorstellbare Segen"[746] Warum? Weil der Herr Jesus ein absolut vertrauenswürdiger Herr ist. So zählt MacArthur auf, was jeden Christen eigentlich überzeugen und zu uneingeschränktem Vertrauen zu seinem Herrn führen sollte:

„Sein Wesen ist vollkommen; seine Liebe unendlich; seine Macht beispiellos; seine Weisheit einzigartig; und seine Güte unvergleichlich."[747]

Diese Eigenschaften Gottes können keinesfalls mit menschlichen Vorstellungen konkurrieren und lassen einem geistlich gesinnten Christen keine andere Wahl, als sich konsequent diesem wunderbaren Herrn anzuvertrauen und auszuliefern. Das Verhältnis zum Herrn ist dadurch entscheidend geprägt und sollte auch nachhaltig das Leben im Gesamten beeinflussen und ausmachen.

Unbewusst geht John MacArthur auch auf das von Christof Lenzen oft erwähnte Thema Freiheit ein. Ist Freiheit individuelle Unabhängigkeit und Verwirklichung eigener Vorlieben und Freuden, um das Leben zu genießen? Hierfür zitiert er eindrückliche Stellen aus einem Wycliff-Kommentar zum Römerbrief:

„Die Freiheit des Christen ist nicht die Freiheit, zu tun, was er will, sondern die Freiheit, Gott gehorsam zu sein – bereitwillig, freudig, natürlich."[748]

Dieser Kommentar scheint die unbiblischen und ungeistlichen Denkvorstellungen vom Wunsch nach Freiheit schonungslos zu entlarven:

„Die Menschen stehen nicht vor der Entscheidung: ‚Soll ich meine Freiheit behalten oder sie aufgeben und mich Gott beugen?', sondern ‚Soll ich der Sünde dienen oder Gott?'"[749]

Damit besteht echte Freiheit nicht im Wunsch, das Leben zu genießen und im Befolgen eigener Sehnsüchte und Begierden, sondern – ganz im Gegenteil – in deren Überwindung. Was folgt daraus? Befreite sind Sklaven! – Eine für Lenzen wohl paradoxe, aber von MacArthurs Studien her durchaus biblisch legitime Erkenntnis. Dies betrifft alle Christen ohne Ansehen der Person. Auch Leitende und Älteste bleiben trotz verantwortlicher Stellung und einem gewissen Ansehen in der Gemeinde vor ihrem Herrn Sklaven. Das ist keine Abqualifizierung, sondern eine Ehre, weil es der Herr selbst ist, der dieses Verhältnis ausmacht. Nur, wer sich seinem Herrn unterwirft, wird von echter Demut bestimmt. Wer trotz seiner sündigen Natur noch nach eigenen Vorstellungen lebt und eigenen Wegen vertraut, ist hochmütig. Ein Schlüsselvers findet sich sowohl in Jak 4,6b als auch in 1Petr 5,5b:

„Gott widersteht den Hochmütigen; den Demütigen aber gibt er Gnade."

Als Vorbild kann der Apostel Paulus dienen, wenn er zum Beispiel in 1 Kor 4 beschreibt, wie er immer wieder bereit war, sich um Christi willen wie ein Sklave behandeln zu lassen. Paulus formuliert in Gal 2,20 seine neue Identität in Christus:

„Ich bin mit Christus gekreuzigt; und nun lebe ich, aber nicht mehr ich [selbst], sondern Christus lebt in mir. Was ich aber jetzt im Fleisch lebe, das lebe ich im Glauben an den Sohn Gottes, der mich geliebt und sich selbst für mich hingegeben hat."

Auch Charles Haddon Spurgeon (1834-1892) hat diese Identität hochgehalten:

„Wo unsere autorisierte [King James] Version abschwächend ‚Diener' verwendet, steht in Wirklichkeit ‚Sklave'. Die frühen Heiligen freuten sich darüber, sich als das uneingeschränkte Eigentum Christi zu betrachten, von ihm erkauft zu sein, ihm zu gehören und vollständig zu seiner Verfügung zu stehen."[750]

Diese Freude sah auch Alexander MacLaren (1826-1910) in seinem Kommentar zur Apostelgeschichte als das wahre Glück an:

„Denn, Brüder, eine solche Unterordnung, absolut und bedingungslos, das Aufgehen meines Willens in seinem Willen, ist das Geheimnis von allem, was den Mensch schön und groß und glücklich macht."[751]

Diese Art von Glück und Freude kommt aus einer anderen Welt als der des irdischen Lebensgenusses. Verstehen kann sie nur, wem Gottes Größe und Wesensart in seinem Wort durch den Heiligen Geist aufgeschlossen worden ist.

Die Antwort ist eindeutig

John MacArthur entlarvt die neoevangelikale Genuss- und Wellness-Welle schonungslos als Pragmatismus:

„Die Wohlstandsprediger machen den Mensch zum Herrn, als wäre Christus eine Art Flaschengeist und verpflichtet, denen Gesundheit, Reichtum und Glück zu gewähren, die genug Geld spenden. Sie wählen diesen Weg, weil er erfolgreich das unerlöste Fleisch anspricht."[752]

In seinem Buch formuliert er Thesen, die Christof Lenzen schlichtweg erschaudern lassen würden:

„Das Evangelium fordert uns nicht bloß dazu auf, Mitarbeiter Christi zu werden; wir sollen seine Sklaven werden."[753]

Und in der Tat – die Bezeichnung „Sklave" drückt wesentlich besser und deutlicher aus, dass ich des Herrn Eigentum bin und nicht nur sein Mitarbeiter oder Diener. Ein Diener oder Knecht kann als bloßer Angestellter nach Feierabend seinen eigenen Bedürfnissen nachgehen und unabhängig von seinem Herrn sein Leben führen. Der Sklave dagegen gehört seinem Herrn, ist sein Eigentum und hat keinen Anspruch auf Feierabend, sondern ist stets von dessen Gnade abhängig. Er kann keine Rechte aushandeln oder gar einfordern. Wer diese Leibeigenschaft verstanden hat, wird nicht mehr fragen, was habe ich vom Glauben oder was bringt mir das. Er wird nicht danach streben, sein Leben zu genießen, sondern seinem Herrn ergeben sein und ihm in allen Belangen zur Verfügung stehen.

Plädoyer für die „Stille Zeit" –
Anregungen und Hilfen zur Bibellese

Die „Stille" rückte spätestens mit dem „Jahr der Stille" 2010 vermehrt in das evangelikale Bewusstsein. Die verschiedenen Angebote, Stille zu erleben, entsprechen jedoch, wie bereits behandelt, nicht immer den biblischen Vorgaben, sondern eher fernöstlichen und mystischen Weisheiten. In den kontemplativen Übungen sehen einige Neoevangelikale eine Alternative zu den im konservativ evangelikalen Lager gewohnten „Stillen Zeit". Doch auch bei den Konservativen und Bibeltreuen steht das tägliche Bibellesen und Beten auf dem Prüfstand. Wie ist das möglich, eine geistliche und als glaubensstärkend bewährte Übung zu hinterfragen? Einige reformierte Theologen haben sich damit auseinandergesetzt und kommen zu erschütternden Ergebnissen.

Sebastian Heck, Pastor einer freien reformierten Gemeinde, stellt fest:

„Es gab in der frühen Neuzeit mystisch-schwärmerische Strömungen, die Christen wegführten von einem kollektiven, wahrhaft ‚katholischen' Glauben, der im kirchlichen Bekenntnis sowie in festen kirchlichen äußerlichen Formen Ausdruck findet. Diese Christen pflegten eine privatisierte, individualistisch-religiöse Erfahrungsfrömmigkeit."[754]

Zudem hätten Aufklärung und Romantik dazu geführt, dass die Kirche „mit äußerlich sichtbaren Institutionen, Ämtern und Sakramenten praktisch ersetzt wurde durch die private, unfehlbare, schwärmerisch-geistliche Erfahrung in der ‚Stillen Zeit' [...]"[755]

Das Wort Gottes ist nicht in der „Stillen Zeit" zu suchen, sondern gemäß Röm 10,8 in der Predigt.

„[...] ein Wort, das erst verkündigt werden muss?"[756], fragt Heck.

„Warum betont Paulus hier so stark die Verkündigung des Wortes? Hatte der Apostel denn noch nicht das Geheimnis einer mystischen, unmittelbaren Erfahrung mit Gott entdeckt, die doch die Gemeinde samt ihres Gottesdienstes irgendwie überflüssig, vielleicht sogar langweilig macht?"[757]

Heck zitiert schließlich Johannes Calvin:

„[...] denn obwohl Gottes Kraft nicht an solche äußeren Mittel gefesselt ist, so hat er doch uns an diese geordnete Art der Unterweisung gebunden, und wenn die Schwarmgeister sich weigern, sich daran zu halten, so verwickeln sie sich in viele verderbliche Stricke. Viele treibt der Hochmut, die Aufgeblasenheit oder der Ehrgeiz dazu, dass sie sich einreden, wenn sie für sich allein die Schrift läsen und darüber nachdächten, so könnten sie genug Fortschritte machen, [...]"[758]

Die „spirituellen Selbstversorger"[759], wie sie Heck nennt, werden also schon beim großen Reformator Calvin als „Schwarmgeister" entlarvt. Heck argumentiert, dass die Gaben und Ämter in der Gemeinde ohnehin nicht notwendig wären, „wenn Gott genauso gut auch direkt im stillen Kämmerchen in unser Hirn und Herz hätte flüstern können und wollen"[760].

Wie Heck untersuchte auch der reformierte Theologe Ronald Senk den Ursprung der „Stillen Zeit". Er zitierte drei unterschiedlich geprägte christliche Autoren und kommt schließlich für alle drei zu einem unglaublichen Ergebnis:

„[...] Bei den oben genannten Beispielen von W. Bühne, Watchman Nee oder Gordon Mcdonald [sic!] wurde schon

indirekt deutlich, dass die Ursprünge des ‚Stille Zeit'-Ge-
dankens in der buddhistisch-asiatischen und später mystischen Vorstellung von Stille und Meditation zu suchen
und zu finden ist. Diese heidnische Vorstellung, in der
Stille und Meditation besonders spirituelle Begegnungen
(mit Gott oder anderen Geistern) zu haben, wurde einfach mit dem christlichen Glauben vermengt. Besonders
heute, in einer Zeit, welche von Bibelkritik, Humanismus
und Schwärmerei gekennzeichnet ist, wird auch in christlichen (evangelikalen!) Kreisen viel auf diese schwärmerische Art der ‚Frömmigkeit' Wert gelegt. Dieser Vorstellung
liegt eine unbiblische mystisch-schwärmerische Vorstellung vom Geist Gottes zu Grunde, die das Wort Gottes
und den Geist Gottes voneinander scheidet."[761]

Dieses Urteil, Wolfgang Bühne gebe buddhistische und
mystische Empfehlungen, und die „Stille Zeit" sei an sich
schon schwärmerisch, ist einmalig. Dies betrifft auch das
Vorurteil, das jeder „Stille Zeit"-Übende automatisch etwas vom Heiligen Geist außerhalb der Heiligen Schrift
erwarten würde. Sicherlich gibt es auch solche, die mit einem charismatischen Geistbegriff täglich die Bibel lesen.
Aber diesen Vorwurf auch auf konservativ Bibeltreue zu
erheben, die Gottes Willen und Plan allein in seinem Wort
suchen, erkennen und verstehen wollen, ist völlig halt-
los. Senk beschreibt schließlich die Gefahr, wenn man auf
eine regelmäßige „Stille Zeit" achtet:

„Dies artet in Gesetzlichkeit und unbiblischen Frömmig-
keitsstress aus und vermittelt nicht nur ein falsches Heils-
und Heiligungsverständnis, sondern auch ein falsches
Gottesbild."[762]

Am Beispiel des bekannten chinesischen Predigers
Watchman Nee (1903-1972) gibt Senk zu bedenken, dass
viel Bibellesen an sich auch nichts bringe:

286

„[…] Denn trotz aller intensiven ‚Stillen Zeit‘ lehrt man Werkgerechtigkeit, Schwärmerei oder andere Dinge. Da hilft auch nicht noch eine Stunde länger oder noch eine Stunde früher! Denn was bringt die Stille Zeit, wenn daraus unbiblisch, falsche und fatale Lehren und Überzeugungen entspringen bzw. diese nicht korrigiert werden?"[763]

Auch wenn der Begriff der „Stillen Zeit" in der Bibel so nicht bekannt ist, gibt es dennoch viele Anhaltspunkte. So gibt es zunächst unzählige Beispiele dafür, morgens früh aufzustehen, um dem Herrn zu dienen: Abraham (Gen 21,14; 22,3), Jakob (Gen 28,18), Mose (Ex 34,4), Josua (Jos 6,12).
Salomo assoziierte spätes Aufstehen mit Faulheit:

„Wie lange willst du liegenbleiben, du Fauler? Wann willst du aufstehen von deinem Schlaf? ‚Ein wenig schlafen, ein wenig schlummern, ein wenig die Hände in den Schoß legen, um zu ruhen‘: so holt dich die Armut ein wie ein Läufer, und der Mangel wie ein bewaffneter Mann!" (Spr 6,9)

David sehnte sich frühmorgens nach seinem Gott:

„Herr, in der Frühe wirst du meine Stimme hören; in der Frühe werde ich dir zu Befehl sein und Ausschau halten." (Ps 5,4)

Im längsten aller Psalmen schreibt dessen Autor:

„Ich komme der Morgendämmerung zuvor und schreie; ich hoffe auf dein Wort. Meine Augen kommen den Nachtwachen zuvor, damit ich nachsinne über dein Wort." (Ps 119,147-148)

Auch der Herr Jesus machte es sich zur Gewohnheit:

> *„Und am Morgen, als es noch sehr dunkel war, stand er auf, ging hinaus an einen einsamen Ort und betete dort." (Mk 1,35)*

Was machte er sich zur Gewohnheit? Zeit mit seinem Vater im Himmel zu verbringen. Hierzu gibt Senk zu bedenken, dass „der innertrinitarische Umgang nicht einfach auf uns übertragen werden darf"[764].
Biblisch begründet wird dies jedoch nicht.
Bereits vor Fertigstellung des Neuen Testamentes gab es Christen, nämlich in Beröa, die für ihr tägliches Schriftstudium gelobt wurden:

> *„Diese aber waren edler gesinnt als die in Thessalonich und nahmen das Wort mit aller Bereitwilligkeit auf; und sie forschten täglich in der Schrift, ob es sich so verhalte." (Apg 17,11)*

Die Kritiker der „Stillen Zeit" räumen ein, dass diese ja gar nicht in der Bibel erwähnt sei. Es hatte seinerzeit keiner eine eigene Bibel. Von daher könne man heute nicht einfordern, dass die Gläubigen, „Stille Zeit" halten sollten. Geht es aber wirklich darum, etwas zu tun, was zu biblischen Zeiten unbekannt war? Beten konnten Gläubige frühmorgens zu allen Zeiten. Und wenn sie „nachsinnen" wollten über Gottes Wort, hatten sie entweder Teile der Heiligen Schrift in schriftlicher Form oder im Gedächtnis zur Verfügung. Und diese Texte waren meistens sogar auswendig gelernt. Wenn das Wort Gottes gemäß Joh 6,63 wirklich „Geist und Leben" ist, sollten wir es heutzutage vielmehr als Segen betrachten, dass wir es vollständig zur Verfügung haben. Hinzu kommt, dass die meisten Gläubigen auch das Lesen gelernt haben – zwei Tatsachen, für die wir überaus dankbar sein sollten. Die äußeren Voraussetzungen für ein regelmäßiges Bibellesen und –studium sind also vorhanden.

Calvin sah im privaten Bibellesen die Gefahr, die Gemeinde als überflüssig zu betrachten. Sicherlich lehnte er eine „Stille Zeit" nicht an sich ab, befürwortete aber auch nicht ein regelmäßiges privates Bibellesen zusätzlich zum Gemeindeleben. Das eine muss das andere ja nicht automatisch ausschließen, als stünden beide in Konkurrenz zueinander. Durch die „Stille Zeit" wird auch nicht die Autorität der Verkündiger in der Gemeinde untergraben. Im Gegenteil: Eine intakte Gemeinde wird ihre Glieder zu eigenem Bibellesen ermutigen und nicht von den eigenen Verkündigern nach einem Entweder-oder-Prinzip abhängig machen. Die Gemeinde wird geistlich reife Christen „ausbilden" (Hebr 6,1), die nicht mehr Unmündige sein müssen (Eph 4,14). Dazu reicht es nicht, ein- oder zweimal die Woche das Wort Gottes verkündigt zu bekommen. Die tägliche Beschäftigung damit wird auch – siehe Beröa – in damaliger Zeit vorhanden gewesen sein, wenn auch in anderer Form.

„Und seid als neugeborene Kindlein begierig nach der unverfälschten Milch des Wortes, damit ihr durch sie heranwachst." (1Petr 2,2)

Petrus schreibt, dass wir nach Gottes Wort begierig sein sollen. Ist das Schwärmerei? Das tägliche private Bibellesen als „mystisch-schwämerische", „buddhistisch geprägte", „spirituelle Selbstversorgung" zu diffamieren, bei der Gott „in unser Hirn und Herz hätte flüstern können", zeugt wohl kaum von einer Sehnsucht nach dem inspirierten Wort Gottes.

Im Übrigen: Was wäre eigentlich eine Alternative zur „Stillen Zeit". Gott in den sogenannten Sakramenten zu suchen? Unabhängig davon, ob Taufe und Abendmahl

Sakramente genannt werden können, sind sie äußere Mittel und symbolische Zeichen einer geistlichen Handlung. Wir sollen durchaus darin gehorsam sein, uns eben einmal taufen zu lassen und regelmäßig das Abendmahl zu feiern. Aber die Frage, ob eine einmalige Taufe und ein Gedächtnismahl uns den ganzen Ratschluss Gottes aufschließt (Apg 20,27), stellt sich wohl kaum. Es bedarf der von Gott gegebenen und vollständigen Offenbarungserkenntnis. Diese liegt abgeschlossen in der Heiligen Schrift vor. Aufgeschlossen wird sie aber nur durch die Verkündiger in der Gemeinde? Auch, aber nicht nur! Womit wir wieder bei den Beröern wären, die die Verkündigung nicht ungeprüft stehen ließen, sondern selber nachlasen und regelrecht forschten. Was hat mir Gott zu sagen?

Was ist mein erster Zugang zu seinem Ratschluss, Willen und Plan? Sein Wort selbst! Aber darf ich allein und direkt darin lesen oder bedarf es der Verkündiger? Der Apostel Paulus bildete Christen aus, die geistlich reif wurden (Eph 4,13), nicht mehr nur Grundlagen (Milch) benötigten (1Kor 3,2; Hebr 5,12) und sogar fähig wurden, auch andere zu lehren (2Tim 2,2).
Die „Stille Zeit" ist ein hilfreiches Mittel, die tägliche Gemeinschaft mit Gott zu leben. Sie erfordert Disziplin, Ausdauer und Gehorsam.
Wären die Gläubigen der Urgemeinde so üppig mit Taschen- und Studienbibeln ausgestattet gewesen wie wir, wäre es undenkbar, dass sie das tägliche Schriftstudium verschmäht hätten. Nein, Gott hat geredet durch seine Propheten und seinen Sohn (Hebr 1,1-2 – Vergangenheitsform) und uns sein inspiriertes Wort gegeben (2Tim 3,16). Warum? Weil es nützlich ist, ...

„[...] zur Lehre, zur Zurechtweisung, zur Besserung, zur Erziehung in der Gerechtigkeit."

Wozu?

„[...] dass der Mensch Gottes vollkommen sei, zu allem guten Werk geschickt." (2Tim 3,17)

Gottes Wort ist die Richtschnur, der Maßstab und die Orientierung des Gläubigen. Der Psalmist beschrieb es als:

„[...] meines Fußes Leuchte und ein Licht auf meinem Weg." (Ps 119,105)

Wie viel mehr sollte das so wichtige Wort täglich gelesen, bedacht und studiert werden?! Ein Christ sollte Sehnsucht und Verlangen nach Gottes Wort haben, oder wie Petrus schreibt, danach „begierig" sein. Das hat nicht das Geringste mit Schwärmerei zu tun. Nein, Lukas beschreibt tägliches Schriftstudium sogar als „edle Gesinnung" (Apg 17,11). Dass die „Stille Zeit" wahrscheinlich Jahrhunderte lang in der Kirchengeschichte nicht geübt oder gekannt wurde, ist nicht erheblich. Sie ist vielleicht nicht Ausdruck kirchlichen Lebens, aber sehr wohl geistlichen Lebens. Daher sollten sie Christen möglichst täglich praktizieren und sich gegenseitig dazu ermutigen.

Der reformierte Pfarrer Andrew Murray (1828-1917) beschrieb den Wert der täglichen Stillen Zeiten folgendermaßen:

„Mit Gott täglich allein zu sein ist das Geheimnis echten Gebets, echter Kraft im Gebet, einer echten, lebendigen, persönlichen Gemeinschaft mit Gott und der Kraft für den Dienst. Es gibt keine echte, tiefe Bekehrung, keine echte, tiefe Heiligkeit, keine Umkleidung mit dem Heiligen Geist und mit Macht, keinen bleibenden Frieden und keine bleibende Freude, wenn man nicht täglich mit Gott allein ist. Was für ein unschätzbares Privileg ist das tägliche stille

Gebet, mit dem wir jeden Morgen beginnen dürfen! Wir sollten unser Herz darauf ausrichten."[765]

Eine „nüchterne" Stille Zeit hat nichts mit Schwärmerei oder Mystizismus zu tun. Wer dem Herrn Jesus nachfolgen will, wird in seiner freien Zeit so viel wie möglich in Gottes Wort studieren wollen. Täglich Stille Zeit zu üben ist auch eine Frage der Gewohnheit. Wer es täglich macht, entwickelt eine gute Routine. Wer Probleme damit hat, morgens früh aufzustehen, sollte sich überlegen, ob nicht ein früheres Zubettgehen hilfreich sein könnte. Es ist eben alles eine Frage der Priorität. An Ausreden, dass es immer etwas Wichtiges zu tun gäbe, wird es sicherlich nie mangeln. Wem es langweilig wird, kann auch einmal den Bibelleseplan, falls vorhanden, wechseln oder die Bibel selbst. Heutzutage gibt es verschiedene Kommentare, Andachtsbücher, Bibelkurse, Konkordanzen und andere Nachschlagewerke, die das Studieren des Wortes Gottes bereichern können. Besonders für diejenigen, denen der Zugang zur Bibel öfters schwer fällt, können es hervorragende Hilfsmittel sein, die das Bibellesen lehrreich, interessant und spannend machen.

Wer für sich Neues und noch nicht Bekanntes in der Bibel entdeckt und wahre geistliche Schätze hebt, ist motiviert, diesen Weg im Glaubenswachstum treu fortzusetzen. Wer die Bibel mit Gewinn liest, weil er die Kraft im Wort Gottes erlebt, wird nach neuen außerbiblischen Offenbarungen und Übungen keinen Bedarf mehr haben.
Studienbibeln sind eine große Bereicherung und Hilfe für das Verstehen, tiefere Studieren und Einsteigen in Bibeltexte. Die Erklärungen, Hintergrundinformationen und Auslegungen sind sehr förderlich beim Verstehen auch größerer Zusammenhänge. Einige Studienbibeln enthalten auch ein Verweissystem mit Parallelstellen, das zu gründlicherem Schriftstudium ermutigt. Die sogenannte

„induktive" Methode ermöglicht die selbständige Beschäftigung mit Bibeltexten. Solch ein eigenes Schriftstudium empfiehlt zum Beispiel Howard G. Hendricks (1924-
2013), langjähriger Professor beim Dallas Theological Se-
minary:

„Wissen, das man sich selbständig aneignet, wird im innersten Bereich unseres Denkens gespeichert und bleibt
am längsten im Gedächtnis. Es gibt kein kostbareres Ju-
wel als eines, das man selbst gefunden hat."[766]

Bibel ist nicht gleich Bibel

Heutzutage lesen leider immer weniger Christen Gottes
Wort. Bei den Jüngeren fällt auch in konservativ evangelikalen Gemeinden auf, dass sie keine wortgetreue Übersetzung haben. Wenn sie überhaupt noch hin und wieder
in die Bibel schauen, bedienen sie sich moderner Bibel-
übertragungen. Diese sind an vielen Stellen nur sinnge-
mäße Übersetzungen. Wer jedoch weiß, dass Gottes Wort
inspiriert ist, sollte auch eine möglichst wortgetreue Bi-
belübersetzung nehmen. Diese wird bei einer Rezension
zu einem Buch des Initiators der „Volxbibel" allerdings
scharf verurteilt:
„[…] In Martin Dreyers Worten klingt die frohe Botschaft
endlich wieder nach einer frohen Botschaft und nicht
nach Muff, Moder und Müll."[767]

Solche freien bis sehr freien Übertragungen werden immer beliebter. Zentrale biblische Begriffe wie „Gnade",
„Buße", „Gottesfurcht" oder „Gerechtigkeit aus Glauben"
werden hierbei oft verfremdet. Einige Schriftstellen werden einfach entstellt. Dazu zwei Beispiele:
Gen 3,15 ist als sogenanntes „Urevangelium"[768] bekannt:

„Und ich will Feindschaft setzen zwischen dir und der Frau, zwischen deinem Samen und ihrem Samen: Er wird dir den Kopf zertreten, und du wirst ihn in die Ferse stechen."[769]

„Und Feindschaft soll herrschen zwischen dir und der Frau, zwischen deinen Nachkommen und den ihren. Sie werden euch den Kopf zertreten, und ihr werdet sie in die Ferse beißen."[770]

Diese Schriftstelle prophezeit zum ersten Mal in der Bibel das Kommen des Messias, der einfach „er" genannt wird. Der Teufel wird den Messias zwar verletzen, aber schlussendlich von ihm selbst besiegt werden. Vergleicht man die beiden Übersetzungen, ist unklar, wer denn nun der Schlange den Kopf zertreten wird: Der kommende Messias (nach Schlachter 2000) oder allgemein die Nachkommen, die Menschen (nach Gute Nachricht)?

Das Pfingstwunder wird in der Bibelübertragung „Gute Nachricht für Sie" unter der Überschrift „Die heilige Begeisterung"[771] wiedergegeben. In Apg 2,4 heißt es:

„Sie wurden alle mit heiliger Begeisterung erfüllt. [...]"[769]

Die Formulierung wurde jedoch später dem Grundtext angepasst:

„Alle wurden vom Geist Gottes erfüllt [...]"[772]

Was „Bibelmüde" wirklich brauchen

„Jaja, die Bibel ist wichtig, aber ..."[774] – Die Aussage klingt genervt. Bibellesen ist „‚eigentlich' wichtig"[775], aber „umgeben von einem unangenehmen Geruch aus Pflicht und Routine"[776].

So warb der Bundes-Verlag Ende 2010 für seine neue Zeitschrift „Faszination Bibel" und lud ein zur „Selbsthilfegruppe der Bibel-Unlustigen"[777]. Die Zeitschrift war gedacht als „Schlüssel", die Bibel-Müden zu erwecken und ging mit 300.000 (!) Exemplaren an den Start.[778]

Mit der Reihe „Fragezeichen" wollen die Herausgeber ehrliche Erlebnisberichte zulassen:

„Haben Sie auch ein Bibelwort als schwere Last erlebt? Kämpfen Sie mit einer Aussage der Bibel?"[779]

Bei diesen Negativerlebnisberichten wird leider Misstrauen gesät. Den Anfang macht Christel Eggers mit Mt 21,22:

„Wie ein Schlag ins Gesicht! Am Boden liegen – und auch noch getreten werden, so empfinde ich die Situation, in der mir dieser Bibelvers unter die Augen kommt: [...]"[780]

Nach einem plötzlichen Kindstod erlebt sie ihre „Bibel-Eiszeit"[781]:

„Ich rühre lange Zeit keine Bibel mehr an. Für mich stimmt da etwas nicht. Für mich stimmt sie nicht. Sie lügt. Gottes Wort lügt mich an, schlägt mir ins Gesicht. [...]"[782]

Doch sie überwindet die Krise, bloß wie?

„Nicht durch Gebet, nicht durch Bibellesen. Es war eine Autorenlesung in einem Gemeindehaus. [...] Angefangen hat es damit, wieder den Mut zu fassen zu der Frage: ‚Ist

Gott ein guter Gott? Für mich?', über eine neue Entscheidung, wieder eine Beziehung zu ihm zu wollen – über das trotzige Geschehen, ihm sein Versagen zu verzeihen. [...]"[783]

Die Probleme und Fragen mit der erwähnten Bibelstelle ist Christel Eggers nicht losgeworden. Wenn durch solch eher negative Zeugnisse das Vertrauen in die Bibel nicht bestärkt, sondern eher Zweifel gesät werden, besteht da nicht die Gefahr fragwürdiger Früchte?

Im ersten Heft wurde in einem Bibelquiz unterstellt, dass die Bibel Irrtümer enthalte. Auf die Frage nach einem unreinen Tier heißt es in der Antwort im Bezug auf Lev 11,6: „Der Hase ein Wiederkäuer? Hier irrt die Bibel doch tatsächlich ..."[784]

Dabei ist seit 1882 diese von den Rindern zu unterscheidende Art des Wiederkäuens bei Hasen biologisch nachgewiesen.[785]

Im zweiten Heft wird dieser Fehler „bedauert":
„Im Irrtum war hier allerdings nicht die Bibel, sondern die Redaktion. [...]"[786]

Ob die Bibel nicht an anderen Stellen Irrtümer enthalte, bleibt mit der Formulierung „hier allerdings nicht" weiterhin offen.

Statt einer geistlich widersprüchlichen und theologisch fragwürdigen Zeitschrift bedarf es anderer Alternativen, ein Bibelleser zu werden. Dies sollten aber primär keine anderen Zeitschriften oder Bücher sein, die zur Bibel hinzugezogen werden, sondern – wie könnte es anders sein – die Bibel selbst. Christsein ohne Bibel ist undenkbar. Der Christ hat keine Wahl, seinen Glauben mit oder ohne Bibel zu leben. Echte Christen, die bekennen, bibelmüde zu sein, sind schlicht und ergreifend lau geworden. Die Lauen werden in der Bibel vielfach ermahnt, wieder auf den Weg zurückzukehren. Dabei ist Weisheit und Liebe, aber eben auch Klarheit und Bestimmtheit in der Sache von

Nöten. So muss nun Lauheit auch als Schuld bekannt werden können. Aber eine moderne Zeitschrift, deren Wert nicht unerheblich in der Unterhaltung liegt, es sogar mit Bibelwitzen dem Bibelmüden so bequem wie möglich zu machen, wird kaum zurück zu einer gesunden geistlichen Haltung bewegen. Hier liegt zum einen ein anderes Verständnis vom Wort Gottes und zum anderen vom Glaubensleben vor. „Faszination Bibel" wirkt nicht wie ein Studien- und Lehrheft, das zum Bibellesen anleitet, sondern eher wie ein Unterhaltungsmagazin. Es enthält zwar auch informative Artikel, die zum Verstehen des Umfelds biblischer Ereignisse helfen können, der Grundtenor überwiegt jedoch in der Unterhaltung.

Die Bibel ist jedoch kein Konsumartikel, sondern ein Arbeitsbuch. Warum? Das Bild vom Glauben, das das Neue Testament vermittelt, hat auch zu tun mit Kosten, die zu überschlagen sind, mit einem Kampf, der zu bestehen ist, mit einem Wettlauf, der zu bewältigen ist und einem Siegeskranz, der zu erringen ist. Wer im Glauben hauptsächlich eigene Vorteile und Unterhaltung sucht, die es zu konsumieren gilt und ein Buffet, an dem man sich nach eigenen Vorlieben bedienen darf, hat weniger ein biblisches, sondern eher ein dem Zeitgeist angepasstes Glaubensverständnis. Bereits am Bibelverständnis scheiden sich oft schon die Geister. Das Grundvertrauen des anderen in Gottes Wort ist Voraussetzung, diesen persönlich zum Bibellesen zu motivieren. Diese Ermutigung sollte in einer geistlich intakten Gemeinde selbstverständlich sein (Kol 2,2; 1Thess 2,11). Ermutigung bedeutet, auf Probleme des anderen fürsorglich einzugehen, ihn im Glauben zu bestärken, Vertrauen zu säen und ein positives Zeugnis zu geben. Überdies sollten Glaubenszweifel nicht gepflegt, sondern als Anfechtung gesehen und überwunden werden. Durch die Reihe „Fragezeichen" scheint in „Faszination Bibel" eher, so ist zu befürchten, das Gegenteil zu geschehen. Paulus erwähnt auch, dass wir uns „belehren und ermahnen" sollen, zwei Vokabeln, die im toleranten Zeitalter bei den Neoevangelikalen genauso wie „Gehorsam" und „Buße" aber nicht mehr hoch im Kurs stehen und auch in „Faszination Bibel" vergeblich gesucht werden.

Echter bewährter Glaube ist gefragt

Das Wort Gottes ist der einzig gültige und verlässliche Maßstab im Glauben und Leben. Auf der Verkündigung des Wortes liegt eine Verheißung:

> *„Genauso soll auch mein Wort sein, das aus meinem Mund hervorgeht: es wird nicht leer zu mir zurückkehren, sondern es wird ausrichten, was mir gefällt, und durchführen, wozu ich es gesandt habe!" (Jes 55,11)*

Warum sind die Auswirkungen dann aber so kärglich, gerade auch in Deutschland? Warum befinden sich nicht nur die etablierten Kirchen, sondern auch die Evangelikalen in einer Krise?
Könnte dies daran liegen, dass es nicht nur auf das „Was", sondern auch auf das „Wie" der Verkündigung ankommt?

> *„Es ist ja offenbar, dass ihr ein Brief des Christus seid, durch unseren Dienst ausgefertigt, geschrieben nicht mit Tinte, sondern mit dem Geist des lebendigen Gottes, nicht auf steinerne Tafeln, sondern auf fleischerne Tafeln des Herzens." (2 Kor 3,3)*

Christen sind ein offener Brief für alle Menschen, innerhalb und außerhalb der christlichen Gemeinde.
Wie wird Christus verkündigt? Oberlehrerhaft, grimmig, verbissen und jenseits des alltäglichen Lebens?

Als was wird Christus verkündigt? Als dogmatisierte, starre, leblose Figur in bloßer Rechtgläubigkeit? Als bloße Religion?

Wie wird Christus gelebt? Als exklusive Gruppe im Hinterhof, als abgeschottete Insel der Seligen, individualistisch und privatisiert? Müssen Evangelikale immer mehr als weltabgewandte Sektierer bezeichnet und erlebt werden? Sind Christen noch gesprächsbereit und offen für Außenstehende – und das nicht nur dem Grundsatz nach, sondern wirklich interessiert am Anderen und in der Lage, ihn zu verstehen und ihm zu helfen? Ist die Gemeinde hingehend und einladend (nach Mt 28,19; Lk 10,3) und nicht nur abwartend?

Leider liegen die Defizite bereits intern, innerhalb der christlichen Gemeinde. Es gibt einen „Schlüssel" zum Umgang untereinander mit erstaunlichen Auswirkungen:

„Daran wird jedermann erkennen, dass ihr meine Jünger seid, wenn ihr Liebe untereinander habt."
(Joh 13,35)

Aber wie soll das „funktionieren", wenn sich selbst in der eigenen Gemeinde Christen aus dem Weg gehen wegen unbegründetem Misstrauen, wegen Desinteresse, Kaltherzigkeit und Gleichgültigkeit?!

Die, die noch Verantwortung übernehmen, stehen nicht selten in der Gefahr, sich mit gekränktem Stolz und Eitelkeiten in Machtspielchen zu verstricken.

„Alle Menschen werden Brüder."[787], lautet eine Zeile in der neunten Sinfonie von Ludwig van Beethoven. Dieses Ziel wäre umgedreht in so manchen christlichen Gemeinden angebracht: „Alle Brüder werden Menschen."[788]

Es gibt in lebenspraktischer Hinsicht viel zu tun. Zeitgleich dürfen gerade Verantwortliche in der Gemeinde und auch alle verantwortungsbewussten Christen die Entwicklung im Evangelikalismus nicht aus den Augen verlieren. Es gilt, das Wort Gottes festzuhalten und zu verteidigen, weil es die einzig verlässliche, gültige und bleibende Grundlage und Legitimation des Glaubens ist.

Neoevangelikale Trends, charismatische Wellen und neue spirituelle Übungen des Fühlens und Spürens mögen eine Zeit lang „in" sein, sie kommen und gehen aber wieder, doch das Wort Gottes bleibt immer gültig und ändert sich nicht (Mt 24,35). Daran kompromisslos festzuhalten und das Gebot des Apostels Paulus zu beherzigen, ist der einfache und direkte Weg zu einem erfüllten Glaubensleben:

„Lasst das Wort des Christus reichlich in euch wohnen in aller Weisheit; lehrt und ermahnt einander [...]"
(Kol 3,16a)

Bibelstellenregister

Bibelstellen, die vollständig zitiert werden, sind halbfett gesetzt

(Endnotes)

Anmerkungen

[1] CIG: „Heilig sein", in: Christ in der Gegenwart Nr. 44 (Freiburg i. Br.: Herder, 2013), S. 1.

[2] Johannes Röser: „Der Wärmestrom. Statt Religion: Religiosität? Die Zukunft des Gottesglaubens hängt von den Lebensgefühlen der Jugendlichen, von den Jugendkulturen ab.", in: Christ in der Gegenwart Nr. 43 (Freiburg i.Br.: Herder, 2013), S. 484.

[3] Ebd.

[4] Ebd.

[5] Ebd.

[6] Ebd.

[7] Ebd.

[8] Ebd.

[9] Ebd.

[10] Ebd.

[11] Markus Spieker: „Wider die frommen Lügen", in: ideaSpektrum Nr. 34/2013 (Wetzlar: idea e.V., 2013), S. 16.

[12] Ebd.

[13] o.O., „Eure Cliquen, eure Freunde. teensmag-Umfrage ‚Freundeskreise'", in: teensmag 06/2003 November/Dezember (Witten: Bundes-Verlag, 2003), S. 12.

[14] Julia Obergfell: „Himmel trifft Erde. Gott begegnen – aber wie?", in: teensmag 02/2011 März/April (Witten: Bundes-Verlag, 2011), S. 16.

[15] Ebd., S. 17.

[16] Ebd.

[17] Ebd.

[18] Vgl. URL: http://www.main-netz.de/nachrichten/region/miltenberg/berichte/art4019,315943.

[19] URL: http://www.bubmann.com/publikationen/Erlebnisgesellschaft.htm.

[20] URL: http://de.wikipedia.org/wiki/Eud%C3%A4monismus.

[21] URL: http://de.wikipedia.org/wiki/Hedonismus.

[22] Dietrich Stollberg u. a. (Hg.): Identität im Wandel in Kirche und Gesellschaft, (Göttingen: Vandenhoeck und Ruprecht, 1998), S. 41.

[23] URL: http://de.wikipedia.org/wiki/Postmoderne.

[24] Wolfgang Welsch: Unsere postmoderne Moderne, 4. Auflage, (Berlin: Akademie, 1993), S. 4.

25 Wolfgang Welsch: *Wege aus der Moderne*, 2. Auflage (Berlin: Akademie, 1994), S. 10.

26 Ebd., S. 37.

27 Vgl. die Broschüre von Charles Jencks: *Was ist Postmoderne?* (Zürich: Artemis & Winkler, 1994)

28 Jean-Francois Lyotard: *Das postmoderne Wissen. Ein Bericht* (Wien: Passagen, 1986), S. 14.

29 Vgl. Paul Feyerabend: *Wider den Methodenzwang. Skizze einer Anarchistischen Erkenntnistheorie* (Frankfurt am Main: Suhrkamp, 1986)

30 URL: http://gott90.de/buch.

31 Marion Küstenmacher; Tilmann Haberer; Werner Tiki Küstenmacher: *Gott 9.0. Wohin unsere Gesellschaft spirituell wachsen wird* (Gütersloh: Gütersloher Verlagshaus, 2010), S. 35.

32 URL: http://gott90.de/buch/drei-gesichter-gottes.

33 Ebd.

34 Ebd.

35 URL: http://gott90.de/buch/ausblick.

36 Josef Sudbrack: „Spiritualität", in: Lexikon für Theologie und Kirche, 3. Auflage, Sonderausgabe 2009 (Freiburg i. Br.: Herder: 2006), Sp. 860. Beim Bezug auf das „eine Sein" zitiert Sudbrack den Psychologen Christian Scharfetter.

37 URL: http://www.eann.de/eher-spirituell-als-religios/12198.

38 Ebd.

39 URL: *www.kirchentag2005.de/presse/nachrichten/dateien/ DEKT024.doc.*

40 Hartmut Meesmann: „Zwischen Kopf und Herz. Wie findet der Mensch zu Gott? Religiöse Erfahrung im Widerstreit", in: Publik-Forum Nr. 6/2009 (Oberursel: Publik-Forum, 2009), S. 50.

41 Ebd.

42 Alexander Poraj: „„Spüre den Augenblick!' Wir können Gott durch Meditation unmittelbar erleben", in: Publik-Forum Nr. 6/2009, a.a.O., S. 51.

43 Ebd., S. 51.

44 Ebd., S. 52.

45 Ebd.

46 Ebd.

47 Bernardin Schellenberger: „„Lass dich Verwandeln!' Oft wird Gott durch spirituelle Übungen gerade verfehlt", in: Publik-Forum Nr. 6/2009, a.a.O., S. 52.

[48] Heiner Barz: *Postmoderne Religion. Teil 2 des Forschungsberichts „Jugend und Religion"* (Opladen: Leske und Budrich, 1992), S. 119.

[49] URL: http://www.bubmann.com/publikationen/Erlebnisgesellschaft.htm; vgl. Heiner Barz: Postmoderne und Religion, a.a.O., S. 255.

[50] URL: http://www.infosekta.ch/media/pdf/R_ReligionSeele_ist_tot_Hell_020804.pdf.

[51] Peter Gross: *Die Multioptionsgesellschaft* (Frankfurt am Main: Suhrkamp, 1994), S. 372.

[52] Eva Baumann-Lerch: Zur Quelle nur barfuß. Spiritualität in Zeiten des Missbrauchsskandals: Nur wer in die eigenen Abgründe steigt, kann Gott und sich selber finden, in: Publik-Forum Nr. 10/2010, a.a.O., S. 38.

[53] Elisabeth Moltmann-Wendel: „Christus in mir", in: Publik-Forum Nr. 10/2010, a.a.O., S. 41.

[54] Doris Strahm: „Christus sind wir", in: Publik-Forum Nr. 10/2010, a.a.O., S. 43.

[55] Klaus Hofmeister: „Ich bin dann mal fromm. Sechzig Prozent der Deutschen sind offen für die spirituelle Suche nach dem Sinn des Lebens", in: Publik-Forum Nr. 9/2010, a.a.O., S. 62.

[56] Os Guinness: *Fit Bodies – Fat Minds: Why evangelicals don't think and what to do about* (Grand Rapids: Baker Books, 1994), S. 106f.

[57] Friedrich Hauck; Gerhard Schwinge: *Theologisches Fach- und Fremdwörterbuch*, 7. Auflage (Göttingen: Vandenhoeck & Ruprecht, 1992), S. 21.
vgl. auch H.-H. Schrey: „Apologetik. III. Systematisch-theologisch", in: Religion in Geschichte und Gegenwart, 3. Auflage (Tübingen: Mohr, 1986), Sp. 485.
Schrey würde die hier vorliegenden Ausarbeitungen wohl in den Bereich der Polemik einordnen. Er schreibt:
„Im Unterschied zur Polemik geht es in der A. nicht um die innerkirchliche Auseinandersetzung zwischen Rechtgläubigkeit und Irrlehre, sondern um die Auseinandersetzung des Christentums mit dem Heidentum. Freilich sind von jeher die Grenzen zwischen beiden Aufgaben nicht immer streng zu ziehen gewesen, etwa beim Einbruch der Gnosis in die Kirche."
Letztendlich wird im innerevangelikalen Bereich permanent von Apologetik und nicht von Polemik gesprochen.
vgl. auch Rolf Hille: „Apologetik", in: Evangelisches Lexikon für Theologie und Gemeinde, 2. Auflage, 1998 (Wuppertal: Brockhaus, 1992), S. 100f.

In seiner Definition der Apologetik als Aufgabe systematischer Theologie schreibt Hille: „[...] sie hat ihren Ort besonders in den Einleitungen der Dogmatik (Prolegomena) bzw. der Fundamentaltheologie, in deren Rahmen die Voraussetzungen und Grundlagen der christl. Offenbarung gegenüber zeitgenössischen Wahrheitsansprüchen dargelegt und verteidigt werden sollen."

[58] Ebd.

[59] Rolf Müller: „Wie biblisch ist unsere Gemeinde? Fragen, die kaum noch gestellt werden", in: KOMM! Nr. 26, Dezember 2008 (Linz/Österreich: Werner Fürstberger, 2008), S. 22.

[60] Ebd.

[61] Vgl. die Ausführungen unter Punkt 1 der Einleitung in: Thorsten Brenscheidt: *Gott auf charismatisch. Gottesbeschreibungen in der Pfingst- und Charismatischen Bewegung* (Hamburg: RVB, 1997), S. 11f.

[62] vgl. Rolf Hille, a.a.O.: „Dialogfähigkeit bzw. Streitkultur etc. sind heute Stichworte, unter denen die Konkretion der A. in je unterschiedlichen Herausforderungen neu bedacht und praktisch eingeübt werden müsste. Grundlegend für die Glaubwürdigkeit christl. A. ist die Verbindung von persönlicher Glaubensgewissheit und intellektueller Redlichkeit. Sie nimmt die Wahrheitserkenntnis in der Argumentation des Gegenübers ernst und wird ihr deshalb gerecht, ohne dabei die Eindeutigkeit des christl. Bekenntnisses abzuschwächen oder gar preiszugeben."

[63] Christian A. Schwarz: *Die 3 Farben Deiner Spiritualität* (Glashütten: C & P, 2009), Backcover (U4).

[64] Ebd.

[65] Ebd.

[66] Ebd., S. 20; Christian A. Schwarz: "Neun Wege der Gottesbegegnung", in: Aufatmen Nr. 4/2009 (Witten: Bundes-Verlag, 2009), S. 16.

[67] Ebd., S. 30; ebd., S. 19.

[68] Ebd., S. 31; ebd., S. 19.

[69] Ebd., S. 15; ebd., S. 17.

[70] Ebd.; ebd.

[71] Ebd., S. 29; ebd., S. 19.

[72] Ebd., S. 26; ebd., S. 17.

[73] Ebd.; ebd.

[74] Ebd.; ebd.

[75] Ebd., S. 27; ebd., S. 17-18. (Hervorhebung im Original.)

[76] Ebd., S. 31; ebd., S. 19.

[77] Ebd.; ebd., S. 20.

[78] Ebd., S. 25.

[79] Ebd., S. 52+111.

[80] Ebd., S. 51-53; Christian A. Schwarz: „Die Gefahren meiner Stärken", in: Aufatmen Nr. 2/2010, a.a.O., S. 18-19.

[81] Roman Malek: „Yin und Yang", in: Lexikon für Theologie und Kirche (Freiburg: Herder, Sonderausgabe 2009), Sp. 1350.

[82] Ulrich Eggers: Das „,Jahr der Stille' 2010. Informationen und Hintergründe", in: Aufatmen. Sonderheft Stille 2010 (Witten: Bundes-Verlag, 2009), S. 10.

[83] Holger Mix: „Stell dir vor, Gott redet, aber keiner hört zu. Warum reden beim Beten doch nur Silber ist", in: dran Nr. 3/2010 (Witten: Bundes-Verlag, 2010), S. 33.

[84] Ebd.

[85] Ebd.

[86] Ebd.

[87] Ebd.

[88] Ebd.

[89] Heinrich Fausel: *D. Martin Luther. Leben und Werk 1483 bis 1521. Band 2* (Holzgerlingen: SCM Hänssler, 2008), S. 199.

[90] Holger Mix, a.a.O., ebd.

[91] Ebd.

[92] Ebd.

[93] Ebd.

[94] Ebd.

[95] Ulrich Eggers, a.a.O.

[96] Ebd.

[97] Ebd.

[98] Astrid Eichler: „Hörsturz. Wenn die Ohren des Herzens taub geworden sind", in: Aufatmen. Sonderheft Stille 2010, a.a.O., S. 23.

[99] Ebd.

[100] Ebd.

[101] Ebd.

[102] Ebd.

[103] Ebd., S. 24.

[104] Ebd.

[105] Christina Brudereck: „U35-Forum. Verantwortung? Ja, danke!" (Seminar bei der Missionale in Köln 2010).

[106] Henri Nouwen: „Gott begegnen in der Einsamkeit. Wie unser Leben fruchtbar werden kann", in: Aufatmen. Sonderheft Stille 2010, a.a.O., S. 30-31.

107 Ebd., S. 31.

108 Ebd., S. 32.

109 Ewald Martin Plass (Ed.): *What Luther says. An Anthology. Volume 3* (St. Louis: Concordia Publishing House, 2006), S. 1462.

110 Henri Nouwen: „Gott begegnen in der Einsamkeit", a.a.O., S. 32.

111 Ebd., S. 35.

112 Georg Walter: *Evangelikale und die Mystik* (Oerlinghausen: Betanien, 2013), S. 148f.

113 Ebd., S. 149.

114 Henri J. M. Nouwen: *Unser heiliges Zentrum finden* (Münsterschwarzach: Vier-Türme, 2008), S. 8f.

115 Henri J.M. Nouwen: *Sabbatical Journey. The Diary of His Final Year* (New York: Crossroad Publishing, 1998), S.51.

116 URL: http://apprising.org/2012/08/11/ravi-zacharias-clarifies-calling-henri-nouwen-great-saint.

117 Georg Walter, a.a.O., S. 149f.

118 Ulrich Eggers: „Stille entdecken – überall", in: Aufatmen. Sonderheft Stille 2010, a.a.O., S. 36; Aufatmen Nr. 3/2009, Dossier: Stille, (Witten: Bundes-Verlag, 2009), S. 36.

119 Ebd., S. 37; ebd., S. 37.

120 Ebd.

121 Ebd. Eggers verweist hier auf Gary L. Thomas: *Neun Wege, Gott zu lieben. Die wunderbare Vielfalt des geistlichen Lebens* (Witten: SCM R. Brockhaus, 2009).

122 Ebd., S. 38; ebd., S. 38.

123 Marieluise Bierbaum: „Plädoyer für einen heiligen Ort. Einen Platz finden für die persönliche Begegnung mit Gott", in: Aufatmen. Sonderheft Stille 2010, a.a.O., S. 49.

124 Ebd.

125 Ebd.

126 Ebd.

127 Dr. Reinhard Deichgräber: „Sieben Wege in die Stille. Einfache Stille-Übungen für den Alltag", in: Aufatmen. Sonderheft Stille 2010, a.a.O., S. 57; Aufatmen Nr. 3/2009, Dossier: Stille, a.a.O., S. 33.

128 Jörg Ahlbrecht: „Stille-Momente am Abend - Stille-Tagebuch: 10 Tipps", in: Aufatmen. Sonderheft Stille 2010, a.a.O., S. 68.

129 Manfred Pagel: „Mit Gott allein. Meine Stille-Nachmittage am Meer: Wie Intimität und Nähe eine Beziehung verändern können", in: Aufatmen. Sonderheft Stille 2010, a.a.O., S. 88.

310

[130] Vgl. die auführlichen Hintergründe zur Passivität von Georg Walter in seinem „Lexikalischen Leitfaden zur Orientierung", in: *Evangelikale und die Mystik*, a.a.O., S. 157f.

[131] Susanne Geiger: „Willkommen im Land der Ruhe. Wie sich meine Stille Zeit von mühsamer Dienstbesprechung zu heiß ersehnter Zeit inniger Zweisamkeit entwickelte", in: Aufatmen. Sonderheft Stille 2010, a.a.O., S. 90-91; Aufatmen Nr. 3/2009, Dossier: Stille, a.a.O., S. 40-41.

[132] Ebd., S. 91; ebd., S. 41.

[133] Ebd.

[134] Ebd.

[135] Ebd., S. 92; ebd., S. 42.

[136] Ebd.

[137] Stefan Wohlfarth: „Wach werden in der Stille. Den Blickkontakt mit Gott suchen: Ein Bericht über zehn Tage Einkehrzeit", in: Aufatmen. Sonderheft Stille 2010, a.a.O., S. 96.

[138] Ebd., S. 97.

[139] Ebd., S. 98.

[140] Ebd., S. 99.

[141] Ebd.

[142] Ebd.

[143] Ebd.

[144] Ebd.

[145] Sabine Schüpbach; Barbara Tambour: „Mystik für den Kopf. Spiritualitätskurse auf akademischem Niveau boomen in der Schweiz und in Österreich. Aber was lernt man dort? Und geht das überhaupt: Spiritualität studieren?", in: Publik-Forum Nr. 18/2010, a.a.O., S. 32.

[146] Tamara Hinz: „In dir ist Freude – in allem Leide? Was tun, wenn der liebe Herr Jesus gar nicht so lieb ist? Erprobte Strategien gegen den Enttäuschungs-Blues des Glaubens", in: Aufatmen Nr. 2/2010, a.a.O., S. 72.

[147] Ebd.

[148] Ebd.

[149] Ebd.

[150] Ebd., S. 73.

[151] URL: http://de.wikipedia.org/wiki/Lectio_divina.

[152] o.O., *Komm in die Stille. Den Segen des hörenden Gebets neu entdecken* (Asslar: Gerth Medien, 2009), Lesezeichen.

[153] Ebd., S. 30.

[154] Ebd., S. 92.

[155] Ebd., S. 228.

[156] Ebd., S. 153.

[157] Andi Schlüter: „Jetzt mal die Klappe halten. Inmitten des Alltags mal fünf Minuten, eine Stunde oder einen ganzen Tag Stille finden", in: dran Nr. 1/2010, (Witten: Bundes-Verlag, 2010), S. 30.

[158] Ebd., S. 31.

[159] o.O., „anwenden. Zwei Vorschläge für Stille-Abende", in: dran Nr. 1/2010, a.a.O., S. 56.

[160] Ebd.

[161] Julia Obergfell: „Stille, ich mag dich", in: dran Nr. 1 /2010, a.a.O., S. 26.

[162] Adolf Schlatter: *Die Bibel verstehen. Aufsätze zur biblischen Hermeneutik.* Herausgegeben von Werner Neuer (Gießen: Brunnen, 2002), S. 101.

[163] Anzeige: „Aufatmen. Gott begegnen - Authentisch leben", in: SCM: Der Geschenke-Katalog 2010 (Holzgerlingen: SCM, 2009), S. 6.

[164] Theo Lehmann: „Das Land ist still. Gegen ein immer seichteres Christentum in Deutschland", in: idea-Spektrum Nr.22/2004, (Wetzlar: idea, 2004), S. 3.

[165] Thorsten Brenscheidt: *Max Lucado verstehen. Der Bestsellerautor und seine Botschaft* (Oerlinghausen: Betanien, 2010), S. 14.

[166] Ebd.

[167] Max Lucado; Tricia Goyer: *3:16 für Teens* (Asslar: Gerth Medien, 2008), S. 42.

[168] Max Lucado: *Ruhe im Sturm* (Holzgerlingen: Hänssler, 2005), S. 104.

[169] Max Lucado: *Gott findet, du bist wunderbar*, 3. Auflage (Witten: SCM Collection, 2009), S. 91-94.

[170] Jenna Lucado Bishop: *Shake it!* (Holzgerlingen: SCM Hänssler, 2013), Backcover (U4).

[171] Ebd., S. 13.

[172] Ebd., S. 14.

[173] Ebd., S. 46.

[174] Ebd.

[175] Ebd., S. 125.

[176] Ebd., S. 48.

[177] Ebd., S. 49f.

[178] Ebd., S. 52.

[179] Ebd., S. 55.

[180] Ebd., S. 57.

[181] Ebd., S. 176.

[182] Ebd., S. 125.

[183] Ebd., S. 178.

[184] Ebd., S. 188. (Hervorhebung im Original.)

[185] Ebd.

[186] Ebd., S. 199.

[187] Ebd., S. 191f.

[188] Ebd., S. 192.

[189] Ebd., S. 212f.

[190] Ebd., S. 227f. (Hervorhebung im Original.)

[191] Auslöser der Empörung und mehrerer kritischer Rezensionen war der Artikel von Karsten Huhn: „Kommen am Ende alle in den Himmel?", in: ideaSpektrum Nr. 18/2011 (Wetzlar: idea e.V., 2011), S. 16ff.

[192] Vgl. URL: http://de.wikipedia.org/wiki/Rob_Bell.

[193] o.O., „US-Pastor: ‚Diese Welt ist gut'", in: ideaSpektrum Nr. 19/2011, a.a.O., S. 13.

[194] URL: http://de.wikipedia.org/wiki/Rob_Bell.

[195] Vgl. Rob Bell, a.a.O., S. 47, wo er schreibt, „dass Gott von Beginn an auf der Suche nach Partnern ist, [...]"

[196] Richard Reschika: *Theologie der Zärtlichkeit* (Münsterschwarzach: Vier-Türme, 2009).

[197] Norbert Copray: „Buch des Monats: Mit dem Blick der Zärtlichkeit. Plädoyer für eine Theologie, die aus der Verhärtung führt", in: Publik-Forum Nr. 5/2009, a.a.O., S. 56.

[198] Wilhard Becker; Ulrich Schaffer: *Ganz anders könnte man leben* (Stuttgart: Kreuz, 1984), S. 50f.

[199] Ebd., S. 51.

[200] Rob Bell, a.a.O., S. 14.

[201] URL: http://aschoff-net.de/Willkommen.html.

[202] Rob Bell, a.a.O., S. 7.

[203] Ebd.

[204] Ebd., S. 8.

[205] Ebd.

[206] Ebd.

[207] Ebd.

[208] Ebd.

[209] Ebd.

[210] Ebd., S. 9.

[211] Ebd., S. 159.

[212] Vgl. ebd., S. 183.

[213] Ebd., S. 173.

[214] Ebd., S. 181.

[215] Ebd., S. 173f.

[216] Ebd., S. 181.

[217] Ebd., S. 194.

[218] Zitat und weitere hilfreiche Ausführungen bei Wilfried Plock: „Werden alle Menschen gerettet? Eine kritische Betrachtung der Allversöhnungslehre", in: Gemeindegründung Nr. 107, 3/11 (Hünfeld: Konferenz für Gemeindegründung e.V., 2011), S. 19.

[219] URL: http://www.reformatorischeschriften.de/spurgeon2.html.

[220] Hans Küng: „‚Credo' Für Zeitgenossen des 21. Jahrhunderts. Zusammengefasst von Jean-Louis Gindt", in: Publik-Forum Dossier 2010, a.a.O., S. 22.

[221] Rudolf Bultmann: *Neues Testament und Mythologie*, 2. Auflage (Nachdruck von 1941) (München: Chr. Kaiser, 1985), S. 18.

[222] URL: http://www.factum-magazin.ch/wFactum_de/glaube/Theologie/2011_05_10_Rob_Bell.php.

[223] Vgl. URL: http://www.scm-shop.de/produkt/ansicht/anselm-gruen.html; http://www.asaphshop.de/Anselm-Gruen-Sein-Leben und http://www.alpha-buch.de/autor/12553/Anselm%20Gr%C3%BCn.html.

[224] Arne Völkel: „Das Leben ist ein Gottesdienst. Ein Tag mit Anselm Grün", in: Aufatmen Nr. 2/2000 (Witten: Bundes-Verlag, 2000), S. 36-44.

[225] Anselm Grün: *Einfach leben. Das große Buch der Spiritualität und Lebenskunst.* Herausgegeben von Rudolf Walter (Freiburg i.B.: Herder, 2011), S. 141f.

[226] Ebd., S. 10.

[227] Ebd., S. 31. (Hervorhebung im Original.)

[228] Ebd., S. 11.

[229] Ebd.

[230] Ebd., S. 12.

[231] Ebd., S. 13.

[232] Ebd., S. 14f.

[233] Ebd., S. 15.

[234] Ebd.

[235] Ebd., S. 19.

[236] Ebd., S. 42.

[237] Ebd., S. 178.

[238] Ebd., S. 191.

[239] Ebd., S. 180.

[240] Vgl. URL: http://www.experto.de/b2c/koerper-seele/feng-shui/energetisches-feng-shui-energetische-reinigung.html.

[241] Vgl. URL: http://schamanismus-erika.de/index.php?page=2300&fn=1: „Räuchern ist eine von vielen Naturkreisen

angewandte Methode zur Neutralisierung von negativen Energien in Räumen und Gegenständen. Bei der Hausreinigung werden belastende und erdrückende Energien umgewandelt, und somit kann ein positives unterstützendes Energiefeld aufgebaut werden. [...]"

[242] http://www.action-spurensuche.de/frame_mitte/downloads/profil200805.pdf.

[243] Anselm Grün: *Einfach leben*, a.a.O., S. 301.

[244] Ebd., S. 42f.

[245] Ebd., S. 96.

[246] Ebd., S. 114.

[247] Ebd., S. 137.

[248] Ebd., S. 138.

[249] Johannes Calvin: *Unterricht in der christlichen Religion. Institutio Christianae Religionis*. Nach der letzten Ausgabe übersetzt und bearbeitet von Otto Weber, 5. Auflage (Neukirchen-Vluyn: Neukirchener, 1955/1988), S. 1.

[250] Anselm Grün: *Einfach leben*, a.a.O., S. 318.

[251] Ebd., S. 319.

[252] Ebd., S. 149.

[253] Anselm Grün: *Tiefenpsychologische Schriftauslegung* (Münsterschwarzach: Vier-Türme, 1992), S. 23.

[254] Rolf Baumann: Rezension zu: „Anselm Grün: Die Bibel verstehen" (Freiburg i.B.: Herder, 2010), in: bbs 6.2011, S. 1; URL: http://www.biblische-buecherschau.de/2011/Gruen_Bibelverstehen.pdf.

[255] Ebd., S. 1.

[256] Ebd.

[257] Anselm Grün: *Einfach leben*, a.a.O., S. 251.

[258] Ebd., S. 249f.

[259] Ebd., S. 250.

[260] Ebd., S. 251.

[261] Anselm Grün: Herzensruhe - Im Einklang mit sich selber sein, 22. Auflage (Freiburg i.B.: Herder, 2013), S. 112.

[262] Ebd., S. 145-146.

[263] Arne Völkel: „Das Leben ist ein Gottesdienst. Ein Tag mit Anselm Grün", a.a.O., S. 43.

[264] Vgl. ebd.

[265] Ebd., S. 38.

[266] Anselm Grün: *Herzensruhe - Im Einklang mit sich selber sein*, a.a.O., S. 113.

[267] Arne Völkel: „Das Leben ist ein Gottesdienst. Ein Tag mit Anselm Grün", a.a.O., S. 43.

[268] Erlösung, S. 39.

[269] Anselm Grün: *Einfach leben*, a.a.O., S. 231.

[270] Ebd., S. 166f.

[271] Anselm Grün: *Herzensruhe - Im Einklang mit sich selber sein*, a.a.O., S. 117.

[272] Anselm Grün: *Einfach leben*, a.a.O., S. 211.

[273] *Anselm Grüns Buch der Antworten. Antworten auf die Königsfragen des Lebens* (Freiburg i.B.: Herder, 2007), S. 105-106.

[274] Anselm Grün: *Zerissenheit* (Münsterschwarzach: Vier-Türme, 1998), S. 86.

[275] Ebd., S. 85.

[276] Anselm Grün: *Erlösung. Ihre Bedeutung in unserem Leben* (Stuttgart: Kreuz, 2004), S. 7.

[277] Ebd., S. 22.

[278] Ebd., S. 55.

[279] Anselm Grün: *Mit Herz und allen Sinnen. Jahreslesebuch* (Freiburg i.B.: Herder, 2005), S. 200.

[280] Anselm Grün: *Einfach leben*, a.a.O., S. 254.

[281] Vgl. Thorsten Brenscheidt: *Max Lucado verstehen*, a.a.O.

[282] Anselm Grün: *Einfach leben*, a.a.O., S. 185f.

[283] Ebd., S. 159.

[284] Ebd., S. 170.

[285] Ebd., S. 243.

[286] *Anselm Grüns Buch der Antworten*, a.a.O., S. 113f.

[287] Ebd., S. 115.

[288] Anselm Grün: *Einfach leben*, a.a.O., S. 45.

[289] *Anselm Grüns Buch der Antworten*, a.a.O., S. 131.

[290] Ebd.

[291] Ebd., S. 73.

[292] Ebd., S. 82.

[293] *Anselm Grüns Buch der Antworten*, a.a.O., S. 196f.

[294] Anselm Grün: *Wenn ich in Gott hineinhorche* (Mainz: Matthias-Grünewald, 1997), S. 40f.

[295] Anselm Grün: *Einfach leben*, a.a.O., S. 146.

[296] Ebd., S. 268.

[297] Ebd., S. 269.

[298] Ebd., S. 273.

[299] Arne Völkel: „Das Leben ist ein Gottesdienst. Ein Tag mit Anselm Grün", a.a.O., S. 40f.

[300] Anselm Grün: *Einfach leben*, a.a.O., S. 175.

[301] http://www.anselmgruen.de/index2.htm.

[302] Ebd.

[303] http://www.welt.de/kultur/literarischewelt/article7959442/ Wie-Anselm-Gruen-amp-Co-die-Theologie-verniedlichen.html.

[304] Ebd.

[305] Ebd.

[306] Ebd.

[307] Ebd.

[308] Anselm Grün: *Benedikt von Nursia. Meister der Spiritualität* (Freiburg i.B.: Herder, 2002), S. 10.

[309] http://www.duerckheim-ruette.de/inhalt.php?DOC_INST=17.

[310] http://www.seminarhaus-schmiede.de/methoden/initiatische-therapie.html.

[311] Ebd.

[312] Ebd.

[313] Anselm Grün; Michael Reepen: *Gebetsgebärden* (Münsterschwarzach: Vier-Türme, 2002), S. 9.

[314] Vgl. die fast ausschließlich begeisterten Rezensionen unter URL: http://www.amazon.de/product-reviews/386591649X/ ref=dp_top_cm_cr_acr_txt?ie=UTF8&showViewpoints=1.

[315] „Die christlichen Bestseller im Oktober", in: ideaSpektrum Nr. 47/2013 (Wetzlar: idea e.V., 2013), S. 12; „Die christlichen Bestseller im September", in: ideaSpektrum Nr. 44/2013 (Wetzlar: idea e.V., 2013), S. 10; „Die christlichen Bestseller im August", in: ideaSpektrum Nr. 38/2013 (Wetzlar: idea e.V., 2013), S. 10; „Die christlichen Bestseller im Juli", in: ideaSpektrum Nr. 34/2013 (Wetzlar: idea e.V., 2013), S. 10; „Die christlichen Bestseller im Juni", in: ideaSpektrum Nr. 29/30/2013 (Wetzlar: idea e.V., 2013), S. 10; „Die christlichen Bestseller im März", in: ideaSpektrum Nr. 17/2013 (Wetzlar: idea e.V., 2013), S. 10.

[316] URL: http://shop.willowcreek.de/products/00/4263.

[317] Colin Urquhart: *„Mein liebes Kind ..." Hören auf das Herz Gottes* (Solingen: Gottfried Bernard, 1992); Colin Urquhart: *„Mein lieber Sohn ..." Eine persönliche Offenbarung über Jesus Christus* (Solingen: Gottfried Bernard, 1993)

[318] Sarah Young: *Ich bin bei Dir. 366 Liebesbriefe von Jesus* (Asslar: Gerth Medien, 2008), S. 6f.

[319] Sarah Young, *Immer bei Dir. Liebesbriefe von Jesus* (Asslar: Gerth Medien, 2013), S. 10.

[320] Ebd.

321 Paul Yonggi Cho: *Die Vierte Dimension. Band 1* (Solingen: Gottfried Bernard, 1987)

322 Sarah Young: *Ich bin bei Dir*, a.a.O., S. 174.

323 Ebd., S. 212. (Hervorhebung im Original.)

324 Sarah Young, *Immer bei Dir*, a.a.O., S. 11. (Hervorhebung im englischen Original.)

325 Johannes Greber, *Der Verkehr mit der Geisterwelt* (Zürich: A. Brunner, 1932), S. 133.

326 Sarah Young, *Immer bei Dir*, a.a.O., S. 11ff. (Hervorhebung im englischen Original.)

327 Sarah Young: *Ich bin bei Dir*, a.a.O., S. 204.

328 Ebd., S. 92.

329 Ebd., S. 386.

330 Ebd., S. 261. (Hervorhebung im Original.)

331 Ebd., S. 305.

332 Ebd., S. 204.

333 Ebd., S. 225.

334 Ebd., S. 398.

335 Ebd., S. 406.

336 Ebd., S. 258.

337 Ebd., S. 54.

338 Ebd., S. 103.

339 Ebd., S. 72.

340 Ebd., S. 173.

341 Ebd., S. 224.

342 Ebd., S. 13.

343 Ebd., S. 12.

344 Ebd.

345 Vgl. die biblisch fundierten Ausführungen von Georg Walter zur „Allgenügsamkeit der Heiligen Schrift" unter URL: http://distomos.blogspot.de/2012/01/die-allgenugsamkeit-der-heiligen.html.

346 URL: http://distomos.blogspot.de/2012/01/sarah-young-jesus-ruft-dich.html. (Hervorhebung im englischen Original.)

347 Sarah Young: *Ich bin bei Dir*, a.a.O., S. 21.

348 Ebd., S. 211.

349 URL: http://distomos.blogspot.de/2012/01/sarah-young-jesus-ruft-dich.html. (Hervorhebung im englischen Original.)

350 Sarah Young, *Immer bei Dir*, a.a.O., S. 6.

351 Ebd., S. 7.

352 Ebd., S. 18.

353 Sarah Young: *Ich bin bei Dir*, a.a.O., S. 203.

[354] Sarah Young, *Immer bei Dir*, a.a.O., S. 18.
[355] Ebd., S. 18. (Hervorhebung im Original.)
[356] Sarah Young: *Ich bin bei Dir*, a.a.O., S. 59.
[357] Ebd., S. 65.
[358] Ebd., S. 67. (Hervorhebung im Original.)
[359] Ebd., S. 108.
[360] Ebd., S. 47.
[361] Ebd., S. 77.
[362] Ebd., S.142.
[363] Ebd., S. 93.
[364] Ebd., S. 194.
[365] Ebd., S. 211.
[366] Ebd., S. 368.
[367] Ebd., S. 399.
[368] Ebd., S. 404.
[369] Ebd., S. 405.
[370] Ebd., S. 237.
[371] Ebd., S. 297.
[372] Ebd., S. 162.
[373] Sarah Young, *Immer bei Dir*, a.a.O., S. 82.
[374] Sarah Young: *Ich bin bei Dir*, a.a.O., S. 20.
[375] Ebd., S. 34.
[376] Ebd., S. 157.
[377] Ebd., S. 164.
[378] Ebd., S. 186. (Hervorhebung im Original.)
[379] Ebd., S. 260.
[380] Ebd., S. 378.
[381] Ebd., S. 242.
[382] Ebd., S. 259.
[383] Ebd., S. 311. (Hervorhebung im Original.)
[384] Ebd., S. 226.
[385] Ebd., S. 41. (Hervorhebung im Original.)
[386] Ebd., S. 74.
[387] Ebd., S. 100.
[388] Ebd., S. 126.
[389] Ebd., S. 152.
[390] Ebd., S. 213.
[391] Ebd., S. 228.
[392] Ebd., S. 413.
[393] Sarah Young, *Immer bei Dir*, a.a.O., S. 38.
[394] URL: http://de.wikipedia.org/wiki/Mantra.
[395] Ebd.

[396] Ebd.

[397] Ebd.

[398] Othmar Gächter: „Mantra", in: Lexikon für Theologie und Kirche, 3. Auflage, Sonderausgabe 2009 (Freiburg i. Br.: Herder: 2006), Sp. 1286.

[399] Sarah Young, *Immer bei Dir*, a.a.O., S. 52.

[400] Ebd., S. 230.

[401] Ebd., S. 270.

[402] Sarah Young: *Ich bin bei Dir*, a.a.O., S. 36.

[403] Ebd., S. 58.

[404] Ebd., S. 218.

[405] Ebd., S. 329. (Hervorhebung im Original.)

[406] Sarah Young, *Immer bei Dir*, a.a.O., S. 16.

[407] Ebd., S. 236.

[408] Ebd., S. 256. (Hervorhebung im Original.)

[409] Ebd., S. 282.

[410] Sarah Young: *Ich bin bei Dir*, a.a.O., S. 87.

[411] Ebd., S. 57. (Hervorhebung im Original.)

[412] Ebd., S. 119.

[413] Ebd., S. 177.

[414] Ebd., S. 194.

[415] Ebd., S. 195. (Hervorhebung im Original.)

[416] Ebd., S. 204.

[417] Ebd., S. 222.

[418] Ebd., S. 225.

[419] Ebd., S. 305. (Hervorhebung im Original.)

[420] Sarah Young, *Immer bei Dir*, a.a.O., S. 84.

[421] Ebd.

[422] Ebd., S. 84f.

[423] Sarah Young: *Ich bin bei Dir*, a.a.O., S. 170.

[424] Sarah Young, *Immer bei Dir*, a.a.O., S. 184.

[425] Ebd., S. 188.

[426] Ebd., S. 88.

[427] Sarah Young: *Ich bin bei Dir*, a.a.O., S. 201.

[428] Sarah Young, *Immer bei Dir*, a.a.O., S. 81.

[429] Ebd., S. 223.

[430] Sarah Young: *Ich bin bei Dir*, a.a.O., S. 221.

[431] Sarah Young, *Immer bei Dir*, a.a.O., S. 186.

[432] Sarah Young: *Ich bin bei Dir*, a.a.O., S. 63.

[433] Ebd., S. 210. (Hervorhebung im Original.)

[434] Sarah Young, *Immer bei Dir*, a.a.O., S. 90f.

[435] Ebd., S. 202.

[436] Sarah Young: *Ich bin bei Dir*, a.a.O., S. 111. (Hervorhebung im Original.)
[437] Ebd., S. 205.
[438] Ebd., S. 255.
[439] Ebd., S. 305.
[440] Sarah Young, *Immer bei Dir*, a.a.O., S. 164.
[441] Ebd., S. 170.
[442] Ebd., S. 172.
[443] Ebd., S. 176.
[444] Sarah Young: *Ich bin bei Dir*, a.a.O., S. 201.
[445] Sarah Young, *Immer bei Dir*, a.a.O., S. 176.
[446] Sarah Young: *Ich bin bei Dir*, a.a.O., S. 94.
[447] Ebd., S. 178.
[448] Ebd., S. 218.
[449] Ebd., S. 369.
[450] Ebd., S. 263. (Hervorhebung im Original.)
[451] Sarah Young, *Immer bei Dir*, a.a.O., S. 100f.
[452] Ebd., S. 231.
[453] Ebd., S. 268.
[454] Ebd., S. 108.
[455] Ebd., S. 108f. (Hervorhebung im Original.)
[456] Sarah Young: *Ich bin bei Dir*, a.a.O., S. 43.
[457] Ebd., S. 76.
[458] Ebd., S. 97. (Hervorhebung im Original.)
[459] Ebd., S. 98.
[460] Ebd., S. 383.
[461] Ebd., S. 214.
[462] Ebd., S. 167.
[463] Ebd., S. 379.
[464] Ebd., S. 225.
[465] Ebd., S. 122.
[466] Ewald Martin Plass, a.a.O.
[467] Sarah Young, *Immer bei Dir*, a.a.O., S. 112f.
[468] Ebd., S. 252.
[469] Ebd., S. 124. (Hervorhebung im Original.)
[470] Ebd., S. 128.
[471] Ebd., S. 262f.
[472] Ebd., S. 138.
[473] Ebd., S. 244.
[474] Ebd., S. 164.
[475] Ebd., S. 282.
[476] Ebd., S. 250f.

[477] Sarah Young: *Ich bin bei Dir*, a.a.O., S. 408. (Hervorhebung im Original.)

[478] Sarah Young, *Immer bei Dir*, a.a.O., S. 288.

[479] Sarah Young: *Ich bin bei Dir*, a.a.O., S. 99.

[480] Ebd., S. 198.

[481] URL: http://www.amazon.de/product-reviews/386591649X/ref=cm_cr_pr_hist_5?ie=UTF8&filterBy=addFiveStar&showViewpoints=0&sortBy=bySubmissionDateDescending.

[482] URL: http://image-d.de/image-cms/output/antwortenbc.php?id=16.

[483] URL: http://www.bayless-conley.de/Mediathek/Bayless-Conley-im-TV.

[484] URL: html. http://www.gza-online.de/index.php?id=82&type=98&no_cache=1&backPID=1045&tt_news=176.

[485] Vgl. Conley's evangelistische Predigt „Balance halten", in: „Antworten mit Bayless Conley", Super RTL, 24.07.2012.

[486] URL: http://image-d.de/image-cms/output/antwortenbc.php?id=16.

[487] Vgl. URL: http://www.bayless-conley.de/%C3%9Cber-Uns/Bayless-Conley.

[488] URL: http://www.cottonwood.org/index.php?option=com_content&view=article&id=101&Itemid=106; https://de-de.facebook.com/cottonwoodchurch.

[489] Bayless Conley: „Dem Sturm begegnen", in: „Antworten mit Bayless Conley", Super RTL, 31.07.2012.

[490] Bayless Conley: „Wie empfange ich den Heiligen Geist? 1/6", URL: http://www.youtube.com/watch?v=4u-zdVLPPxw.

[491] Ebd.

[492] Ebd.

[493] Ebd.

[494] Bayless Conley: „Wie empfange ich den Heiligen Geist? 2/6", URL: http://www.youtube.com/watch?v=jF1MERg8cyE.

[495] Bayless Conley: „Wie empfange ich den Heiligen Geist? 3/6", URL: http://www.youtube.com/watch?v=QvfV_QfHlcU.

[496] Zu Herkunft und Bedeutung der Geistestaufe in der Pfingst-/Charismatischen Bewegung vgl. Michael Kotsch: *Die Charismatische Bewegung 2. Praxis – Theologie – Geistesgaben* (Lage: Lichtzeichen, 2008), S. 42ff.

[497] Bayless Conley: „Wie empfange ich den Heiligen Geist? 3/6", a.a.O.

[498] Ebd.

[499] Ebd.

[500] Bayless Conley: „Der große Auftrag - und wo ist mein Platz?", URL: http://www.youtube.com/watch?v=iIGAKPFJT2g.

[501] Bayless Conley: „Das bedeutet Krieg 2/2", URL: http://www.youtube.com/watch?v=Qh8-ne6HRa8.

[502] Bayless Conley: „Jesaja 53 – Gottes Plan für unsere Erlösung", URL: http://www.youtube.com/watch?v=1sCff9_d1no.

[503] Bayless Conley: „Schau auf Jesus 2/2", URL: http://www.youtube.com/watch?v=LNb5lo8z16E.

[504] Ebd.

[505] Bayless Conley: „Für dich nur das Beste – bedeutende Gebete der Bibel 5/8", URL: http://www.youtube.com/watch?v=hTUR-BMn9CfQ.

[506] Ebd.

[507] Bayless Conley: „Der Heilige Geist 1/4", URL: http://www.youtube.com/watch?v=79oUkildc7k.

[508] Bayless Conley: „Wohlstand!? Was die Bibel wirklich dazu sagt", URL: http://www.youtube.com/watch?v=EPo2x2p3D3s.

[509] Ebd.

[510] Ebd.

[511] Bayless Conley: „Wie erlangen wir Wohlstand?" (Hamburg: Antworten mit Bayless Conley e.V., 2013), S. 1.

[512] Ebd.

[513] Ebd.

[514] Ebd., S. 2.

[515] Bayless Conley: „Der große Auftrag", URL: http://www.youtube.com/watch?v=VM5QaWqtpzA.

[516] Ebd.

[517] Bayless Conley: „Gott zuerst", URL: http://www.youtube.com/watch?v=_2HC98Cmlwg.

[518] Bayless Conley: „Grenzen anerkennen. Segen erleben", URL: http://www.youtube.com/watch?v=DbVAwnf2sok.

[519] Ebd.

[520] Bayless Conley: „Was der 3. Johannesbrief uns lehrt", URL: http://www.youtube.com/watch?v=cL30ruYb_1Q.

[521] Ebd.

[522] D.R. McConnell: *Ein anderes Evangelium?* (Hamburg: C.M. Fliß, 1990), S. 224f.

[523] Bayless Conley: „Die Kraft des Wortes", URL: http://www.youtube.com/watch?v=Ymqfa5_KeWU.

[524] Ebd.

[525] Vgl. Bayless Conley: „Die Versuchung überwinden - mithilfe der Bibel", URL: http://www.youtube.com/watch?v=qgIx2HHZq-Y

sowie die mehreren Eheseminare: „Weisheit und Ehe 1/2", URL: http://www.youtube.com/watch?v=hZrgQ-Yhu0M.

[526] Bayless Conley: „Der Heilige Geist 3/4", URL: http://www.youtube.com/watch?v=eW58cz9J7LM.

[527] Bayless Conley: Eat Pray Love (Essen, Beten, Lieben)", URL: http://www.youtube.com/watch?v=VL_e96W_sHE.

[528] Bayless Conley: „Hüte dich vor Schlangen", URL: http://www.youtube.com/watch?v=4FkNXqvBZDY.

[529] Vgl. D.R. McConnell, a.a.O., S. 236f.

[530] Zur ausführlicheren Behandlung vgl. Michael Kotsch, a.a.O., S. 134ff.

[531] Bayless Conley: „Gottes Wort und geistlicher Kampf", URL: http://www.youtube.com/watch?v=Sg64qRqdQWs.

[532] Ebd.

[533] Vgl. URL: https://www.facebook.com/joycemeyerministries?fref=ts. [Stand: 07.01.2014].

[534] Vgl. URL: https://www.facebook.com/PaulMcCartney?fref=ts. [Stand: 07.01.2014].

[535] URL: http://www.joycemeyer.org/articles/hoh.aspx?article=tell_them_I_love_them.

[536] URL: http://www.joyce-meyer.de/ueber-uns/was-wir-machen/?L=ioymmjzrp&cartyCS=eu; http://www.joycemeyer.org/HandOfHope/WhatWeAreDoing/AtAGlance.aspx.

[537] Ebd.

[538] URL: http://www.joyce-meyer.de/ueber-uns/wer-wir-sind.

[539] Ebd.

[540] URL: http://www.joyce-meyer.de/ueber-uns/was-wir-machen/?L=ioymmjzrp&cartyCS=eu.

[541] Joyce Meyer: „Kreisen deine Gedanken nur um dich (2)", URL: http://www.joyce-meyer.de/fuer-jeden-tag/tv-onlinesendung/onlinesendung/vidary/Video/watch/689.

[542] Karsten Huhn: „Die zwei Seiten der bekanntesten Fernsehevangelistin: Wer ist eigentlich Joyce Meyer?", in: ideaSpektrum Nr. 49/2009 (Wetzlar: idea, 2009), S. 19.

[543] Ebd.

[544] Joyce Meyer: „Das Leben genießen", TV-Sendung vom 21.09.2011, Super RTL.

[545] Anzeige, in: Joyce Meyer Ministries: Das Leben geniessen Nr. 3/2012, a.a.O., S. 5.

[546] Anzeige, in: Joyce Meyer Ministries: Das Leben geniessen Nr. 2/2011, a.a.O., S. 13.

[547] Anzeige, in: Joyce Meyer Ministries: Das Leben geniessen Nr. 1/2011 (Hamburg: Joyce Meyer Ministries, 2011), S. 9.

[548] Markus Spieker: „Wider die frommen Lügen", in: ideaSpektrum Nr. 34/2013 (Wetzlar: idea e.V., 2013), S. 16.

[549] Joyce Meyer: „Das Leben genießen", TV-Sendung vom 15.09.2011, Super RTL; Joyce Meyer: „Gib dem Zweifel keinen Raum (1)", URL: http://www.joyce-meyer.de/tv-onlinesendung/onlinesendung/vidary/Video/watch/340.

[550] Joyce Meyer: „Das Leben genießen", TV-Sendung vom 07.10.2011, Super RTL.

[551] Joyce Meyer: „Das Leben genießen", TV-Sendung vom 18.10.2011, Super RTL.

[552] Joyce Meyer: „Nur ein Leben zu geben", URL: http://www.youtube.com/watch?v=golqjNks8qY.

[553] Joyce Meyer: „Setze Grenzen in Beziehungen (2)", URL: http://www.joyce-meyer.de/fuer-jeden-tag/tv-onlinesendung/onlinesendung/vidary/Video/watch/296.

[554] Joyce Meyer: „Das Ich aus mir herausholen", URL: http://www.youtube.com/watch?v=A-ZZYa3AcA4.

[555] Joyce Meyer: „Das Persönlichkeits Plus (2)", URL: http://www.youtube.com/watch?v=euS512g2xZc.

[556] Karsten Huhn, a.a.O., S. 19.

[557] Joyce Meyer: „Bist du bereit für Veränderung (2)", URL: http://www.youtube.com/watch?v=bwgcuKTn-us.

[558] Joyce Meyer: „Nur ein Leben zu geben", URL: http://www.youtube.com/watch?v=golqjNks8qY.

[559] Joyce Meyer: „Ärgere dich nicht über Schwierigkeiten", URL: http://www.youtube.com/watch?v=mmt_rSHtFT0.

[560] Rolf Müller: „Joyce Meyer" in: Bibel und Gemeinde 4/2009, (Berlin: Bibelbund, 2009), S. 72.

[561] Joyce Meyer: *Gib niemals auf. Sei fest entschlossen, die Herausforderungen des Lebens zu meistern* (Hamburg: Joyce Meyer Ministries, 2010), S. 6.

[562] Joyce Meyer: „Unser Selbstbild und unsere Zukunft (1)", URL: http://www.youtube.com/watch?v=ySArSb9ZfKs.

[563] Joyce Meyer: „Wie man das Leben bewußt genießt", URL: http://www.youtube.com/watch?v=bZyqmNkEqj4.

[564] Joyce Meyer: „Das Gebet des Glaubens (2)", URL: http://www.youtube.com/watch?v=Ukdyx5XL15U.

[565] Joyce Meyer: „Leben ohne Frustration (1)", URL: http://www.joyce-meyer.de/fuer-jeden-tag/tv-onlinesendung/onlinesendung/vidary/Video/watch/360.

566 Joyce Meyer: „Urlaub für die Seele", URL: http://www.youtube.com/watch?v=WzbB0z-zpZw.

567 Joyce Meyer: „Das Leben genießen", TV-Sendung vom 15.09.2011, Super RTL.

568 Joyce Meyer: „Eine vertrauensvolle und geduldige Haltung entwickeln (1)", URL: http://www.youtube.com/watch?v=F9x-sCyztbH8.

569 Joyce Meyer: „Verbanne den Stress aus deinem Leben (1)", URL: http://www.youtube.com/watch?v=daunms6NI8l.

570 Joyce Meyer: „Vertraue auf den Herrn und tue Gutes (1)", URL: http://www.youtube.com/watch?v=-FMnGUiOt54.

571 Joyce Meyer: „Leben ohne Frustration (2)", URL: http://www.joyce-meyer.de/fuer-jeden-tag/tv-onlinesendung/onlinesendung/vidary/Video/watch/361.

572 Joyce Meyer: „Das Leben genießen", TV-Sendung vom 19.09.2011, Super RTL.

573 Joyce Meyer: „Liebe dein Leben (1)", URL: http://www.youtube.com/watch?v=j_Sn3YuGYu0.

574 Joyce Meyer: „Setze Grenzen in Beziehungen (1)", URL: http://www.joyce-meyer.de/fuer-jeden-tag/tv-onlinesendung/onlinesendung/vidary/Video/watch/295.

575 Joyce Meyer: „Das Leben genießen", TV-Sendung vom 03.11.2011, Super RTL.

576 Joyce Meyer: „Das Leben genießen", TV-Sendung vom 07.11.2011, Super RTL.

577 Joyce Meyer: „Mit Leidenschaft und Zielen leben (2)", URL: http://www.youtube.com/watch?v=WDZzkh2x9pQ.

578 Joyce Meyer: „Aktiviere deinen Glauben (1)", URL: http://www.youtube.com/watch?v=yOJOAV5G73w.

579 Joyce Meyer: „Ändere deine Gedanken und Haltungen (2)", TV-Sendung vom 24.07.2012, Super RTL; URL: http://www.youtube.com/watch?v=NBrd3sCQtZ8.

580 Joyce Meyer: „Religion oder Beziehung (1)", URL: http://www.joyce-meyer.de/tv-onlinesendung/onlinesendung/vidary/Video/watch/422.

581 Joyce Meyer: „Die Wahrheit macht dich frei", URL: http://www.youtube.com/watch?v=upG2PTXZ_ac.

582 Joyce Meyer: „Bist du erfüllt von Gott oder von dir selbst?", URL: http://www.youtube.com/watch?v=WDZzkh2x9pQ; Joyce Meyer: „Das Leben genießen: Mach dir das Leben leichter (2)", TV-Sendung vom 21.11.2011, Super RTL.

583 Joyce Meyer: *Der richtige Start in den Tag*, 2. Auflage (Hamburg: Joyce Meyer Ministries, 2012), S. 7.

584 Joyce Meyer: „Du darfst dein Leben genießen (2)", URL: http://www.joyce-meyer.de/fuer-jeden-tag/tv-onlinesendung/online-sendung/vidary/Video/watch/392.

585 Joyce Meyer: „Das Leben genießen: Sei nicht länger wütend auf dich selbst (2)", TV-Sendung vom 29.11.2011, Super RTL.

586 Joyce Meyer: „Freude und Treue (2)", URL: http://www.joy-ce-meyer.de/tv-onlinesendung/onlinesendung/vidary/Video/watch/356.

587 Joyce Meyer: „Bist du bereit für Veränderung (2)", URL: http://www.youtube.com/watch?v=bwgcuKTn-us.

588 Joyce Meyer: „Gesundheit & Freude", URL: http://www.youtube.com/watch?v=jTOVLrPHpjl.

589 Ebd.

590 Joyce Meyer: „Du darfst dein Leben genießen (1)", URL: http://www.joyce-meyer.de/fuer-jeden-tag/tv-onlinesendung/online-sendung/vidary/Video/watch/391.

591 Joyce Meyer: „Liebe dein Leben (2)", URL: http://www.youtube.com/watch?v=r-bSpOrWsHE.

592 Joyce Meyer: „Eine dankbare Haltung entwickeln", URL: http://www.youtube.com/watch?v=NybWESsEsc0.

593 Joyce Meyer: „Das Leben genießen", TV-Sendung vom 02.11.2011, Super RTL.

594 Joyce Meyer: „Nur ein Leben zu geben", URL: http://www.youtube.com/watch?v=golqjNks8qY.

595 Zu Herkunft und Bedeutung der JDS-Lehre bzw. der Lehre von der Identifikation vgl. Michael Kotsch, a.a.O., S. 147ff.)

596 Joyce Meyer: „Das Leben genießen: Urlaub für die Seele", TV-Sendung vom 09.12.2011, Super RTL; URL: http://www.youtube.com/watch?v=WzbB0z-zpZw.

597 Joyce Meyer: *The Most Important Decision You Will Ever Make* (Tulsa: Harrison House, 1991), S. 35.

598 Ebd., S. 3.

599 Ebd., S. 36.

600 Joyce Meyer: Das Schlachtfeld der Gedanken, 6. Auflage (Hamburg: Joyce Meyer Ministries, 2006), S. 18.

601 Joyce Meyer: Leben ohne Konflikte (Hamburg: Joyce Meyer Ministries, 2012), S. 9.

602 Joyce Meyer: „Was schwirrt bei dir im Kopf herum? (1)", URL: http://www.youtube.com/watch?v=pOHH00N6vv8.

603 Joyce Meyer: „Freude und Treue (2)", a.a.O.

[604] Joyce Meyer: „Bist du bereit für Veränderung (2)", URL: http://www.youtube.com/watch?v=bwgcuKTn-us.

[605] Ebd.

[606] Joyce Meyer: „Unsicherheit, nein danke! (1)", URL: http://www.youtube.com/watch?v=esp7BhLU1_Y.

[607] Joyce Meyer: „Das Leben genießen", TV-Sendung vom 14.10.2011, Super RTL.

[608] Joyce Meyer: „Gib dem Zweifel keinen Raum (2)", URL: http://www.youtube.com/watch?v=cCi4eecdis0.

[609] Joyce Meyer: „Es ist Zeit den Ballast abzuwerfen", URL: http://www.youtube.com/watch?v=LdU83ToVmd0.

[610] Joyce Meyer: „Achte auf deinen inneren Frieden", URL: http://www.youtube.com/watch?v=-zFYCjFqD0c.

[611] Joyce Meyer: „Das Leben genießen", TV-Sendung vom 09.09.2011, Super RTL.

[612] Joyce Meyer: „Das Leben genießen", TV-Sendung vom 20.09.2011, Super RTL.

[613] Joyce Meyer: „Gib dem Zweifel keinen Raum (1)", URL: http://www.joyce-meyer.de/tv-onlinesendung/onlinesendung/vidary/Video/watch/340.

[614] Joyce Meyer: „Was schwirrt bei dir im Kopf herum? (1)", URL: http://www.youtube.com/watch?v=pOHH00N6vv8.

[615] Joyce Meyer: „Gefangene der Hoffnung (2)", URL: http://www.joyce-meyer.de/fuer-jeden-tag/tv-onlinesendung/onlinesendung/vidary/Video/watch/676.

[616] Joyce Meyer: „Unsere Gedanken bestimmen unsere Lebensqualität (1)", URL: http://www.joyce-meyer.de/fuer-jeden-tag/tv-onlinesendung/onlinesendung/vidary/Video/watch/318.

[617] Joyce Meyer: „Auf Gottes Weise handeln (2)", URL: http://www.youtube.com/watch?v=FVCApUBLkD4.
Vgl. auch: Joyce Meyer: Freu dich des Lebens auf dem Weg zum Ziel (Hamburg: Joyce Meyer Ministries, 2006), S. 7). Dort beklagt Joyce, „[...] dass viele Menschen auf dem Weg zum Himmel sind, dass aber nur sehr wenige die Reise genießen."

[618] Joyce Meyer: „Es ist Zeit, vorwärts zu gehen (1)", URL: http://www.youtube.com/watch?v=kNmraVvrrs8.

[619] Ebd.

[620] Ebd.

[621] Ebd.

[622] Ebd.

[623] Ebd.

[624] Joyce Meyer: „Wie kann ich mich verändern (1)", URL: http://www.joyce-meyer.de/fuer-jeden-tag/tv-onlinesendung/online-sendung/vidary/Video/watch/409.

[625] URL: http://www.biblegateway.com/passage/?search=Luke+10&version=AMP.

[626] Joyce Meyer: „Bitte nicht stören", URL: http://www.youtube.com/watch?v=bcySW7N5IyA.

[627] Ebd.

[628] Joyce Meyer: „Innere Ruhe", URL: http://www.youtube.com/watch?v=tIZrubgmO6c und „Joyce Meyer – Frust oder Frieden", URL: http://www.youtube.com/watch?v=s21Se1xbjAQ.

[629] Für das heilsgeschichtliche Denken eignet sich als Orientierungshilfe folgender Vortrag von Dr. Wolfgang Nestvogel: „Die Zeichen und Wunder der apostolischen Zeit – Maßstab für heute?", URL: http://distomos.blogspot.de/2013/11/die-zeichen-und-wunder-der.html.

[630] Joyce Meyer: „Den Heiligen Geist nicht betrüben", URL: http://www.youtube.com/watch?v=pl_1Hnm9zFY.

[631] Joyce Meyer: „Religion oder Beziehung (2)", URL: http://www.joyce-meyer.de/tv-onlinesendung/onlinesendung/vidary/Video/watch/423.

[632] Karsten Huhn, a.a.O., S. 18.

[633] Joyce Meyer: „Das Ich aus mir herausholen", URL: http://www.youtube.com/watch?v=A-ZZYa3AcA4.

[634] Joyce Meyer: „Das Leben genießen", TV-Sendung vom 09.09.2011, Super RTL.

[635] Joyce Meyer: *Erfüllt mit dem Heiligen Geist* (Hamburg: Joyce Meyer Ministries, 2011), S. 5.

[636] Ebd.

[637] Ebd.

[638] Ebd., S. 7.

[639] Ebd., S. 8.

[640] Ebd.

[641] Ebd.

[642] Ebd.

[643] Ebd., S. 11.

[644] Ebd., S. 26.

[645] Ebd., S. 27f.

[646] Ebd., S. 32.

[647] Ebd., S. 54. (Hervorhebung im Original.)

[648] Joyce Meyer: *Wie man Gottes Reden hört. Erkennen Sie Gottes Stimme und treffen Sie die richtigen Entscheidungen*, 2. Auflage (Hamburg: Joyce Meyer Ministries, 2010), S. 8.

[649] Ebd., S. 7.

[650] Ebd., S. 24.

[651] Ebd., S. 25.

[652] Ebd.

[653] Ebd., S. 26.

[654] Ebd., S. 31.

[655] Ebd., S. 47. (Hervorhebung im Original.)

[656] Ebd., S. 214.

[657] Ebd., S. 54.

[658] Vgl. ebd., S. 53+57.

[659] Ebd., S. 57.

[660] Ebd., S. 58.

[661] Ebd., S. 64.

[662] Ebd., S. 98f.

[663] Ebd., S. 110.

[664] Ebd., S. 147.

[665] Ebd., S. 149.

[666] Ebd., S. 14.

[667] Ebd., S. 15.

[668] Ebd., S. 232.

[669] Ebd., S. 258. (Hervorhebung im Original.)

[670] Ebd., S. 264.

[671] Joyce Meyer: „Religion oder Beziehung (2)", URL: http://www.joyce-meyer.de/tv-onlinesendung/onlinesendung/vidary/Video/watch/423.

[672] Joyce Meyer: „Das Leben genießen", TV-Sendung vom 09.09.2011, Super RTL.

[673] Karsten Huhn, a.a.O., S. 16.

[674] Ebd., S, 17.

[675] Joyce Meyer: „Unser Selbstbild und unsere Zukunft (2)", URL: http://www.youtube.com/watch?v=lqn5UOvxt-E&feature=youtube_gdata.

[676] Joyce Meyer: *Wie man die Bibel studiert* (Hamburg: Joyce Meyer Ministries, 2007), DVD-Cover.

[677] Ebd.

[678] Ebd., DVD, Abschnitt 1.

[679] Ebd.

[680] Vgl. die Ausführungen zum „positiven Bekennen" als „von der Glaubensbewegung versprochener Automatismus", in: Michael Kotsch, a.a.O., S. 159f.

[681] Ebd.

[682] Ebd., Abschnitt 2.

[683] Ebd., Abschnitt 4.

[684] Ebd.

[685] Ebd.

[686] Ebd., Abschnitt 5.

[687] Ebd.

[688] Ebd.

[689] Ebd., Abschnitt 6.

[690] Ebd.

[691] Ebd.

[692] Ebd., Abschnitt 7.

[693] Joyce Meyer: „Das Leben genießen", TV-Sendung vom 09.09.2011, Super RTL.

[694] URL: http://apprising.org/2012/12/18/ravi-zacharias-praises-word-faith-preacher-joyce-meyer und http://www.youtube.com/watch?v=s6UQNFqUJbQ.

[695] Joyce Meyer: „Gesund & munter", URL: http://www.youtube.com/watch?v=y5PCJ-Rl6jk.

[696] URL: http://de.wikipedia.org/wiki/Norman_Vincent_Peale.

[697] „Lernen sie, in allem das Positive zu sehen", in: Joyce Meyer Ministries: Das Leben geniessen Nr. 1/2011 (Hamburg: Joyce Meyer Ministries, 2011), S. 4.

[698] Ebd., S. 5.

[699] Joyce Meyer: *Frauen, die vertrauen* (Hamburg: Joyce Meyer Ministries, 2007), S. 19.

[700] Joyce Meyer: *Powergedanken*, 2. Auflage (Hamburg: Joyce Meyer Ministries, 2011), S. 11.

[701] Thorsten Brenscheidt: *Gott auf charismatisch*, a.a.O., S. 80.

[702] A. W. Tozer: *Verändert in Sein Bild. Tägliche Andachten* (Bielefeld: Christliche Literatur-Verbreitung, 2000), S. 55.

[703] URL: http://www.herder.de/buecher/details?k_tnr=30190.

[704] Anzeige, in: Allegria. Das größte Magazin für Lebenshilfe und Spiritualität Nr. 12, Sommer 2011 (Berlin: Ullstein, 2011), S. 2.

[705] Vianna Stibal: „Die Macht von Worten und Gedanken", in: Allegria, a.a.O., S. 21.

[706] Anzeige, in: Allegria, a.a.O., S. 34.

[707] Anzeige, in: Allegria, a.a.O., S. 41.

[708] Anzeige, in: Allegria, a.a.O., S. 45.

[709] Anzeige, in: Allegria, a.a.O., S. 53.

[710] Anzeige, in: Allegria, a.a.O., S. 54.

[711] Anzeige, in: Allegria, a.a.O., S. 9.

[712] Vianna Stibal: „Im Vertrauen auf die Kraft des Schöpfers", in: Allegria, a.a.O., S. 17.

[713] Ebd.

[714] Ebd.

[715] Ebd., S. 18.

[716] Lenzen, Christof: *Glauben genießen. Eine kulinarische Reise zu einem authentischen Christsein* (Witten: R. Brockhaus, 2008), Backcover (U4).

[717] Ebd., S. 10.

[718] Ebd., S. 12f.

[719] Ebd., S. 13.

[720] Ebd., S. 14.

[721] Ebd.

[722] Ebd.

[723] Ebd., S. 15.

[724] Ebd., S. 16.

[725] Ebd.

[726] Ebd., S. 81.

[727] Ebd., S. 23.

[728] Ebd.

[729] Ebd., S. 24.

[730] Ebd., S. 26.

[731] Ebd., S. 29.

[732] Ebd., S. 30.

[733] Ebd., S. 30f.

[734] Vgl. Alexander Seibel: „Tätowieren und Piercen – eine harmlose Jugendmode?", in: Mitternachtsruf Nr. 10/2011 (Lottstetten: Mitternachtsruf, 2011), S. 28f., URL: http://www.alexanderseibel.de/taetowieren_und_piercen_eine_harmlose_jugendmode.htm.

[735] Ebd., S. 31.

[736] Ebd.

[737] Ebd., S. 34.

[738] Ebd., S. 108.

[739] Ebd., S. 109.

[740] Ebd., S. 110.

[741] Ebd., S. 136.

[742] Ebd., S. 162.

[743] Ebd., S. 179.

[744] MacArthur, John: *Sklave Christi. Die unterschlagene Wahrheit über deine Identität in Christus* (Oerlinghausen: Betanien, 2011), S. 20f. (Hervorhebung im Original.)

[745] Ebd., S. 28.

[746] Ebd., S. 90.

[747] Ebd.

[748] Ebd., S. 134.

[749] Ebd.

[750] Ebd., S. 26, 203.

[751] Ebd., S. 27, 205.

[752] Ebd., S. 74. (Hervorhebung im Original.)

[753] Ebd., S. 256.

[754] Sebastian Heck: „Die (Heils-)Notwendigkeit der Kirche [Gemeinde]: römisch oder reformatorisch?", in: Bekennende Kirche. Zeitschrift für den Aufbau rechtlich eigenständiger biblisch-reformatorischer Gemeinden Nr. 44, April 2011 (Biedenkopf: VRP, 2011), S. 24.

[755] Ebd.

[756] Ebd.

[757] Ebd.

[758] Johannes Calvin: *Unterricht in der christlichen Religion. Institutio Christianae Religionis*. Nach der letzten Ausgabe übersetzt und bearbeitet von Otto Werber, 5. Auflage der einbändigen Ausgabe (Neukirchen-Vluyn: Neukirchener, 1955/1988), S. 687.

[759] Sebastian Heck, a.a.O., S. 25.

[760] Ebd.

[761] Ronald Senk: *Das Israel Gottes. Die Frage nach dem Volk Gottes im Neuen Bund* (Hamburg: RVB, 2006), S. 116.

[762] Ebd., S. 117.

[763] Ebd.

[764] Ebd.

[765] o.O., *Komm in die Stille*, a.a.O., S. 206.

[766] URL: http://www.buchhandel.de/detailansicht.aspx?isbn=9783981509939.

[767] Benjamin Piel: „Rezension zu Martin Dreyer: ‚Jesus rockt'", in: dran Nr. 5/2011 (Witten: Bundes-Verlag, 2011), S. 40.

[768] *John MacArthur Studienbibel. Schlachter Version 2000*, 3. Auflage (Bielefeld: Christliche Literatur-Verbreitung, 2004), .S. 54. Vgl. auch: *Wuppertaler Studienbibel. Reihe: Altes Testament* (Hg.: Gerhard Meier; Adolf Pohl). Das erste Buch Mose erklärt von Hansjörg Bräumer (Witten: SCM R. Brockhaus, 2005), S. 94.

[769] *Die Bibel. Schlachter Übersetzung – Version 2000*, 3. Auflage (Genf: Genfer Bibelgesellschaft, 2010), S. 4.

[770] *Gute Nachricht Bibel. Revidierte Fassung 1997 der „Bibel in heutigem Deutsch"* (Stuttgart: Deutsche Bibelgesellschaft, 1997), AT, S. 6.

[771] *Die Gute Nachricht für Sie. NT 68. Die Berichte, Briefe und Zeugnisse des Neuen Testaments in heutigem Deutsch*, 2. Auflage (Stuttgart: Württembergische Bibelanstalt, 1968), S. 244.

[769] Ebd., S. 245.

[772] *Gute Nachricht Bibel*, a.a.O., NT, S. 152.

[774] Bundes-Verlag-Werbeprospekt: „Jaja, die Bibel ist wichtig, aber ..." (Witten: Bundes-Verlag, 2010), S. 1.

[775] Ebd., S. 2.

[776] Ebd.

[777] Ebd.

[778] „Impressum", in: Faszination Bibel Oktober-Dezember 2010 (Witten: Bundes-Verlag, 2010), S. 95.

[779] Christel Eggers: „Wie ein Schlag ins Gesicht. Fragezeichen: Eine Serie über schwierige Erfahrungen mit der Bibel", in: Faszination Bibel Oktober–Dezember 2010, a.a.O., S. 46.

[780] Ebd.

[781] Ebd.

[782] Ebd.

[783] Ebd., S. 47.

[784] o.O., „Antworten zum Bibelquiz Seite 33", in: Faszination Bibel Oktober–Dezember 2010, a.a.O., S. 95.

[785] Vgl. Bernhard Grzimek: *Grzimeks Tierleben. Enzyklopädie des Tierreiches. Band 12: Säugetiere III* (Berlin: Kindler, 1967), S. 421f.

[786] o.O., „Und er käut doch. Hase gesucht, Bock geschossen", in: Faszination Bibel März–Mai 2011, a.a.O., S. 19.

[787] Vgl. URL: http://de.wikipedia.org/wiki/9._Sinfonie_%28Beethoven%29.

[788] So lautet ein christlicher Kalender mit Cartoons von Thomas Lardon. Vgl. URL: http://www.eurobuch.com/buch/isbn/3417243904.html.

Freiheit für Blasphemie?

Kontroversen um „Götter wie wir" und „Jesus liebt mich"

Brenscheidt, Thorsten

Seit Ende 2012 werden vor allem Christen in den Medien vermehrt mit einem brisanten Thema konfrontiert: Blasphemie. Auslöser sind die ZDF-Serie „Götter wie wir" sowie der Kinofilm „Jesus liebt mich", die zu heftigen Kontroversen führten. Wie sind diese Erscheinungen biblisch zu beurteilen? Sind Petitionen und Beschwerden sinnvoll? Ist eine Auseinandersetzung eigentlich biblisch geboten? Mit diesem Buch gibt der Autor eine wertvolle Orientierungs- und Beurteilungshilfe. Das Thema Blasphemie wird biblisch untersucht, die Phänomene werden ausführlich dokumentiert. Der Leser wird hineingenommen in eine gründliche und fundierte Auseinandersetzung, die zu biblisch gebotener Wachsamkeit und geistlich klarem Blick verhilft.

106 Seiten, Taschenbuch

Bestell-Nr. 548096

E-Book
Bestell-Nr. 548997